大学生就业指导与实务

第2版

Career Guidance and Practice for College Students

主　编◎朱　军　冯晓燕　方殷杰
副主编◎翁晨晨　梅雨晴　王　慧

U0912978

中国人民大学出版社
·北京·

编委会成员

主　编：朱　军　冯晓燕　方殷杰

副主编：翁晨晨　梅雨晴　王　慧

编写成员（按姓氏笔画排列）

卜京琼　王　慧　方殷杰　冯晓燕

朱　军　朱旻华　何晋花　周晓光

宣丰敏　翁晨晨　梅雨晴　盛建军

谢婷婷

前　言

就业，乃民生之本、安国之策，是维系社会和谐与推动国家发展的关键基石。习近平总书记强调："就业是最基本的民生，事关人民群众切身利益，事关经济社会健康发展，事关国家长治久安。"党的二十大报告也明确提出，要强化就业优先政策，健全就业促进机制，促进高质量充分就业。在当今时代，大学生作为国家发展的重要储备人才，其就业状况不仅关乎个人的职业发展与生活幸福感，更对国家的经济增长、社会稳定和科技创新有重要影响。

有效的就业指导，能够增强大学毕业生在就业市场的竞争力，切实提高就业成功率与就业质量。大学生就业指导是一个全面、系统、持续、有序的教育过程，需贯穿大学生学习生涯的始终。大学生就业指导工作应秉持"全程化、课程化、个性化、教材化"原则，全方位助力大学生的职业发展。

近年来，全球经济格局深度调整，国内经济发展进入新阶段，叠加科技革命与产业变革的加速推进，大学生就业环境发生了深刻变化。一方面，新兴产业如人工智能产业、大数据产业、新能源产业等蓬勃兴起，带来了大量新的就业岗位，但这些岗位对人才的专业技能、创新能力和综合素质提出了更高要求。另一方面，传统产业的转型升级也使得部分岗位需求减少，就业市场竞争愈发激烈。在此背景下，大学生就业指导工作面临着前所未有的挑战与机遇。为了更好地适应新形势、新政策，满足大学生日益增长的就业需求，我们《大学生就业指导与实务》编写团队对原教材进行了全面修订。

在修订过程中，我们紧密跟踪就业创业指导领域的学术前沿动态，将最新的研究成果融入教材，为大学生提供更科学、更实用的就业指导。

我们深入研究了新兴职业的发展趋势，详细分析了人工智能、大数据、新能源、生物医药等新兴领域的岗位需求和职业发展路径，帮助学生了解这些新兴职业的特点和要求，提前做好职业规划和准备。例如，随着人工智能技术的广泛应用，AI工程师、数据分析师、算法工程师等职业的需求日益增长，我们在教材中增加了相关内容，引导学生关注新兴技术领域的职业机会。

在实践教学中，我们积极引入了数字化就业指导工具，提升了就业指导的精准性和效率。利用大数据分析技术，我们可以深入了解学生的求职意向、就业能力和职业发展需求，为学生提供个性化的就业推荐和指导服务。例如，通过分析学生的简历、成长数据、实习经历等，为学生精准匹配适合的岗位和企业，提高求职成功率。此外，我们还介绍了一些在线求职平台、职业测评工具和学习资源，帮助学生更好地利用数字化手段进行求职。

修订后的《大学生就业指导与实务》在结构和内容上进行了全面优化与升级。本书分为上、中、下三篇，共八章。上篇为“唤醒就业意识”，包括“大学生就业形势与政策”和“社会职业与求职准备”。在这部分内容中，我们不仅对当前的就业形势进行了深入分析，还结合最新政策，为学生提供了全面、准确的就业信息，帮助学生了解就业市场的动态和趋势，提前做好就业准备。例如，在介绍大学生就业政策时，详细解读了国家关于促进高校毕业生就业的各项政策措施，让学生清楚地了解自己可以享受的政策福利。

中篇为“职业素养提升”，涵盖“职业目标确立与实施”和“就业实务与职场礼仪”。在这部分内容中，我们结合新兴职业的特点和需求，对职业目标的确立和实施方法进行了更新，引导学生根据自身兴趣、能力和职业发展前景，制订求职计划。同时，增加了就业实务中的新技巧和新方法，如线上求职的注意事项等。此外，还对职场礼仪进行了更细致的讲解，帮助学生塑造良好的职业形象。

下篇为“就业创业指导”，包含“就业签约与派遣实务”“角色转换与心理调适”“就业权益与职场保障”和“创业基本知识与实践”。在就业签约与派遣实务部分，根据最新的政策法规和实际操作流程，为学生提供了详细的指导，帮助学生顺利完成就业签约和派遣手续。在角色转换与心理调适部分，增加了应对职场压力和挫折的方法，帮助学生更好地适应从校园到职场的转变。就业权益与职场保障章节则旨在进一步强化学生的法律意识和维权能力，介绍了常见的职场侵权行为及其应对措施。创业基本知识与实践章节则融入了最新的创业理念和成功案例，以激发学生的创业热情，培养学生的创业能力。

通过以上全面系统的修订，本书旨在帮助大学生树立正确的就业观和职业观，提升就业能力和综合素质，更好地适应就业市场的变化和需求，实现高质量充分就业。

在本次教材修订过程中，我们得到了众多专家学者、教育同人以及同学的大力支持与帮助。在此，我们向所有为本书贡献智慧和力量的人士表示衷心的感谢。同时，我们也借鉴和参考了一些专家、教授的理论和观点，引用了一些教材和文献资料，以及教育界同行的经验和案例，在此一并向他们致以诚挚的谢意。

由于时间和编者水平有限，书中难免存在疏漏和不足之处，我们真诚地欢迎广大读者提出宝贵意见和建议。您的反馈是我们不断进步的动力，我们将认真对待每一条建议，以便在后续的修订中进一步完善这本教材。

最后，我们衷心祝愿每一名大学生都能在就业的道路上勇往直前，充分发挥自己的才能，实现自己的人生价值。无论就业之路多么曲折，都请保持积极乐观的心态，勇敢地迎接挑战。相信在党和国家的政策支持下，在社会各界的共同努力下，通过自身的不懈奋斗，你们一定能够找到属于自己的理想职业，创造美好的未来。

编者

2025 年 2 月

目　录

上篇　唤醒就业意识

上篇 唤醒就业意识

第一章
大学生就业形势与政策

学习目标

1. 了解大学生就业形势
2. 了解大学生就业政策
3. 了解就业方向和就业形式
4. 树立正确的就业观

导入案例

小李是一名来自内陆省份的计算机专业毕业生，在校期间成绩优异，掌握了扎实的编程技能。随着毕业季临近，国家出台了一系列鼓励大学生投身中西部地区数字经济建设的政策，许多中西部城市的企业也纷纷加大招聘力度，给出优厚待遇。然而，小李一心向往一线城市的互联网大厂，尽管这些大厂竞争异常激烈，招聘要求极高。在整个求职季，小李将大量精力投入对一线城市大厂的投递中，忽略了其他机会。他拒绝了一些来自中西部城市企业的面试邀请，理由是觉得这些城市发展机会少，不够繁华。即便小李能力出众，但由于一线城市大厂竞争过于激烈，他屡屡碰壁。与此同时，那些被他拒绝的中西部企业岗位，很快被其他同学占据。最终，毕业时间已过，小李仍未找到理想工作，陷入了就业困境。

分析：小李的经历在当下大学生就业过程中颇具典型性。当前，国家大力推动区域协调发展，出台众多政策鼓励大学生到中西部地区就业创业，为当地注入人才活力，促进经济均衡发展。但部分大学生如同小李一般，择业观念较为传统，过度聚焦于一线城市，只看重发达地区的资源优势，却忽视了激烈的竞争环境以及自身在这种竞争中的优势与劣势。他们没有充分认识到新兴地区在政策扶持下所蕴含的巨大发展潜力，择业期望值与现实就业形势出现严重偏差，导致错失了许多良好的就业机会，增加了自身就业难度。

第一节 大学生就业形势分析

2024年11月1日，《求是》杂志刊发习近平总书记重要文章《促进高质量充分就业》，明确指出促进高质量充分就业是新时代新征程就业工作的新定位与新使命。这一理念强调以深化就业体制机制改革为动力，持续推动就业有质的有效提升和量的合理增长。这不仅仅是对民生保障的高度重视，更是对经济社会稳定发展的关键支撑。

一、国内就业形势

从实际数据来看，2024年1月至6月，城镇新增就业人数达到698万人，同比增加20万人，完成全年目标任务的58%，彰显出就业规模的稳步扩张。同时，失业率保持低位，全年城镇调查失业率持续低于2023年同期水平，6月份降至5.0%，同比下降0.2个百分点，低于预期调控目标，反映出就业市场的稳定性增强。重点群体就业总体平稳，高校毕业生等青年就业整体稳定，农民工就业稳中有进，2024年6月末脱贫人口务工规模超过3 000万人，为社会稳定和经济发展注入了坚实力量。

（一）高校毕业生就业困局

2025年，高校毕业生数量预计将达到1 222万人，再创历史新高，这无疑给就业市场带来了巨大的竞争压力。毕业生数量的激增，使得就业市场的竞争愈发激烈，每个岗位都面临着众多求职者的竞争。

与此同时，就业市场存在着显著的结构性矛盾，“就业难”与“招工难”并存。制造业、乡村振兴、服务业等领域存在较大用工缺口，但由于专业技能不匹配、就业观念偏差等原因，高校毕业生难以满足这些岗位的需求。毕业生普遍追求“体制内”岗位，导致公务员、事业单位等岗位竞争异常激烈。例如，某殡仪馆事业编岗位吸引了1 100余人竞争，其中研究生占比5.3%，而民营企业因待遇、保障等方面的差距，对毕业生的吸引力不足，进一步加剧了就业结构的失衡。

（二）行业变革下的就业新动向

在经济转型升级的大背景下，传统行业正在经历深刻的变革。制造业向自动化、智能化升级，催生了对高技能岗位的需求，如机器人操作、数控编程等，但同时也导致低技能岗位持续减少。这种转变要求从业者不断提升自身技能，以适应行业发展的新需求。

数字经济与绿色经济成为引领就业增长的新引擎。人工智能、大数据、云计算等领域的岗位需求年均增长30%以上，展现出强大的发展潜力。绿色能源（如光伏、风电）及生物科技行业也成为就业新增长点，预计 2025 年全球清洁能源行业将创造超 1 200 万个岗位，为求职者提供了广阔的发展空间。服务业也在不断扩容，信息技术、医疗、教育等领域的就业人数持续增长，但竞争激烈，需要从业者具备较强的适应能力和竞争力。

（三）灵活就业与新业态崛起

随着互联网技术的发展，“自媒体”创业热潮兴起，大学生凭借知识优势成为内容创业的主力军。从 2021 届到 2023 届，选择灵活就业做“自媒体”的本科毕业生比例从 6.8% 上升到 7.1%。做“自媒体”尽管收入稳定性不足，但就业满意度较高，成为青年创业的重要选择。这种灵活的就业方式，为大学生提供了展现自我、实现价值的新平台。

乡村振兴战略的实施也为大学生提供了广阔的就业创业空间。乡村文旅、智慧农业等新兴产业的发展，带来了大量的岗位需求。政府通过各类政策引导人才下沉，鼓励大学生投身乡村建设，为乡村发展注入新的活力。在这些新兴领域，大学生可以充分利用自己的专业知识和创新能力，实现个人价值与社会价值的统一。

二、就业形势分析及中长期展望

（一）灵活就业：数字浪潮下的就业新势力

1. 规模与趋势：灵活就业的崛起

在数字化浪潮的席卷下，灵活就业正以前所未有的速度在我国就业市场中崛起。据相关数据，我国灵活就业从业人员规模已达 2 亿左右，这一庞大的数字直观地体现出灵活就业在当下就业格局里的重要地位。从发展趋势来看，近年来，灵活就业人数呈现出持续快速增长的态势，成为吸纳就业的重要力量。这一现象，是多种因素共同作用的结果。第一，随着互联网技术的飞速发展，数字化平台大量涌现，为灵活就业提供了广阔的发展空间。第二，经济结构的调整和产业升级，促使企业对人力资源的配置更加灵活多样，进一步推动了灵活就业的发展。第三，就业观念的转变也使得越来越多的人愿意选择灵活就业这种更具自主性和自由度的工作方式。

2. 优势剖析

（1）劳动精准度：从劳动者角度，灵活就业使他们能更精准地定位自身职业发展方向，充分发挥个人专长。劳动者不再受限于单一企业、固定岗位，可根据自身技能优势与兴趣爱好，在多个项目、多种任务中自主选择，实现自身价值最大化。以一名拥有编程、数据分析及文案撰写多项技能的求职者为例，他可依据自身当下的职业发展侧重点，在灵活就业市场中，精准承接不同类型的工作：若想提升编程能力，可选择参与软件开发项目；若想积累数据分析经验，便可承接数据处理相关任务；等等。这种精准选择不仅能让劳动者在擅长的领域深耕，持续提升专业技能，还能使其拓展职业发展路径，增强个人职场竞争力。

（2）契合新生代农民工就业取向：新生代农民工成长于信息时代，他们的就业观念和生活追求与老一辈农民工有着显著的差异。他们对自由、个性化的工作方式有着更高的追求，渴望在工作中实现自我价值。灵活就业模式下，工作时间和地点的灵活性，使他们能够更好地平衡工作与生活，满足自身发展的需求。许多新生代农民工选择成为网约车司机，根据自己的生活节奏自由安排出车时间，既能获得收入，又能拥有相对自由的生活，还能更好地照顾家庭。这种工作模式让他们在实现经济独立的同时，也能享受生活的乐趣，提升生活质量。

（3）收入水平：在灵活就业领域，一些新兴职业展现出了较高的收入潜力。网络主播、自媒体创作者等凭借自身的才华和努力，通过优质的内容吸引大量粉丝，进而实现商业变现，获得丰厚的收入。在直播带货行业，头部主播一场直播的销售额可达数千万元甚至上亿元，他们的收入也相当可观。同时，灵活就业的收入分配机制较好地体现了效率和公平原则，多劳多得、技高多得的分配方式激励着从业者不断提升自身技能和工作效率，促使他们在追求更高收入的同时，提升自身的竞争力。

（4）岗位丰富度：随着新兴产业的蓬勃发展，灵活就业的岗位种类日益丰富多样。从最初的外卖配送员、网约车司机，到如今的网络主播、内容创作者、社群主理人等，灵活就业的领域不断拓展。这些新兴岗位涵盖了多个行业和领域，为求职者提供了更多的选择，满足了不同人群的就业需求。无论是擅长创意写作、视频制作，还是具备销售技巧、沟通能力的求职者，都能在灵活就业市场中找到适合自己的岗位，实现自身的价值。

3. 政策利好

2024—2025 年，国家和地方政府出台了一系列针对灵活就业的利好政策，为灵活就业者提供了更多的保障和支持。在社保方面，扩大了工伤保险的试点范围，许多灵活就业者，如外卖员、快递员等新业态从业者，现在也能够直接参与工伤保险。这一举措为他们抵御工作中面临的风险提供了重要的保障，让他们能够更加安心地工作。此外，取消了灵活就业者参保户籍的限制，除一线城市外，全国大多数城市允许灵活就业者在长期就业地或居住地参加社保。这对于流动人口来说，无疑是一个重大利好。他们可以在经济发展较好的城市参加医疗保险和养老保险，将来能够享受到更好的医保待遇和退休养老金收入。灵活就业者还能享受社保补贴待遇，补贴标准根据缴费水平确定。若按照 100% 的缴费指数缴纳社保，通常可享受 70% 左右的社保补贴；若按照 100% 以上的标准缴纳基本养老保险，享受社保补贴的标准也会相应提高。这大大减轻了灵活就业者的经济负担，鼓励他们积极参保。

4. 地方实践与成果

各地积极响应国家政策，纷纷采取措施推动灵活就业发展，并取得了显著成果。广西南宁市建成 10 个零工市场，通过这些零工市场，为 7.79 万人次求职者提供求职登记、职业指导等就业服务。广西马山县人力资源市场（数字化零工市场）整合各方资源，构建县、乡、村三级就业服务网络，至 2025 年 1 月已服务群众 1.37 万人次，帮助 460 多名灵活就业人员实现就业。该市场通过数字化手段，实现了就业信息的高效匹配，让求职者能够更快速地找到合适的工作。广州市荔湾区龙津街道以“灵活就业和新就业形态”为核心，建设就业驿站，通过线上线下多渠道融合，实现就业信息广泛传播和人岗精准匹配，为灵活就业者提供政策咨询、技能培训、权益保障等一站式服务。荔湾区“新型零工 +”市场引入多种培训项目，开展直播带岗、数字经济、政策宣讲等直播活动多场，还开展各类技能培训，有效提升了灵活就业者的就业能力和竞争力。广州市越秀区洪桥零工市场正式落地运营，通过线下实体与线上“数字零工平台”的融合，采用“1+N”站点分布模式，针对批发、商贸、酒店、物流、家政和餐饮六大行业进行用工需求匹配，为求职者提供了丰富的就业选择，满足了不同行业的用工需求，促进了灵活就业市场的繁荣发展。

（二）双循环格局：就业新机遇的源泉

1. “一带一路”：国际合作中的就业增长

“一带一路”倡议自提出以来，在国际合作领域成果斐然，为相关专业人才创造了大量就业机会。

在基础设施建设方面，中国与“一带一路”共建国家合作开展了众多大型项目，像中老铁路、匈塞铁路等。在中老铁路的建设过程中，从线路规划、工程设计，到铁轨铺设、桥梁搭建，都离不开各类专业人才的参与。中国的工程技术人员运用先进的技术和丰富的经验，克服了地形复杂、气候多变等诸多困难，确保了项目的顺利推进。同时，项目的实施也为当地培养了大量的建筑工人和技术人员，提升了他们的就业技能和收入水平。据不完全统计，仅中老铁路这一个项目，就直接带动了数万人的就业。

在贸易往来方面，随着中国与“一带一路”共建国家贸易额的不断攀升，外贸企业对各类专业人才的需求呈现出爆发式增长。国际贸易专业人才能够熟练运用国际贸易规则，处理进出口业务中的各种问题；外语专业人才则在沟通交流、商务谈判等方面发挥着关键作用；物流专业人才负责货物的运输、仓储和配送，确保贸易的顺畅进行。这些专业人才在推动贸易发展的同时，也实现了自身的就业和发展。例如，在义乌从事小商品出口贸易的企业，随着与“一带一路”共建国家业务的增多，不断招聘国际贸易和外语专业的人才，为当地创造了大量的就业岗位。此外，能源合作领域也为石油、天然气等相关专业人才提供了广阔的发展空间。在石油勘探、开采、运输等环节，需要大量专业技术人才，中国与“一带一路”共建国家在能源领域的合作，使得这些人才有了更多施展才华的机会。

2. 数字经济：创新驱动的就业增长极

数字经济的飞速发展，已成为我国经济增长的新引擎，也是就业增长的重要驱动力。随着 5G、人工智能、大数据等技术的广泛应用，各行业的数字化转型进程不断加速。在传统制造业领域，数字化转型使得生产过程更加智能化、自动化。工业互联网工程师通过搭建工业互联网平台，实现设备之间的互联互通，优化生产流程，提高生产效率；智能制造工程师则专注于研发和应用智能制造技术，推动生产制造的智能化升级。这些新岗位不仅要求从业者具备扎实的专业知识，还需要其掌握先进的数字化技术。以富士康为例，富士康通过引入工业互联网和智能制造技术，实现了生产效率的大幅提升，同时也创造了大量工业互联网工程师、智能制造工程师等新岗位。

服务业在数字化浪潮中同样实现了创新发展。在线教育行业的兴起，让教育资源突破了地域限制，为在线教育讲师提供了广阔的发展空间。他们可以通过互联网平台，为全国各地的学生授课，实现知识的传播和共享。远程办公软件运维人员则负责保障远程办公软件的稳定运行，确保企业员工能够高效地进行远程协作。互联网医疗平台运营人员负责平台的日常运营和管理，推动医疗服务的线上化和便捷化。据中国信息通信研究院发布的数据，2024 年我国数字经济规模达到 50.2 万亿元，占 GDP 的比重为 41.5%，数字经济领域就业人数达到 2.9 亿人，同比增长 8.1%。这些数据充分表明，数字经济在推动经济增长的同时，也为社会创造了大量的就业机会，成为就业增长的重要极。

3. 强链、补链、扩链：产业升级中的就业活力

在双循环发展新格局下，强链、补链、扩链行动成为推动产业升级和就业增长的重要举措。

在强链方面，以新能源汽车产业为例。我国在电池技术、自动驾驶技术等方面已处于世界领先地位。通过强链行动，我国进一步提升了产业的整体实力，带动了从电池研发生产、汽车零部件制造到整车组装等全产业链的就业增长。宁德时代作为全球领先的动力电池企业，不断加大研发投入，提升电池技术水平，扩大生产规模，不仅带动了自身的发展，还促进了上下游产业链的协同发展，为电池研发工程师、生产工人、零部件供应商等创造了大量就业岗位。

补链行动针对产业链中的薄弱环节，加大投入和研发力度，填补了产业空白，创造了新的就业机会。在半导体领域，随着国内对芯片研发和生产的重视，大量资金和人才涌入该领域。芯片设计工程师、制造工程师、封装测试工程师等岗位需求旺盛。例如，中芯国际加大在芯片制造领域的投入，不断提升技术水平，吸引了众多专业人才加入，为我国半导体产业的发展注入了新的活力，也为相关专业人才提供了广阔的就业空间。

扩链则是通过拓展产业链的上下游，延伸了产业发展空间，增加了就业岗位。在光伏产业，通过扩链行动，不仅发展了光伏组件制造、光伏发电系统集成等核心产业，还带动了光伏材料生产、光伏设备制造、光伏电站运维等相关产业的发展。在光伏材料生产环节，需要大量的化工专业人才；在光伏设备制造环节，机械工程师、电气工程师等发挥着重要作用；在光伏电站运维环节，则需要专业的运维人员保障电站的稳定运行。这些产业的协同发展，形成了庞大的就业体系，为不同专业背景的人才提供了丰富的就业选择。

4. 新业态在双循环中的独特作用

在国内消费升级和国际市场需求多样化的背景下，新业态灵活就业发挥着独特的作用，为满足市场需求提供了更加灵活、高效的服务，同时创造了大量就业机会。

在国内市场，直播电商、社交电商等新业态的兴起，改变了传统的销售模式，促进了商品的销售和流通。电商主播通过直播的方式，向消费者展示和推销商品，他们的专业讲解和热情推荐，吸引了大量消费者购买。运营人员负责店铺的日常运营和推广，制定营销策略，提升店铺的知名度和销售额。客服人员则及时解答消费者的疑问，提供优质的售后服务，提升消费者的购物体验。这些岗位为众多求职者提供了灵活就业的机会，许多人通过直播电商实现了创业和就业梦想。

在国际市场，跨境电商的发展让中国的商品走向世界，也为跨境电商运营、国际物流、海外市场推广等领域的灵活就业者创造了广阔的发展空间。跨境电商

运营人员需要了解不同国家的市场需求和消费习惯，制定适合当地市场的运营策略。国际物流人员负责商品的跨境运输和配送，确保商品能够按时、安全地送达消费者手中。海外市场推广人员则通过各种渠道，提升中国商品在海外市场的知名度和美誉度。例如，在深圳的跨境电商企业，许多灵活就业者通过自己的努力，在跨境电商领域取得了不错的成绩，实现了自身的价值，同时也为中国商品的出口和国际市场的拓展做出了贡献。

三、就业挑战与应对策略

在经济稳健复苏、产业结构持续优化的大背景下，我国就业形势总体呈现出稳定向好的发展态势。从数据来看，全国城镇新增就业人数稳步增长，失业率维持在合理区间，就业规模持续扩大，就业结构不断优化，第三产业成为吸纳就业的主力军，新兴产业也创造出大量高质量就业岗位，就业质量得到稳步提升。

然而，不可忽视的是，就业难的问题依旧存在，求职者在就业过程中面临着诸多挑战。在就业市场中，期望与现实的落差、技能不匹配、地域差异和信息不对称，以及企业招聘谨慎等因素相互交织，共同给就业增添了重重困难。

（一）就业挑战深度剖析

1. 期望与现实的鸿沟

在薪资方面，大部分大学生的期望月薪在 8 000 元以上，然而市场实际情况是，应届毕业生平均起薪在 5 000 ～ 6 000 元，尤其是在一些非一线城市和传统行业，薪资水平更低。

在工作地点上，多数毕业生倾向于选择经济发达的一线城市和东部沿海地区，认为这些地方有更多的发展机会和更好的生活条件。智联招聘数据显示，2024 年毕业生投递简历最多的五个城市分别是北京、上海、广州、深圳和杭州。但这些地区生活成本高，就业竞争异常激烈，人才饱和现象严重。相比之下，中西部地区和基层岗位，虽然急需各类人才来推动当地的发展，但由于地理位置相对偏远、经济发展水平有限、基础设施不够完善等因素的限制，对大学生的吸引力不足，导致人才匮乏。

在企业类型和岗位性质上，大学生更希望进入国有企业、教育和医疗单位、其他事业单位和党政机关等体制内用人单位就业，认为这些单位工作稳定、福利待遇好。新锦成研究院发布的《2024 大学生就业质量研究》数据显示，2023 届未就业本科毕业生中，有 22.50% 的人期望进入国有企业就业，有 16.17% 的人期望进入党政机关就业。同时，他们往往追求管理、技术研发等核心岗位，对基层岗位、中小企业和艰苦地区的工作不屑一顾。但就业期望与现实的巨大落差，使得许多大学生在求职过程中屡屡碰壁，产生焦虑和失落情绪。

就如武汉大学选调生顾某，作为甘肃省会兰州人，又是名校硕士，自认为“高贵”，被分配到嘉峪关工作后，认为自己被“禁锢”在“戈壁滩小县城”，最终选择离职。她的经历反映出部分大学生在就业时，对工作地点、环境等期望过高，当现实与期望不符时，难以接受和适应。

2. 技能错配的困局

在科技飞速发展和产业结构不断升级的背景下，市场对人才的技能要求发生了巨大变化。新兴行业如人工智能、大数据、新能源等对专业技术人才的需求旺盛，但高校教育和职业培训在一定程度上未能及时跟上市场需求的变化，导致相关专业的毕业生在实际技能上与企业需求存在差距。

许多高校在专业设置和课程安排上，未能充分、紧密地跟随市场需求的动态而变化。部分专业的课程内容陈旧老化，教学方法单一枯燥，过于注重理论知识的灌输，而严重忽视了实践能力的培养。

以计算机专业为例，虽然高校开设了相关课程，但教学内容可能侧重于理论知识，对于实际项目开发、算法优化等企业实际需求的技能培养不足。这使得许多计算机专业的毕业生在进入企业后，无法快速适应实际工作中的技术要求，需要企业花费大量时间和资源进行培训。

再以传统文科专业为例，很多文科专业的学生在毕业时缺乏必要的职业技能，难以适应职场的要求。课程内容往往注重理论，而缺乏实用性和前瞻性。在如今数字化办公的时代，对办公软件的熟练运用、数据分析能力等已成为职场必备技能，但一些文科专业学生在这些方面存在明显不足。许多文科专业学生在毕业时，对于新媒体运营、数字化营销等新兴领域的知识和技能了解甚少，这使得他们在求职时，难以满足企业对复合型人才的需求。

一些传统行业的数字化转型也对从业者的技能提出了新要求。传统制造业需要掌握智能制造技术的人才，传统服务业需要具备数字化营销和服务能力的人才。求职者如果不能及时更新自己的技能，就难以适应市场的变化，从而在就业竞争中处于劣势。比如，传统制造业中的工人，若不掌握对自动化设备的操作、编程等技能，就可能面临被淘汰的风险；传统服务业中的销售人员，若不了解数字化营销手段，就难以拓展客户资源，提升销售业绩。

3. 地域与信息的双重阻碍

就业地域差异明显，经济发达地区和大城市凭借丰富的就业机会、先进的产业结构、良好的发展环境以及较高的薪资水平，吸引了大量求职者涌入。据教育部数据，2024 年高校毕业生就业人数最多的三个地区分别为北京、上海和广东。这些地区的就业竞争异常激烈，人才饱和现象较为严重。而中西部地区、中小城市以及农村地区的就业机会相对较少，发展空间有限，很多求职者不愿意前往，从而造成了就业的地域失衡。以贵州为例，该省在 2023 年共有 10 余万名高校毕业生，但省内就业岗位有限，许多毕业生选择前往东部沿海地区寻求发展。

就业市场中的信息不对称现象也较为普遍。求职者获取就业信息的渠道有限，难以全面了解企业的招聘需求和岗位信息；企业在招聘过程中也可能无法及时、准确地找到合适的人才。一方面，许多求职者主要通过招聘网站、校园招聘会等有限的渠道获取信息，而一些小型企业或新兴企业的招聘信息可能没有得到广泛传播，导致求职者对这些岗位一无所知。另一方面，求职者的简历和求职信息也可能因为各种原因未能被企业注意到，从而错失就业机会。一些企业在招聘时，可能更倾向于内部推荐或与特定高校合作，这也使得其他求职者难以获得这些就业信息。

4. 企业招聘的谨慎考量

在经济形势不稳定或市场竞争激烈的情况下，企业为了降低成本、规避风险，往往会采取保守的用人策略。它们会减少招聘数量，提高招聘门槛，对求职者的学历、工作经验、技能水平等方面提出更高要求。

许多企业在招聘时，更倾向于选择有丰富工作经验、能够立即上手工作的员工，对于应届毕业生或缺乏相关经验的求职者则较为谨慎。这是因为应届毕业生通常需要一定的培训和适应期，才能胜任工作，这会增加企业的人力成本和时间成本。一些企业在招聘技术岗位时，明确要求应聘者具有 3～5 年的工作经验，能够独立承担项目开发任务。对于应届毕业生来说，他们由于缺乏实际工作经验，很难满足这些要求，从而在求职过程中处于劣势。

企业在招聘过程中还会进行严格的背景调查、面试和评估，以确保招聘到的人才符合企业的发展需求。一些大型企业的招聘流程烦琐，包括简历筛选、笔试、多轮面试、背景调查等环节，整个过程可能持续数月。这使得求职者获得工作机会的难度加大，也增加了求职者的时间和精力成本。在面试环节，企业会考察求职者的专业知识、技能水平、沟通能力、团队协作能力等多个方面，只有综合表现优秀的求职者才能脱颖而出。

（二）应对策略：从政策到个人的全方位行动

1. 国家政策的强力支撑

国家始终将就业置于很高的战略地位，将其作为经济社会发展的重要目标，纳入国民经济和社会发展规划，促进财政、货币、金融、产业、价格、就业等政策协同发力，提高发展的就业带动力。在 2024 年，政府采取了一系列政策举措，为就业提供了坚实保障。在宏观政策层面，强调就业政策与货币、金融、产业政策的协同配合，形成政策合力，推动经济发展与就业促进的良性互动。在具体政策实施上，通过延续阶段性降低失业保险费率政策，减轻企业负担，增强企业稳岗能力；发放稳岗返还资金，激励企业稳定就业岗位；落实差异化培训补贴政策，提升劳动者的职业技能和就业竞争力。国家还鼓励企业创造更多就业岗位，特别是针对高校毕业生、农民工、就业困难人员等重点群体，出台了一系列专项扶持政策，如提供求职补贴、见习补贴、就业补贴等，帮助他们顺利就业。

国家发展改革委表示，将从扩大有效需求创造新的就业增长点，增强新兴产业就业创造效应，拓宽生活服务性行业就业空间，发挥职业教育、技能培训对就业的促进作用等四个方面着手，大力实施就业优先战略。在扩大有效需求创造新的就业增长点方面，发挥中央预算内投资的引领带动作用，多措并举激发民间投资活力；加快落实“两重”“两新”等重大举措，对吸纳就业效果好的项目加大支持力度。在增强新兴产业就业创造效应方面，因地制宜发展新质生产力，培育壮大新一代信息技术、节能环保、生物技术、新材料、新能源等战略性新兴产业和未来产业，创造更多知识技能型岗位。在拓宽生活服务性行业就业空间方面，创新发展服务消费，加快培育消费新场景，大力发展银发经济。以家政行业为例，目前我国家政服务业从业人员约 3 000 万人，而实际上市场需求高达 5 000 万人，尤其是高质量、高水平的家政服务人员极度短缺。在发挥职业教育、技能培训对就业的促进作用方面，统筹多渠道资源加大对技能培训基础设施建设投入力度，指导地方建好用好公共实训基地、产教融合实训基地等平台载体，精准对接企业用工需求，为广大劳动者开展订单式、定向式及项目制培训，使其能够以一技之长打通就业增收之路。

2. 高校行动的积极探索

高校作为人才培养的重要阵地，在促进学生就业方面发挥着关键作用。许多高校积极加强与企业的合作，深入了解市场需求，根据市场需求调整专业设置，优化课程体系，注重实践教学，提高学生的实际操作能力和职业素养。重庆财经学院讯飞人工智能学院联合科大讯飞股份有限公司打造协同创新育人平台，派驻企业工程师参与学校教育教学，引入商业研发项目，给学生在就业之前提供实践保障。同时，将行业、企业的用人标准融合到课程群建设和课程评价体系建设中，先后在课程改革中植入科大讯飞职级职等认证、工信部认证和教育部“1+X”三大职业认证体系，以此实现学生发展与行业需求的高度契合。高校还积极搭建就业平台，组织各类招聘会、宣讲会，邀请企业进校招聘，为学生提供更多的就业信息和机会。湖南现代物流职业技术学院党委书记龙吟带领相关人员赴企业开展调研，与企业就专业共建、人才共育、合作发展的校企合作进行重点交流，希望今后能在人才培养等方面进一步加强合作，实现校企双方资源共享、优势互补、互利共赢，进一步深化校企合作机制，探索具有特色和实效的产教融合校企合作模式。

3. 个人努力的关键作用

对于求职者个人而言，提升自身技能是增强就业竞争力的关键。在科技快速发展的时代，求职者应保持终身学习的态度，不断学习新知识、新技能，适应市场需求的变化。可以通过参加职业培训、学习在线课程、考取相关证书等方式，提升自己的专业技能和综合素质。例如，对于想要进入人工智能领域的求职者，可以学习机器学习、深度学习等相关知识，参加相关的培训课程和项目实践，提高自己在该领域的技能水平。

调整就业期望也很重要。求职者要客观认识自己的能力和优势，理性看待就业市场的变化，避免盲目追求高薪、热门岗位，适当降低就业期望，拓宽就业选择范围。可以考虑先从基层岗位做起，积累工作经验，提升自己的能力，为未来的职业发展打下基础。

关注政策和市场信息同样重要。求职者应及时了解国家的就业政策和行业发展动态，掌握就业市场的需求变化，以便更好地调整自己的求职策略。可以通过政府官方网站、行业资讯平台等渠道，获取最新的就业政策和市场信息。

（三）行动起来，拥抱未来

就业，是充满挑战与机遇的征程。在这条道路上，大学生们会遭遇期望与现实的落差、技能与市场需求的错配、地域和信息的阻碍，以及企业招聘的高门槛。但这些挑战并非不可逾越的鸿沟，国家的政策支持、高校的积极作为以及个人的不懈努力，共同构成了应对挑战的有力武器。

大学生们，你们是时代的弄潮儿，肩负着实现个人价值与推动社会发展的重任。在就业的征程中，不要被暂时的困难所吓倒，要勇敢地正视挑战，积极地调整心态，不断地提升自我。要相信，每一次挑战都是成长的机遇，每一次努力都将离成功更近一步。

国家为促进就业已做出诸多努力，高校也在积极为学生创造更好的就业条件，作为主角的大学生，更应积极行动起来。大学生要树立终身学习的理念，不断提升自己的专业技能和综合素质，让自己成为就业市场上的“香饽饽”；要理性看待就业市场，调整就业期望，不盲目追求高薪和热门岗位，而是从自身实际出发，寻找最适合自己的发展道路；要时刻关注政策和市场信息，把握就业机会，为自己的职业发展做好充分准备。

就业的道路或许充满艰辛，但大学生们只要坚定信念，勇往直前，不断提升自身竞争力，就一定能够抓住就业机会，实现自己的职业目标。愿每一名大学生都能在就业的浪潮中，扬起理想的风帆，驶向成功的彼岸，书写属于自己的精彩篇章。

第二节 大学生就业政策与措施

就业，作为民生之本，是连接经济发展与民生福祉的关键纽带，在经济社会发展中占据着举足轻重的地位。党的二十大报告明确指出，就业是最基本的民生，关乎亿万劳动者及其家庭的切身利益，也关乎国家的长治久安。一个稳定且充分的就业环境，不仅仅能为个人提供稳定的收入来源，满足人们的物质生活需求，更能给予人们实现自我价值的机会，增强个人的社会认同感与归属感。从宏观层面来看，就业是经济发展的重要支撑，充足的就业岗位能促进劳动力与生产资料的有效结合，推动经济持续增长，维护社会的和谐稳定。

在新时代的发展进程中，党和国家始终将就业工作置于治国理政的突出位置。党的二十届三中全会更是为就业工作指明了新的方向，明确提出“完善就业优先政策”“健全高质量充分就业促进机制”。这不仅仅是对就业工作的高度重视，更是顺应时代发展需求，为解决就业问题提供的新思路与新举措。这一系列政策的出台，标志着我国就业工作进入了一个全新的阶段，为实现更高质量、更加充分就业的目标奠定了坚实基础。

对于大学生群体而言，这些政策带来了前所未有的机遇与挑战。一方面，国家对就业的高度重视和一系列政策的出台，为大学生就业创业提供了广阔的空间和有力的支持。政府通过加大对新兴产业的扶持力度，推动产业升级转型，创造了大量与大学生专业背景相匹配的高质量就业岗位。同时，鼓励大学生创业的政策也为有创业梦想的大学生提供了创业资金、场地支持、税收优惠等多方面的便利，激发了大学生的创业热情，为他们实现创业梦想搭建了平台。另一方面，随着经济结构的不断调整和就业市场竞争的日益激烈，大学生也面临着诸多挑战。产业升级对人才的技能和素质提出了更高的要求，大学生需要不断提升自己的专业技能和综合素质，以适应市场的变化。同时，就业市场的竞争也促使大学生树立正确的就业观念，调整就业心态，积极主动地寻找就业机会。

一、积极就业政策，激发市场活力

积极就业政策作为国家就业政策体系的重要支柱，在促进就业、推动经济社会发展中发挥着不可替代的关键作用。它是我国政府坚持通过发展经济、调整产业结构、深化改革、协调发展城乡经济以及完善社会保障体系等一系列举措，促进就业的综合政策体系。其核心在于主动出击，采取各种有效措施，千方百计增加就业岗位，扩大就业规模，努力将失业率控制在社会可承受的范围内。

资金补贴是积极就业政策的重要手段之一，它犹如一场及时雨，为符合条件的个体和企业带来了实实在在的支持。

在个体层面，对于面临就业困难的高校毕业生，政府给予求职创业补贴，帮助他们缓解求职过程中的经济压力，让他们能够更加从容地寻找工作机会。以2023年为例，多地政府对毕业学年有就业创业意愿并积极求职创业的低保家庭、贫困残疾人家庭、原建档立卡贫困家庭和特困人员中的高校毕业生和中等职业学校（含技工院校）毕业生，残疾及获得国家助学贷款的高校毕业生和中等职业学校（含技工院校）毕业生，给予了一次性求职创业补贴，金额达到每人1 000元。这一补贴政策减轻了这些毕业生的经济负担，为他们的求职之路提供了有力的经济支持。

在企业层面，为鼓励企业吸纳高校毕业生就业，政府出台了一次性吸纳就业补贴和社会保险补贴等政策。对招用高校毕业生的企业，按规定给予一次性吸纳就业补贴，标准一般为每人2 000元左右。同时，对于新招用毕业年度或离校2年内未就业高校毕业生并签订1年以上的劳动合同的小微企业和社会组织，给予社会保险补贴，补贴标准为按照当地缴费当月职工社会保险缴费基数的下限作为缴费基数计算的养老、医疗（含生育）、失业和工伤保险缴费额中用人单位承担部分的50%，补贴期限最长不超过12个月。这些补贴政策有效地降低了企业的用人成本，提高了企业吸纳高校毕业生的积极性，为高校毕业生创造了更多的就业机会。

扶持公共就业服务能力建设也是积极就业政策的重要内容。政府通过加大对公共就业服务机构的投入，完善就业服务设施，提升就业服务水平，为大学生就业提供全方位的支持。在信息化建设方面，各地积极打造统一的就业信息平台，实现就业信息的集中发布和共享。通过这个平台，大学生可以随时随地查询各类就业岗位信息，了解企业的招聘需求，同时企业也能更便捷地发布招聘信息，筛选合适的人才。这大大提高了就业信息的传播效率，减少了信息不对称，使得大学生与企业之间的匹配更加精准、高效。

为了提升大学生的就业能力，政府和公共就业服务机构还组织开展了丰富多样的职业培训和就业指导活动。针对不同专业、不同就业意向的大学生，开设了各类职业技能培训课程，如有关计算机编程、数据分析、新媒体运营等热门领域的培训，帮助大学生提升专业技能，增强就业竞争力。同时，开展就业指导讲座和一对一咨询服务，从简历制作、面试技巧、职业规划等方面给予大学生全方位的指导，帮助他们更好地了解职场，掌握求职技巧，提高求职成功率。

以某地区为例，当地政府为了提升公共就业服务能力，投资建设了现代化的就业服务中心，配备了先进的信息化设备和专业的服务团队。该中心定期举办大型招聘会，邀请各类企业入驻，为大学生提供了大量的就业岗位。同时，该中心还开设了线上就业服务平台，提供24小时不间断的就业信息查询和咨询服务。此外，针对大学生开展了一系列职业培训和就业指导活动，每年培训大学生达数千人次，有效提升了大学生的就业能力和就业质量。通过这些举措，该地区大学生的就业率显著提高，就业形势持续向好。

二、发挥政策优势，全面助力发展

（一）整合吸纳与扩岗补助

为进一步激发企业吸纳高校毕业生等青年就业的积极性，国家整合优化了吸纳就业补贴和扩岗补助政策。自2024年起，一次性吸纳就业补贴和一次性扩岗补助政策合并实施，对招用毕业年度和离校2年内未就业高校毕业生及16～24岁登记失业青年，签订劳动合同，并按规定为其足额缴纳1个月以上的失业、工伤、职工养老保险费的企业，可按每招用1人不超过1 500元的标准发放一次性扩岗补助。所需资金从失业保险基金支出，上年度失业保险基金滚存结余备付期限不足1年的省份，则从就业补助资金支出。这一举措旨在通过资金补助的方式，降低企业用人成本，鼓励企业为高校毕业生等青年提供更多的就业机会，缓解就业市场的压力，促进青年群体的就业稳定。

（二）国有企业增人增资

国有企业在就业市场中具有示范引领作用。为鼓励国有企业扩大高校毕业生招聘规模，国家延续实施国有企业增人增资政策。对按照工资效益联动机制确定的工资总额难以满足扩大高校毕业生招聘需求的国有企业，经履行出资人职责机构或其他企业主管部门同意，统筹考虑企业招聘高校毕业生人数、自然减员情况和现有职工工资水平等因素，可给予一次性增人增资，核增部分据实计入工资总额并作为下一年度工资总额预算基数。通过对工资总额的调整，激励国有企业积极吸纳高校毕业生，为高校毕业生提供更多优质、稳定的就业岗位，同时也有助于为国有企业注入新鲜血液，提升企业活力和创新能力。

（三）先进制造业青年行动

先进制造业作为推动经济高质量发展的重要力量，为青年就业提供了广阔的空间。国家实施先进制造业青年就业行动，通过开展先进制造业职业体验活动，组织高校毕业生等青年参观企业园区、车间厂房，让他们亲身感受工作氛围，增强对先进制造业的职业认知，激发他们投身先进制造业的兴趣和热情。指定人社服务专员归集适合高校毕业生等青年的就业岗位，依托就业信息资源库和招聘平台，加强数据比对，实现岗位与人才的高效匹配。同时，建立先进制造业企业集群职称评审“绿色通道”，赋予相关企业高层次人才举荐权，推动具备条件的先进制造业企业试点开展高级职称自主评审。这一系列举措旨在为高校毕业生等青年搭建通往先进制造业的就业桥梁，满足先进制造业对高素质人才的需求，促进先进制造业与青年就业的良性互动。

（四）基层就业引导

基层是青年成长成才的广阔舞台，也是解决就业问题的重要领域。国家鼓励引导高校毕业生到基层一线就业，实施“三支一扶”计划，并统筹推动其他基层服务项目实施，鼓励有条件的地方结合实际适当扩大招募规模。结合实施乡村振兴战略，适应基层治理模式创新需要，积极挖掘医疗卫生、养老服务、社会工作、司法辅助、科研助理等基层就业机会。对到基层就业的高校毕业生，按规定落实学费补偿、国家助学贷款代偿、高定工资、提前转正定级等政策，畅通他们在基层的职业发展通道。通过这些政策措施，引导高校毕业生将个人的职业发展与国家的基层建设需求相结合，既缓解了就业压力，又为基层发展注入了人才动力。

（五）创业与灵活就业支持

为鼓励高校毕业生自主创业和灵活就业，国家出台了一系列支持政策。在自主创业方面，强化青年创业支持，构建创业信息发布、政策咨询、流程办理、孵化服务等全周期服务机制，推进创业服务集成办理，为创业者提供全方位、一站式的创业服务。对符合条件的高校毕业生创业项目，按规定给予一次性创业补贴，帮助创业者解决创业初期的资金难题。在灵活就业方面，落实灵活就业社保补贴政策，对离校2年内未就业的高校毕业生灵活就业后缴纳的社会保险费，给予一定数额的社会保险补贴，补贴标准原则上不超过其实际缴费的2/3，补贴期限最长不超过2年，切实减轻灵活就业高校毕业生的社保负担。同时，扩大新就业形态就业人员职业伤害保障试点范围，保障青年灵活就业合法权益，为灵活就业的高校毕业生提供安全保障。

（六）招聘对接服务

为提高高校毕业生与就业岗位的匹配效率，国家大规模组织招聘对接服务。组织公共就业服务进校园，开展政策宣传、校园招聘、指导培训等活动，让高校毕业生在校园内就能了解到最新的就业政策和丰富的岗位信息。人社厅局长结对帮扶就业压力大的高校，定向送资源、送岗位、送服务，精准助力高校毕业生就业。组织开展“10+N”公共就业服务活动，将高校毕业生等青年群体作为服务重点，普遍设立招聘专区。高校毕业生集中的地市每周至少举办一次专业性招聘、每月至少举办一次综合性招聘，加密招聘频次。强化数字赋能，推进线上线下一体化服务，探索岗位发布、组织对接、面试洽谈等“一站式”在线服务，打破时间和空间的限制，便利青年求职应聘。

（七）求职与学徒培训

为提升高校毕业生等青年的求职能力和职业技能，国家强化青年求职能力训练和学徒培训。加强高校毕业生等青年职业指导和求职能力训练，组织青年求职能力实训营，注重理论与实践相结合，开展模拟面试、简历诊断、职业规划等互动教学，帮助青年明确职业方向，掌握求职技巧。同时，组织企业参观、行业调研、岗位锻炼等体验活动，让青年深入了解职场环境和行业需求。组织青年和毕业年度学生参加新型学徒培训，提高技能水平，按规定对承担学徒培训任务的企业和学校给予学徒培训补贴，鼓励企业和学校积极参与学徒培训，为青年提供更多实践机会和技能提升渠道。

（八）见习岗位募集

为帮助高校毕业生等青年积累工作经验，提升就业竞争力，国家实施百万就业见习岗位募集计划。支持企业、政府投资项目、事业单位开展就业见习，更多开发科研类、技术类、管理类、社会服务类见习岗位。自 2024 年起，每年募集不少于 100 万个就业见习岗位，按规定给予就业见习补贴，补贴标准一般按照当地最低工资标准的一定比例确定，如有的地区为当地最低工资标准的 70%。对见习期未满与见习人员签订劳动合同的，各地可给予剩余期限见习补贴。这一计划为高校毕业生等青年提供了丰富的见习机会，有助于他们在实践中锻炼能力，增加就业砝码。

（九）困难青年帮扶

为确保就业困难青年能够顺利就业，国家实施就业困难青年专项帮扶行动。强化未就业高校毕业生实名帮扶，建立实名台账，普遍提供至少 1 次政策宣介、1 次职业指导、3 次岗位推荐及 1 次培训或见习机会，根据每名未就业高校毕业生的实际情况，提供个性化的就业帮扶。强化困难高校毕业生结对帮扶，加强与农业农村、残联部门信息共享，及时将脱贫家庭毕业生、残疾毕业生、长期失业青年、求职补贴发放对象纳入帮扶台账，制订专项计划，开展“一对一”结对帮扶，针对性提供高质量岗位信息，帮助他们解决就业难题，实现稳定就业。

（十）高效办理就业服务

为提高高校毕业生就业服务的效率和质量，国家致力于高效办成高校毕业生就业一件事。统筹就业与人才政策服务事项，公开办理流程，明确办理时限，加快办理进度，推进档案接收、补贴申领、社保缴纳、落户手续等政策服务“一件事打包办”，让高校毕业生少跑腿、好办事。有条件的地区可给予高校毕业生等青年人才公寓等支持，为青年就业提供便利，解决他们的居住之忧。指导各级公共就业人才服务机构普遍设立青年就业服务窗口，有条件的地区要依托零工市场（零工驿站）、家门口就业服务站等现有资源建设一批青年就业驿站，为高校毕业生等青年就业提供一站式服务，实现就业服务的集中化、便捷化。

（十一）就业权益维护

为营造公平、有序的就业环境，切实保障高校毕业生等青年的就业权益，国家加强就业权益维护。加强人力资源市场监管，依法查处虚假招聘、违规收费、“黑中介”等违法违规行为，规范人力资源市场秩序，净化就业市场环境。加大就业权益知识普及，通过开展宣传活动、发布案例警示等方式，帮助和指导高校毕业生在毕业季维护好自身权益，提高他们的法律意识和维权能力。指导用人单位规范招聘组织，按照岗位需求合理制定招聘条件和学历层次，避免就业歧视。加强公共就业服务活动和各类校园招聘活动参与企业资质及岗位审核，避免不合理招聘信息，从源头上保障高校毕业生的就业权益。

大学生就业创业政策是国家为促进大学生成长成才、推动社会发展而精心构建的支持体系，它涵盖了就业的各个领域，为大学生提供了广阔的发展空间与坚实的保障。这些政策体现了国家对大学生群体的关怀与期望。

作为新时代的大学生，应积极主动地了解这些政策，深入研究其中的细则与机遇，将政策优势转化为自身的发展动力。在面对职业选择时，不局限于传统观念，勇敢地投身基层，在广阔天地中施展才华。怀揣军旅梦想的同学，应响应国家号召，携笔从戎，在军队中锤炼意志，实现人生价值；对科研感兴趣的同学，要积极参与科研项目，在探索未知中贡献智慧，为国家科技进步助力；有创业激情的同学，更要充分利用创业扶持政策，大胆创新，在市场中拼搏奋进。

就业创业之路或许充满挑战，但只要我们把握政策机遇，坚定信念，勇于实践，就一定能在时代的舞台上绽放光彩，成就属于自己的美好未来，为实现中华民族伟大复兴的中国梦贡献自己的青春力量。

第二节 毕业去向的分析与选择

一、就业方式

在当今多元化的社会环境下，大学生毕业后面临着多种去向选择，每一种选择都承载着不同的发展机遇与挑战。清晰认知并合理规划毕业去向，对大学生的未来发展至关重要。

高校毕业生毕业去向包括以下几种情形（如表 1–1 所示）：

表 1–1　高校毕业生毕业去向界定及标准

分类		分类界定	审核依据
就业	1. 签就业协议形式就业	包含以下七种情况	
		（1）与就业单位签订省级就业部门统一制定的就业协议书，且盖有单位人力资源（人事）部门公章或单位行政公章。就业单位指国家机关、事业单位、社会团体、企业、个体经济组织、民办非企业单位等组织	依据签订的省级就业部门统一制定的就业协议书（含电子协议书，其中由用人单位发起的线上签约生成的电子协议书无须盖章）或相关制式协议书
		（2）具有人事调配权限的单位出具的接收毕业生及其人事关系（档案、户口、党团组织关系等）的录用接收函	依据用人单位出具的录用接收函、公示材料
		（3）定向、委托培养毕业生回原定向、委托培养单位（地区）就业	依据毕业生与定向、委托培养单位（地区）签订的定向、委托培养协议
		（4）部队招收军士或文职人员	依据招收军士或文职人员协议书
		（5）医学规培生	依据与规培基地签订的协议书
		（6）国际组织任职	依据国际组织出具的接收材料
		（7）出国、出境就业	依据国（境）外用人单位出具的接收证明或出国签证文件

续表

<table>
<tr><th colspan="2">分类</th><th>分类界定</th><th>审核依据</th></tr>
<tr><td rowspan="14">就业</td><td>2. 签劳动合同形式就业</td><td>毕业生与用人单位签订劳动合同</td><td>劳动合同相关解释参见《中华人民共和国劳动法》十六、十八、十九条</td></tr>
<tr><td>3. 其他录用形式就业</td><td>用人单位不签订就业协议或劳动合同，仅提供聘用证明等证明材料。</td><td>依据用人单位出具的聘用证明或其他相关证明材料，聘用证明或其他相关证明材料应包含离校后聘用期限不低于6个月、工资收入不低于当地最低工资标准等内容，由院、校两级就业部门负责同志审核签字（章）</td></tr>
<tr><td rowspan="3">4. 科研助理、管理助理</td><td colspan="2">指被高校、科研机构或企业聘用作为博士后、科研辅助研究人员、实验技术人员、技术经理人、学术助理、财务助理等，包含以下两种情况</td></tr>
<tr><td>（1）科研助理、管理助理</td><td>依据高校、科研机构或企业出具的证明，薪酬需达到当地最低工资标准</td></tr>
<tr><td>（2）博士后入站</td><td>依据劳动（聘用）合同、协议书、接收函、商调函、《博士后研究人员备案证明》</td></tr>
<tr><td>5. 应征义务兵</td><td>应征义务兵</td><td>依据预定兵通知书或入伍通知书</td></tr>
<tr><td rowspan="3">6. 国家基层项目</td><td>（1）特岗教师（国家）</td><td rowspan="3">依据录用单位出具的录用文件或有关部门出具的接收证明</td></tr>
<tr><td>（2）“三支一扶”（国家）</td></tr>
<tr><td>（3）西部计划</td></tr>
<tr><td rowspan="6">7. 地方基层项目</td><td>（1）特岗教师（地方）</td><td rowspan="6">依据录用单位出具的录用文件</td></tr>
<tr><td>（2）选调生</td></tr>
<tr><td>（3）农技特岗</td></tr>
<tr><td>（4）乡村医生</td></tr>
<tr><td>（5）乡村教师</td></tr>
<tr><td>（6）其他地方基层项目</td></tr>
</table>

续表

<table>
<tr><th colspan="2">分类</th><th>分类界定</th><th>审核依据</th></tr>
<tr><td rowspan="5">就业</td><td rowspan="4">8. 自主创业</td><td colspan="2">指创立企业（包括参与创立企业），或是新企业的所有者、管理者。包括个体经营和合伙经营两种类型，包含以下三种情况</td></tr>
<tr><td>（1）创立公司（含个体工商户）</td><td>依据创立企业的工商执照、股权证明或其他证明材料</td></tr>
<tr><td>（2）在孵化机构中创业（暂未注册或注册当中）</td><td>未创立公司，依据与孵化机构签订的协议或孵化机构提供的证明材料</td></tr>
<tr><td>（3）电子商务创业（利用互联网平台从事经营活动，如开设网店等）</td><td>未创立公司，依据网店网址、网店信息截图和交易流水等可反映网店正常经营状态的证明材料</td></tr>
<tr><td>9. 自由职业</td><td>指以个体劳动为主的一类职业，如作家、自由撰稿人、翻译工作者、中介服务工作者、某些艺术工作者、互联网营销工作者、全媒体运营工作者、电子竞技工作者等</td><td>依据毕业生本人签字确认的证明材料，材料需说明从事的职业内容、收入情况等，收入需达到当地最低工资标准，由院、校两级就业部门负责同志审核签字（章）</td></tr>
<tr><td rowspan="4">升学</td><td rowspan="3">10. 国（境）内升学</td><td>（1）研究生</td><td rowspan="3">依据拟录取名单、录取院校调档函或录取通知书</td></tr>
<tr><td>（2）第二学士学位</td></tr>
<tr><td>（3）专科升普通本科</td></tr>
<tr><td>11. 出国（境）留学</td><td>毕业生出国、出境留学</td><td>依据国（境）外高校录取通知书</td></tr>
<tr><td rowspan="5">未就业</td><td rowspan="5">12. 待就业</td><td>（1）暂未登记或上报：毕业去向信息处于初始状态</td><td></td></tr>
<tr><td>（2）求职中：正在择业，尚未落实工作单位</td><td></td></tr>
<tr><td>（3）签约中：已确定就业意向，准备正式签订协议或合同</td><td></td></tr>
<tr><td>（4）拟参加公招考试：准备参加公务员、事业单位公开招录考试</td><td></td></tr>
<tr><td>（5）拟创业：准备创业，尚未在工商行政管理部门注册登记，拟创立的实体尚未开始实际运营</td><td></td></tr>
</table>

续表

<table>
<tr><th colspan="2">分类</th><th>分类界定</th><th>审核依据</th></tr>
<tr><td rowspan="6">未就业</td><td rowspan="2">12. 待就业</td><td>（6）拟应征入伍：准备应征入伍，尚未被批准</td><td></td></tr>
<tr><td>（7）就业见习：参与未就业见习项目</td><td></td></tr>
<tr><td>13. 不就业拟升学</td><td>准备升学考试，暂不打算就业</td><td></td></tr>
<tr><td rowspan="2">14. 其他暂不就业</td><td>（1）暂不就业：暂时不想就业等无就业意愿的毕业生</td><td></td></tr>
<tr><td>（2）拟出国、出境：准备出国、出境学习或工作</td><td></td></tr>
</table>

二、大学生期望行业和就业去向分析

在我国经济结构的转型过程当中，传统的制造业和劳动密集型产业正在进行激烈的转轨，且在国内的产业结构中依然占据主要地位，然而这些产业的工作环境总体不佳，部分行业盈利水平较低，导致人才吸引力不强。相比之下第三产业快速发展（以生活服务业为典型代表），已成为吸纳就业的重要领域。伴随产业结构进一步向中高端迈进，新一代信息技术等生产性服务业、互联网经济等加快发展，将成为吸纳大学生就业的重点领域。

（一）毕业生就业去向分析

根据智联招聘对 2024 届毕业生的统计数据，毕业生主要的期望行业是 IT/ 通信 / 电子 / 互联网、政府 / 非营利性机构、文化 / 传媒 / 娱乐 / 体育行业。26.4% 的应届本科毕业生的期望行业为 IT/ 互联网，该行业不仅为应届毕业生提供了大量就业岗位，也是他们最向往的行业。制造业的受欢迎度也在逐渐升高。技术岗位以 24.2% 的比例蝉联各岗位之首，行政 / 后勤 / 文秘、财务 / 审计 / 税务等岗位也受到不少毕业生的青睐。

随着制造业转型升级及国家对高端制造业重视度的增长，有越来越多大学生期望进入制造业发展，对高端制造等新质生产力领域更是关注。42% 的毕业生表示求职时对高端制造业更有意向，还有 51% 表示感兴趣，但缺乏专业基础无法胜任该领域的工作。

根据新锦成研究院《2024大学生就业质量研究》：就业率方面，工学（85.20%）、教育学（85.18%）、理学（83.45%）3个学科门类的本科毕业生就业率高于平均水平（83.11%）；就平均月薪来说，工学（6 009元）、经济学（5 436元）2个学科门类的本科毕业生平均月薪高于平均水平（5 251元）；就专业相关度来说，医学（92.44%）、教育学（84.07%）、历史学（82.36%）、法学（80.39%）、理学（80.25%）5个学科门类的本科毕业生专业相关度高于平均水平（77.88%）；就业满意度则是艺术学（93.78%）、历史学（93.39%）、法学（93.24%）、医学（92.96%）、农学（92.91%）、经济学（92.87%）、教育学（92.85%）、管理学（92.74%）8个学科门类最高，高于平均水平（92.46%）；离职率方面，艺术学（25.67%）、管理学（21.97%）、经济学（20.66%）、文学（19.57%）、农学（18.75%）5个学科门类的离职率高于平均水平（17.77%）（见表1-2）。

表1-2　2023届主要学科门类本科毕业生就业数据

学科门类	就业率（%）	平均月薪（元）	专业相关度（%）	就业满意度（%）	离职率（%）
经济学	80.04	5 436	73.06	92.87	20.66
法学	78.28	4 872	80.39	93.24	13.79
教育学	85.18	4 220	84.07	92.85	14.15
文学	80.87	4 844	76.13	92.20	19.57
历史学	81.68	4 608	82.36	93.39	8.79
理学	83.45	5 194	80.25	92.37	11.30
工学	85.20	6 009	77.56	91.75	16.13
农学	79.69	4 813	67.37	92.91	18.75
医学	81.73	4 510	92.44	92.96	10.86
管理学	82.19	4 923	74.63	92.74	21.97
艺术学	82.96	4 903	76.05	93.78	25.67
本科毕业生总体	83.11	5 251	77.88	92.46	17.77

资料来源：新锦成研究院。

如表1-3所示，2023届本科毕业生“国内工作”比例最高的学科门类是教育学（67.71%），“国内求学”比例与“出国/出境”比例最高的学科门类均是哲学（分别为45.66%、4.11%），“自主创业”比例与“自由职业”比例最高的学科门类均是艺术学（分别为2.96%、10.78%）。

表 1-3 2023 届不同学科门类本科毕业生毕业去向 占比：%

学科门类	国内工作	国内求学	自主创业	自由职业	出国 / 出境
工学	56.81	21.54	1.17	4.07	1.61
教育学	67.71	8.54	1.25	6.97	0.72
理学	47.52	29.13	0.77	4.63	1.41
艺术学	55.44	11.10	2.96	10.78	2.69
管理学	60.03	12.67	1.78	5.73	1.98
医学	47.97	29.78	0.52	2.83	0.62
历史学	56.23	19.43	0.53	4.63	0.86
哲学	24.66	45.66	0.00	6.85	4.11
文学	56.04	14.28	1.39	6.36	2.80
经济学	52.40	17.02	1.83	5.24	3.56
农学	33.06	39.50	1.57	4.91	0.65
法学	51.29	19.42	1.15	4.46	1.96

注：表中比例数字均四舍五入保留两位小数，五项毕业去向（国内工作、国内求学、自主创业、自由职业、出国 / 出境）比例之和与毕业去向落实率之间可能有微小差异。

资料来源：新锦成研究院。

（二）校园招聘相关情况

1. 校园招聘战略定位升级

根据北森《2024 中国企业校园招聘白皮书》，校园招聘是企业在激烈的市场竞争中获取高质量人才的关键途径。企业纷纷启动“校招特色人才项目”，旨在通过校园招聘吸引优秀年轻人，为关键及新兴岗位注入新鲜血液，同时构建起高素质人才储备库，为企业的持续发展提供坚实的人才支撑。“校招特色人才项目”通常分为两大类：管培生计划和技术人才项目（如表 1-4 所示）。管培生计划专注于发现并培养具有高潜力的青年人才，目标是将他们塑造成企业未来的领导者。技术人才项目则聚焦于吸引技术领域的顶尖青年人才，为关键技术岗位储备专业人才。随着人工智能生成内容（AIGC）等前沿技术的迅猛发展，新兴技术岗位（如算法工程师、人工智能工程师等）的需求急剧上升。校园招聘因此成为企业在这些新兴领域和新兴技术岗位上储备人才的重要平台。

表 1-4 企业“校招特色人才项目”举例

项目类型	人才专项	企业	项目基本情况	项目目标
管培生计划	“星青年”人才战略	海亮集团	2018 年启动，当年从上万份简历中精心挑选录用了 5 名青年管理人才、100 名年轻中高层管理人才、100 名优秀年轻校长	补充核心领导层后备力量与顶级青年人才队伍
	京鹰会	京东	2007 年启动，为公司战略级人才项目	储备管理人员
	海东青计划	传音	2019 年启动，从全球顶尖院校选拔优秀应届毕业生进行培养	培养未来的领军人才
	商业卓越计划（CEP）	抖音	2021 年启动，为中国销售业务平台全行业的核心人才培养项目	培养复合型数字营销专业人才及管理者
技术人才项目	青云计划	腾讯	2023 年启动，在全球范围内招募顶尖技术学生	培养属于中国的互联网科技人才
	天才少年计划	华为	2019 年启动，截至目前招募的“天才少年”仅有 20 人	吸引和招募全球顶尖人才
	北斗计划	美团	2020 年启动，面向全球招募精尖校园科技人才	培养及储备能引领未来科技发展的技术专家
	AIDU 计划	百度	2017 年启动，招募 AI 领域的拔尖校园人才	吸引和培养 AI 领域的领军人才
	A Star 项目	阿里云	2025 年启动，为全球顶尖高校科技人才招聘计划	培养引领未来科技创新与突破的技术专家与领军人才

2. 校招生就业新动向

近几年，校招生的求职观念发生了明显变化，呈现出就业多元化的趋势。校招生对工作抱有较高期望，重视个人成长和职业满足感，不局限于传统的职业发展路径，愿意尝试跨行业、跨领域发展，甚至自主创业。在就业地区选择上，校招生倾向于留在经济发达地区的比例有所下降，回家乡工作成为一些校招生的就业选择。

（1）好工作是兼顾当下与未来：校招生在职业发展上的考量是全面而现实的，他们既注重物质回报，也渴望实现个人成长和理想。

（2）越来越注重工作性价比：校招生倾向于选择在规模和知名度上不及大厂，但在成长潜力、工作环境和生活平衡等关键维度上表现更佳的替代公司。

（3）跨专业就业比例增加：跨专业就业拓宽了职业选择的范围，这不仅体现了求职者对于职业发展灵活性和适应性需求的提升，同时也为雇主带来了更丰富的人才选择机会。

（4）意向城市选择趋于多元：新一线城市正日益受到众多年轻人的青睐，同时，也有越来越多的年轻人主动选择回归家乡，为其发展贡献力量。

第四节 树立正确的就业观念

大学生的就业观念是影响就业的重要因素之一。当前，部分大学生仍存在“等、靠、要”等不良就业观念，这不仅阻碍了他们自身的职业发展，也对社会的就业市场造成了不利影响。认清形势，转变观念，放眼未来，是大学生实现顺利就业的重要前提。

一、明确就业的目的和意义

（一）就业的本质

从直观层面来看，就业是人们获取报酬以满足自身物质和精神需求的过程。在日常生活中，我们需要使用金钱来获得食物、住房、衣物等生活必需品，支付教育、医疗等费用，而就业所带来的收入就是满足这些需求的主要经济来源。从更深层次来说，就业是人类进行劳动生产，创造价值，推动社会发展的关键活动。社会的正常运行依赖于各种生产活动的有序开展，而就业使得人们能够参与到这些生产活动中，通过各自的劳动为社会创造物质财富和精神财富。

就业还是个人参与社会分工的具体方式。在现代社会中，社会分工高度细化，每个人都在社会分工体系中扮演着特定的角色。医生通过救死扶伤保障人们的健康，教师通过传授知识培养下一代，科学家通过科研创新推动科技进步。每个人在自己的岗位上发挥专长，相互协作，共同维持社会的运转。

（二）就业对个人的重要性

就业首先解决了个人的生存问题。在当今社会，经济基础是维持生存的必要条件，而就业提供了稳定的收入来源，是保障个人生存的关键。没有稳定的工作，就难以获得持续的经济收入，基本生活将面临诸多困难。

就业也是个人融入社会、紧跟社会和时代发展步伐的重要途径。在工作中，人们与同事、客户等进行交流与合作，拓展社交圈子，了解社会的发展动态和趋势。通过参与工作，个人能够接触到新的知识、技能和理念，不断提升自己的综合素质，保持与社会发展的同步。

就业更是体现个人价值和实现未来理想的最基础平台。个人在工作中取得成绩，为企业、社会做出贡献时，能够获得他人的认可和尊重，实现自我价值。许多成功人士都是在自己的工作领域中不断努力，实现了自己的人生价值和理想。如袁隆平先生，一生致力于杂交水稻研究，通过自己的工作解决了无数人的温饱问题，实现了自己"把饭碗掌握在中国人自己手上"的理想，也为全人类做出了巨大贡献。

与之相反，一个人如果对就业本质认识不清，不工作或者不勤奋工作，那么不但会缺乏经济来源，而且更容易落伍于时代的进步而被淘汰。在快速发展的现代社会中，不工作意味着失去了很多与社会交流和进步的机会，无法积累工作经验和技能，逐渐与社会脱节。当个人能力无法满足社会发展需求时，就难以在就业市场中找到立足之地，更难以实现自身的价值和理想。

二、树立正确的价值观和择业观

在当今社会，大学生作为国家未来的栋梁之材，其价值观和择业观不仅仅关系到个人的职业发展，更与国家和社会的进步息息相关。树立正确的价值观和择业观，是大学生在求职道路上的重要指引，也是实现个人价值与社会价值相统一的关键所在。

（一）个人发展与国家社会需求相结合

大学生肩负着推动国家发展和社会进步的重要使命，在求学和求职过程中，应将个人的发展与国家、社会的需求紧密相连。这不仅仅是一种责任担当，更是实现自身价值的必由之路。

国家的发展战略和社会的实际需求，为大学生提供了广阔的发展空间和丰富的机遇。例如，当前正大力推进乡村振兴战略，农村地区对各类专业人才的需求极为迫切。农业科技、农村电商、乡村旅游等领域，都需要有知识、有能力的大学生投身其中。

在科技创新领域，国家对高新技术人才的需求持续增长。随着人工智能、大数据、新能源等新兴产业的快速发展，掌握相关专业知识和技能的大学生成了行业的"香饽饽"。他们在这些领域中发挥着创新创造的作用，推动着科技的进步和产业的升级，为国家的科技实力提升贡献力量。

将个人需要与国家、社会需要相结合，还体现在大学生对社会热点问题的关注和参与上。在环保领域，有越来越多的大学生积极参与到环保公益活动中，运用自己的专业知识，为解决环境污染、资源短缺等问题出谋划策。他们通过参与环保项目、开展环保宣传等方式，提高公众的环保意识，推动社会的可持续发展。

（二）树立风险观念与新就业观

在市场经济的大环境下，无论是单位还是个人，都面临着竞争和风险。单位的生存和发展需要在激烈的市场竞争中不断创新和突破，否则就可能面临被淘汰的命运。同样，个人的就业也充满了不确定性和挑战。

“一份职业定终身”的传统思想在当今社会已逐渐失去市场。随着经济的快速发展和产业结构的不断调整，职业的更新换代速度加快。例如，曾经热门的传统制造业岗位，由于自动化技术的广泛应用，数量逐渐减少；而新兴的互联网、金融科技等行业，则不断涌现出大量新的就业机会。如果大学生抱着“一份职业定终身”的想法，一旦所在行业或企业出现变化，就可能陷入就业困境。

因此，大学生应树立“合理就业、科学择业、积极创业”的新观念。合理就业，就是要根据自身的实际情况，选择适合自己的工作岗位，避免盲目追求高薪、高地位的工作。科学择业，要求大学生在选择职业时，充分了解自身的兴趣、能力和优势，结合市场需求和行业发展趋势，做出理性的决策。积极创业也是大学生实现就业的重要途径之一。创业不仅能够为自己创造就业机会，还能带动更多人就业，为社会经济发展注入新的活力。近年来，国家出台了一系列鼓励大学生创业的政策，为大学生创业提供创业培训、资金支持、税收优惠等多方面的扶持。许多大学生抓住机遇，积极投身创业浪潮。

通过工作实践，大学生能够丰富自己的阅历，积累宝贵的经验，不断增强各方面的能力。这些能力的提升，将为他们的职业发展打下坚实的基础，使他们在未来的职业道路上更具竞争力，能够更好地应对各种变化和挑战。

三、树立长远的发展观和基层成才观

（一）就业格局的变化

在过去，高等教育资源相对稀缺，接受高等教育的人数较少，高等教育处于“精英教育”阶段。那时，高校毕业生被视为稀缺的精英人才，就业市场对他们的需求旺盛，他们的就业机会相对较多，就业选择较为单一，主要集中在国有企业、事业单位等传统领域。

然而，随着我国经济社会的快速发展和高等教育改革的不断推进，高等教育已从“精英教育”成功转变为“大众教育”。随着高校招生规模持续扩大，越来越多的人有机会接受高等教育，每年毕业的大学生数量大幅增加。这使得就业市场的人才供给结构发生了显著变化，大学生不再是稀缺资源，就业竞争日益激烈。

与此同时，就业格局也呈现出多元化的发展趋势。就业渠道不再局限于传统的国有企业和事业单位，民营企业、外资企业、新兴行业等成为吸纳大学生就业的重要力量。就业领域不断拓展，涵盖了互联网、金融、文化创意、人工智能、新能源等多个新兴领域。例如，在互联网行业，众多互联网企业如阿里巴巴、腾讯、字节跳动等快速崛起，为大学生提供了大量的就业岗位，包括软件开发、产品运营、数据分析等多个专业方向。在金融领域，除了传统的银行、证券、保险等机构，新兴的金融科技公司也不断涌现，对金融专业和计算机专业的复合型人才需求旺盛。

这种就业格局的变化，为大学生提供了更多的就业选择和发展机会，但同时也对大学生的就业观念和职业规划提出了更高的要求。大学生需要适应这种变化，积极调整自己的就业观念，拓宽就业视野，关注新兴行业和领域的发展动态，提升自己的综合素质和竞争力，以更好地适应就业市场的需求。

（二）基层就业的优势与机遇

在当前的就业形势下，虽然大城市和经济发达地区依然具有一定的吸引力，但其就业竞争也异常激烈。以北京、上海、广州、深圳等一线城市为例，这些城市每年都有大量的高校毕业生涌入，人才市场供过于求，就业竞争十分激烈。在这些城市，一个热门岗位往往会收到成百上千份简历，求职者需要具备很高的学历、丰富的实习经验和出色的专业技能，才有可能脱颖而出。而且，大城市的生活成本较高，使得毕业生的生活压力较大。例如，在北京，房租和房价一直居高不下，对于刚毕业的大学生来说，租房可能就要花费他们大部分的工资，生活质量很难得到保障。

与之相比，中西部地区和基层单位则为大学生提供了更多的机会和广阔的发展空间。近年来，随着国家对中西部地区发展的重视和支持力度不断加大，中西部地区的经济发展迅速，基础设施不断完善，产业结构逐步优化升级。许多新兴产业如大数据、人工智能、新能源等在中西部地区落地生根，为当地创造了大量的就业机会。例如，成都作为中西部地区的重要城市，近年来在电子信息、生物医药、航空航天等领域发展迅速，吸引了众多知名企业入驻，为大学生提供了丰富的就业岗位。

基层单位也是大学生实现自身价值的重要舞台。在乡村振兴战略的推动下，农村地区对各类专业人才的需求日益迫切。大学生投身基层，不仅可以为农村地区带来新的理念、技术和活力，推动农村经济社会的发展，还能在实践中锻炼自己，积累丰富的工作经验。比如，一些农业专业的大学生回到农村，利用自己所学的知识，发展特色农业、农村电商等产业，带领乡亲们脱贫致富，实现了自己的人生价值。同时，基层单位相对较小的工作压力和较为和谐的人际关系，也能让大学生更好地专注于工作，充分发挥自己的才能。

为了鼓励大学生到中西部地区和基层单位就业，国家和地方政府出台了一系列优惠政策。在一些地区，大学生到基层就业可以享受一定的生活补贴、住房补贴和安家费；在公务员招录、事业单位招聘等方面，也会对有基层工作经历的大学生给予一定的政策倾斜，为大学生的职业发展提供了更多的机会和保障。

四、正确认识自己，把握择业良机

（一）正视现实，务实择业

每个人的综合素养与能力都不尽相同，各有各的特点。因此，在选择职业方向前，每个毕业生都应对自身情况有较为理性、客观的分析与认识，同时对社会的就业现状和态势有相应的了解，以务实肯干的积极态度来迎接社会的考验；切忌好高骛远，要以理性的眼光看世界，主动适应时代的新要求与新变化；找准自己与社会的最佳结合点，以积极进取的心态迎接社会的选择。

（二）增强就业意识，全面提高自身素质，为就业做好充分准备

就业意识是大多数毕业生需要尽早树立起来的对就业这件事的全方位的认识。求职的过程是一个全面展示自己的过程，而展示的能力不是凭空产生的，是在日常生活中有意识地培养起来的。毕业生要始终保持自信、自立的人生态度，相信真正影响就业过程和结果的是毕业生自己，自身素质如何在求职过程中起决定作用。以质取胜是在求职市场中脱颖而出的关键，因此毕业生的素质会直接影响其就业状况。大学生要不断学习，不断思考，学而常思，思而求学，培养自己独立获取、整理知识的能力。同时，处理好各种人际关系也是一名合格毕业生必不可少的能力。毕业生要严于律己，宽以待人，树立正确的三观。此外，毕业班生还要加强表达和组织能力，使自己在择业的竞争中保持良好的优势，自如地应对所遇到的各种问题。

（三）增强竞争意识，正确把握择业期望和机遇

人往高处走，这是人之常情，也是社会不断进步的动力，从这个意义上讲，竞争是生物进化法则注入人们血脉的一种本能。要对竞争有一定的认识，首先培养竞争能力是自身发展和社会发展的需要，其次竞争是对自身实力的展示过程，

因此每个毕业生都要培养竞争意识。

一些大学生制定的收入高、工作稳定性强、工作环境优、福利好等预期目标与理性现实之间的落差是由于盲目“攀高”思想而产生的，为此大学生应树立起脚踏实地的就业态度。

不同层次、不同专业的毕业生在社会需求中有客观的定位。在找准定位的情况下，毕业生大都能顺利找到适合自己的岗位。同时，应该明白的是，就业不是“一蹴而就”的，不要幻想和要求第一次选择的就业岗位或从事的工作，是完全符合自己理想的。毕业生应该主动适应社会，不断地进行自我调整。

大学生应该正确认识自我，找准自己恰当的定位，扬长避短，选择能使自己发挥才能和施展抱负的职业；做到“不以物喜”，不“画地为牢”，应根据自己的综合能力和社会需求，把握就业机会，力争在择业过程中处于主动地位。

知识加油站

一、国家就业帮扶政策和措施

（一）基层就业：广阔天地，大有可为

1. 政策扶持

为鼓励高校毕业生投身基层，国家出台了一系列含金量十足的政策。对于前往中西部地区、艰苦边远地区和老工业基地县以下基层单位就业，且服务期在 3 年以上（含 3 年）的高校应届毕业生，其学费将由国家补偿，在校学习期间的国家助学贷款本金及其全部偿还之前产生的利息，也由国家财政代为偿还，本专科生每人每年最高补偿代偿金额不超过 12 000 元，研究生每人每年最高不超过 16 000 元。

在薪资待遇与职业发展上，对到中西部地区、东北地区或艰苦边远地区、国家扶贫开发工作重点县县以下机关事业单位工作的高校毕业生，新录用为公务员的，试用期工资可直接按试用期满后工资确定，试用期满考核合格后的级别工资，在未列入艰苦边远地区或国家扶贫开发工作重点县的中西部地区和东北地区的高定一档，在三类及以下艰苦边远地区或国家扶贫开发工作重点县的高定两档，在四类及以上艰苦边远地区的高定三档；招聘为事业单位正式工作人员的，可提前转正定级，转正定级时的薪级工资，在未列入艰苦边远地区或国家扶贫开发工作重点县的中西部地区和东北地区的高定一级，在三类及以下艰苦边远地区或国家扶贫开发工作重点县的高定两级，在四类及以上艰苦边远地区的高定三级。落实对乡镇机关事业单位工作人员实行的工作补贴政策，当前补贴水平不低于月人均200元，并向条件艰苦的偏远乡镇和长期在乡镇工作的人员倾斜。落实艰苦边远地区津贴增长机制。

这些政策为毕业生在基层安心工作、成长发展提供了坚实保障。

2. 岗位拓展

近年来，基层就业岗位不断拓展，“三支一扶”、西部计划等基层项目持续发力。依据《2024—2025年度大学生志愿服务西部计划实施方案》，2024—2025年度西部计划全国项目实施规模为3万人，分为乡村教育、服务乡村建设、健康乡村、基层青年工作、乡村社会治理、卫国戍边、服务新疆、服务西藏等8个专项，服务范围进一步扩大。

除了传统项目，新的基层就业机会也不断涌现。“大学生乡村医生专项计划”的实施，落实了医学专业高校毕业生免试申请乡村医生执业注册政策，为医学专业毕业生开辟了新的职业道路。此外，各地结合乡村振兴战略与基层治理模式创新，挖掘医疗卫生、养老服务、社会工作、司法辅助、科研助理等领域的基层就业机会，让不同专业背景的大学生都能在基层找到施展才华的舞台。

3. 发展前景

基层就业经历不仅是一段奉献的时光，更是个人成长的宝贵财富。在升学方面，到西部地区和艰苦边远地区服务2年以上，服务期满后3年内报考硕士研究生的，初试总分加10分，同等条件下优先录取，给考研之路多了一份助力。

在考公务员和职业发展上，参加“三支一扶”、西部计划等基层服务项目，服务期满考核合格后报考党政机关公务员的，可参加定向招录或获得适当加分；在艰苦边远地区县以下基层单位服务的，可通过直接考察方式择优聘用到服务地乡镇事业单位。许多从基层走出来的干部，凭借在基层积累的丰富经验、对群众需求的深刻理解，在更广阔的舞台上展现出卓越的领导能力与综合素质，为职业生涯打下了坚实基础。

（二）应征入伍：携笔从戎，青春无悔

1. 优厚待遇

大学生应征入伍，近些年待遇愈发优厚。从2024年秋季学期开始，服兵役高等学校学生学费补偿，本专科学生每人每年由不超过16 000元提高至不超过20 000元，研究生每人每年由不超过20 000元提高至不超过25 000元。

除了学费补偿，各地还纷纷设立了一次性入伍奖励金。如成都市对应征入伍服义务兵役的大学生（指具有普通高等学校全日制学籍信息的学生，含当年普通高等学校录取的全日制新生），按照本科新生和在校生不低于2万元、毕业生不低于5万元，大专新生和在校生不低于1万元、毕业生不低于4万元的标准给予一次性奖励金。

这些经济补助，为大学生投身军旅提供了坚实的物质保障。

2. 职业发展

在部队中，大学生士兵拥有广阔的职业发展空间。本科及以上毕业学历的士兵，满足相应基本条件后，可择优提干。2024年大学生士兵提干政策规定如下：

（1）学历要求：入伍前需为普通高等学校全日制本科以上毕业，参加全国普通高等学校招生统一考试，经省级招生考试机构统一录取且取得全日制本科学历和学士学位的毕业生。研究生毕业的，应当是参加全国研究生招生统一考试，取得全日制研究生学历的毕业生。

（2）年龄限制：本科毕业生的年龄不超过26周岁，研究生毕业生的年龄不超过29周岁。在驻西藏和三类以上艰苦边远地区少数民族聚居区部队服役的少数民族士兵，年龄可放宽1岁。

（3）服役年限：服役满1年、不超过3年。

（4）军事素质和表现：历年的年度考核结果为称职以上等次，且历年个人年度军事训练成绩均为良好以上。曾被评为“四有”优秀个人。参加军队组织的体格检查，且结论为合格。

（5）体格检查和体能测试：参加军队组织的体检和体能测试，并达到合格标准。

在选改士官方面，具有全日制大专以上学历的士兵优势明显：符合毕业条件的毕业班生参加义务兵征集义务兵服现役期满，根据军队需要和本人自愿，经批准可以选改为军士；服现役期间表现特别优秀的，经批准可以提前选改为军士。义务兵在选改军士时，具有全日制大专以上学历的士兵，地方高校学习时间视同服役时间。大学本科学历选改中士第2年，专科学历选改中士第1年。薪资待遇也会随着军衔提升而提高，为长期在部队发展奠定了良好基础。

3. 退役保障

退役后的大学生士兵，在升学与就业上享受诸多优惠政策。

在升学方面，设立“退役大学生士兵”专项硕士研究生招生计划，每年专门面向退役大学生士兵招生约8 000人，并向“双一流”建设高校倾斜；在部队荣立二等功及以上，免试（指初试）攻读硕士研究生；在完成本科学业后3年内参加全国硕士研究生招生考试，初试总分加10分，同等条件下优先录取；高职（专科）学生应征入伍，退役后在完成高职（专科）学业的前提下，可免试入读普通本科，或根据意愿入读成人本科。

在就业上，公务员招录、事业单位招聘纷纷向退役大学生士兵伸出橄榄枝。退役高校毕业生士兵可参加户籍所在地省级毕业生就业指导机构、原毕业高校就业招聘会，享受就业信息、重点推荐、就业指导等就业服务；乡镇补充干部、基层专职武装干部配备时，注重从退役大学生士兵中招录；在军队服役5年（含）以上的高校毕业生士兵可以报考面向服役基层项目人员定向考录的职位；教育部在“24365校园招聘服务”活动中开辟退役大学生士兵岗位专区，畅通求职就业渠道。

（三）科研之路：投身科研，贡献智慧

1. 项目参与

高校毕业生参与国家和地方科研项目的途径丰富多样。一方面，可通过学校的科研信息发布平台，关注科研项目招募信息，主动联系相关教师，表达参与意愿。例如，许多高校会定期发布教师的科研项目进展情况及人员需求，学生可根据自身兴趣和专业优势，投递简历并参加面试，争取加入项目团队。

另一方面，积极参与本科生科研能力训练项目，如大学生创新创业训练计划。以某高校为例，大学生创新创业训练计划每年都会立项一批科研项目，涵盖多个学科领域，学生可自主组建团队，申报项目，在教师的指导下开展科研工作。此外，还可通过参加科研竞赛，如“挑战杯”“互联网+”等，在竞赛过程中接触科研项目，展现科研实力，获得更多参与科研项目的机会。

2. 待遇保障

参与科研项目期间，高校毕业生的待遇有充分保障。在劳务费用方面，根据《科学技术部 教育部 财政部 人力资源和社会保障部 国家自然科学基金委员会关于鼓励科研项目单位吸纳和稳定高校毕业生就业的若干意见》，项目承担单位聘用高校毕业生参与研究，其劳务性费用按规定从项目经费中的“劳务费”科目列支，具体数额按照国家有关规定、参照相应岗位标准，由双方协商确定，确保高校毕业生的付出得到合理回报。

在社保补助方面，项目承担单位会为毕业生办理社会保险，具体包括基本养老保险、基本医疗保险、失业保险、工伤保险、生育保险，并按时足额缴费。参保、缴费、待遇支付等具体办法参照各项社会保险有关规定执行。

户口和档案存放也有明确政策：高校毕业生参与项目研究期间，其户口、档案可存放在项目承担单位所在地或入学前家庭所在地的人才交流中心。聘用期满，根据工作需要可以续聘或到其他岗位就业，就业后工龄与参与研究期间的工作时间合并计算，社会保险缴费年限合并计算。

3. 未来出路

项目结束后，高校毕业生的未来发展道路宽广。若项目承担单位有需求，可优先续聘，继续深入参与科研工作，在熟悉的科研环境中不断积累经验，提升科研能力。

对于选择到其他岗位就业的毕业生，工龄与参与项目研究期间的工作时间合并计算，社会保险缴费年限也连续计算。这意味着毕业生在科研项目中的经历不仅是宝贵的经验积累，还在职业发展的工龄认定与社保接续上得到充分认可，为未来的职业发展打下坚实基础。毕业生无论是选择就业还是继续深造，都能凭借这段科研经历脱颖而出。

（四）就业与创业：多元选择，成就自我

1. 中小企业就业

中小企业作为我国经济发展的重要力量，为高校毕业生提供了广阔的就业空间。在政策支持下，高校毕业生到中小企业就业的障碍不断消除。许多城市取消了对非本地户籍普通高校专科以上毕业生的落户限制，让毕业生在就业地安心扎根。

在档案管理方面，高校毕业生到小型微型企业就业的，其档案可由当地市、县一级的公共就业人才服务机构免费保管，办理档案转递手续时，转正定级表、调整改派手续不再作为接收审核档案的必备材料，简化了档案管理流程。在社保办理和接续方面，各地积极落实政策，确保毕业生的社保权益不受影响。例如，一些地区建立了社保转移接续线上办理平台，毕业生只需在平台上提交相关信息，就能快速完成社保转移手续，实现社保关系的无缝衔接，让毕业生在中小企业就业无后顾之忧。

2. 自主创业

对于有创业梦想的高校毕业生，国家提供了全方位的政策支持。在资金支持上，创业担保贷款政策为创业者解决了资金难题。除了贷款支持，各地还纷纷设立了一次性创业补贴。在场地扶持方面，许多地方建设了创业孵化基地、众创空间等创业载体，为高校毕业生提供免费或低成本的办公场地、设备设施等。

（五）困难帮扶：暖心关怀，助力就业

1. 援助对象

困难家庭高校毕业生的认定标准明确且细致，涵盖多个方面。主要包括：来自低保家庭的毕业生，这些家庭收入微薄，生活面临诸多困难，毕业生就业压力巨大；零就业家庭毕业生，其家庭中无一人就业，经济来源匮乏，毕业生就业对家庭脱贫至关重要；脱贫户家庭及防止返贫监测对象家庭毕业生，其家庭虽在脱贫攻坚中取得一定成果，但成果仍需巩固，毕业生就业能为家庭稳定发展提供有力支撑；长江流域重点水域退捕渔民家庭毕业生，因退捕转产，这些家庭面临转型期，就业是解决家庭生计的关键；特困人员中的毕业生，其生活困境重重，就业需求迫切；残疾毕业生，其由于身体原因，在就业市场中面临诸多障碍，需要特殊关怀与帮助；获得国家助学贷款的毕业生，其背负着贷款压力，就业后能尽快偿还贷款，减轻经济负担。这些困难家庭高校毕业生在就业过程中往往面临更多困难与挑战，成为重点帮扶对象。

2. 援助措施

在就业援助方面，各地积极行动。公益性岗位安置为困难家庭高校毕业生提供了兜底保障。如山西省高平市 2024 年开展就业困难高校毕业生公益性岗位安置工作，安置名额达 200 名，安置对象为 2020—2023 年毕业生（退役军人），且具有全日制大专及以上学历的就业困难人员，为他们提供了稳定的工作岗位。

在补贴方面，各地纷纷出台政策。求职补贴力度不断加大，安徽省 2025 届困难高校毕业生一次性求职补贴按 1 500 元 / 人的标准一次性发放，主要用于补助毕业生求职创业过程中的相关费用，缓解毕业生求职创业费用压力；浙江省东阳市对低保家庭、孤儿、持证残疾人、贫困残疾人家庭、获得国家助学贷款的毕业年度高校毕业生或中职院校毕业生，经市人力资源和社会保障局、教育局、财政局审核，给予每人 3 000 元的求职创业补贴。社会保险补贴也为困难家庭高校毕业生就业提供了保障，在浙江省东阳市，企业招用就业困难高校毕业生，并签订 1 年以上劳动合同且依法缴纳社会保险费的，按规定给予社保补贴。

在就业服务上，各地提供全方位支持。北京市启动困难家庭毕业生帮扶行动，为毕业生就业出谋划策，提升其就业能力，具体帮扶措施包括：为每名困难家庭毕业生提供至少 1 次一对一职业指导或职业测评；提供见习政策咨询，推荐至少 1 个见习岗位；结合求职意向及专业背景，推荐至少 3 个就业岗位；推荐至少 1 次职业技能培训或创业培训，培训结束后指导其参加职业技能鉴定；等等。此外，对离校后未就业回到原籍的高校毕业生，由各地公共就业服务机构免费提供就业服务并组织就业见习和职业技能培训，如举办招聘会、开展职业技能培训等，帮助毕业生积累经验，提升职业技能，增加就业竞争力。

二、浙江省就业帮扶政策和措施

（一）高校毕业生创业补贴

在校大学生和毕业5年以内的高校毕业生初次创办企业，经人力资源和社会保障部门认定，可给予一次性创业补贴，补贴条件和标准由浙江省各地结合实际确定。

鼓励高校毕业生到养老、家政服务和现代农业领域创业。在校大学生和毕业5年以内的高校毕业生初次创办养老、家政服务和现代农业企业，并担任法定代表人或主要负责人的，给予企业连续3年的创业补贴，补贴标准为第一年5万元、第二年3万元、第三年2万元。

高校毕业生到农村创业并带动低收入农户增收的，按规定享受扶贫项目支持、扶贫贴息贷款等政策。

在校大学生和毕业5年以内的高校毕业生在各级创业大赛中获奖的，给予一定的奖励，并按规定享受优秀创业者能力提升培训扶持政策，其中在省级以上创业大赛中获奖的，可享受创业地相应的人才扶持等政策。

（二）高校毕业生到中小微企业就业补贴

毕业2年以内的高校毕业生到中小微企业就业，签订1年及以上劳动合同、依法缴纳社会保险费且工资低于当地上年度全社会在岗职工平均工资的，在劳动合同期限内可给予就业补贴，具体标准由各地结合实际确定。补贴期限不超过3年。

（三）高校毕业生到养老、家政服务和现代农业企业就业补贴

毕业5年以内的高校毕业生到养老、家政服务和现代农业企业就业，签订1年及以上劳动合同并依法缴纳社会保险费的，在劳动合同期限内给予每年1万元的就业补贴。补贴期限不超过3年。

（四）高校毕业生灵活就业社保补贴

毕业2年以内的高校毕业生实现灵活就业，在公共就业人才服务机构办理实名登记并依法缴纳社会保险费的，给予不超过其实际缴纳社会保险费三分之二的社保补贴，核定补贴的缴费基数不超过全省上年度全社会在岗职工平均工资，补贴期限不超过3年。

（五）高校毕业生基层就业补贴

毕业5年以内的高校毕业生到乡镇（街道）、村（社区）专职从事公共管理、社会服务以及从事公安机关警务辅助工作的，其收入不低于当地上年度全社会在岗职工平均工资，并为其按时足额缴纳社会保险费和住房公积金，具体办法由浙江省各地制定。

组织实施大学生到村任职、“三支一扶”计划、志愿服务西部计划、农村

教师特岗计划和农技特岗计划等基层服务项目，每年选派一批高校毕业生到基层服务。

高校毕业生到农村基层急需紧缺专业（行业）就业的，可给予安家补贴，具体条件和补贴标准由浙江省各地结合实际确定。对到省内加快发展地区县及以下基层单位工作的高校毕业生，新录用为公务员的，试用期工资可直接按试用期满后工资确定，试用期满考核合格后的级别工资高定一档；招聘为事业单位正式工作人员的，可提前转正定级，转正定级时的薪级工资高定一级。研究制定高校毕业生到省内加快发展地区基层单位就业学费补偿和国家助学贷款代偿政策。将低保家庭、孤儿、残疾人和获得国家助学贷款的毕业年度高校毕业生求职创业补贴标准提高到每人3 000元。

（六）创业培训补贴

积极推广“互联网+”“创业教育+模拟实训+跟踪扶持”等培训模式，建立培训、实训、孵化、服务相结合的一体化创业培训机制。开展优秀创业者能力提升培训，补贴标准最高为每年每人1万元。组织实施高技能人才振兴计划。企业新招用毕业2年以内的高校毕业生，自招用起6个月内开展岗前技能培训的，按规定给予企业培训补贴，其中小微企业补贴标准可上浮20%。

课后作业

1. 搜集一份你家乡的就业帮扶政策。

第二章
社会职业与求职准备

学习目标

1. 认识职业、产业和行业
2. 了解职业信息的获取渠道及其运用
3. 了解用人单位常见类型和招聘要求
4. 了解用人单位的素质与能力要求

导入案例

小周是一名即将升入大四的学生，在职业规划方面毫无头绪。面对当下新兴产业蓬勃发展、传统行业加速转型的大环境，他对社会职业、产业与行业的认知十分模糊。看到身边同学有的准备投身热门的人工智能产业，有的瞄准稳步发展的金融行业，还有的选择在传统制造业寻求机会，小周盲目跟风，没有结合自身的专业优势、兴趣爱好以及对不同行业发展趋势的研判，就匆忙行动。

在没有充分了解行业前景与岗位要求的情况下，小周参与了各类招聘会。他既投递了互联网大厂的岗位，尽管对互联网行业的技术迭代速度和高强度工作模式缺乏深入认知；也尝试了金融机构的职位，却不了解金融行业对专业证书和数据分析能力的高要求；甚至向传统制造业企业投递了简历，可对制造业向智能制造转型所需的新技能全然不知。结果，在求职过程中，小周因对所应聘行业和岗位的知识储备不足、技能不匹配，屡屡碰壁。

分析：小周看似忙碌却陷入迷茫的求职状态，根源在哪里？身处大学阶段，面对复杂多变的社会职业、产业和行业环境，怎样做才能让自己的大学生活更具“建设性”，主动探索并规划未来职业方向，进而在求职时展现出“创造性”，脱颖而出？

实际上，“迷茫”是许多像小周这样即将毕业的大学生的常见状态。其背后主要有三方面原因：一是对自身适合的求职目标缺乏清晰认知，不清楚自己的职业兴趣与优势所在；二是当下社会提供了多元的职业发展道路，从新兴的数字经济产业到传统行业的创新领域，让人眼花缭乱，难以抉择；三是在大学期间，缺乏系统有效的求职指导，对社会职业、产业和行业的发展动态了解甚少，无法将自身与外部工作世界有效对接。

我们的职业生涯，既受个人兴趣、性格、价值观等内在因素影响，也与社会环境、行业发展等外部因素紧密相连。工作作为个人融入社会生产与生活的关键环节，与社会的各个层面相互交织，构成了我们所说的“工作世界”。这个“工作世界”是个人实现社会价值、追逐职业理想的外部平台。如何精准把握这个平台，洞悉社会职业、产业和行业的发展脉络，进而找到最契合自身的职业方向，是大学生求职过程中至关重要的一步。本章将围绕拓展大学生对工作世界的认知视野、教授职业信息的搜集与运用方法等内容展开，助力大学生深入探索职业世界，做好充分的求职准备，从而更加主动地掌控个人职业生涯的发展轨迹。

第一节 职业世界探索

认知信息加工理论金字塔底部“职业知识”部分的探索，直接决定了上一层的“职业决策”部分。很多同学不能确定自己的求职目标，缘于没有充分探索职业世界。伴随着经济的全球化、信息化和我国社会的急剧转型，职业世界正发生着巨大的变化，职业种类日趋复杂，职业流动性剧增。对职业世界的了解可以帮助大学毕业生在求职时从容地面对激烈的竞争，提前做好技能、心理等方面的准备，以积极的状态应对各种情况。职业世界的实效性很强，随着工作环境的变化而变化，如何在这个千变万化的工作世界里生存、发展和取得成功，找到适合自己，并与自身价值理念契合的工作，是每一名大学生需要关注和思考的问题。

一、认识职业与行业

（一）什么是职业？

职业就是参与社会分工，利用专门的知识和技能，创造物质财富、精神财富，获得报酬，满足物质生活和精神生活的需要的社会活动形式。比如一件物品的制造，涉及许多人和职业，从管理到制造、从选材到设计、从研发到市场。这说明很多专业和技能是可以变通的，同一个专业背景的人可以从事多种职业。很多人会犯的认知错误是把专业、行业和职业混淆，主要原因是保持个人的固有认知，对职业世界一知半解，仅仅知道就业去向和岗位比较具体的专业。师范专业毕业后做教师，医学专业毕业后做医生，公安类专业毕业后做警察，设计专业毕业后做美工……往往产生“我学了某个专业，就只能做某项工作或从事某个行业”或“我没学某个专业，就无法做某项工作或从事某个行业，再努力也没用”的误解。如虽然计算机、互联网、程序员有一定的联系，但不绝对是“学计算机 = 就职互联网 = 程序员”。计算机是专业，互联网是行业，程序员是职业。程序开发人员只是计算机专业毕业生能胜任、可以从事的职业之一，计算机专业的毕业生也可以考公务员、做教师、做产品经理等。即使进入互联网行业，也不一定就是做程序员，也可以去做运营、维护、测试、推广、企划……

我们在探索职业世界时，应了解与自己所学专业相关的职业有哪些，职业产生和消亡的客观规律要求个人在选择职业时不仅仅要考虑他的职业发展意愿、兴趣倾向、性格特点以及职业价值观等多种主观因素，更要考虑时代前进的步伐所引起的社会需求变化。学习专业知识的目的是帮助个人更好地掌握技能、发展自己。职业世界随着经济的发展和社会分工的细化而不断分化，根据最新《中华人民共和国职业分类大典（2022 年版）》职业分类标准，我国职业总分为 8 大类、79 个中类、449 个小类、1 636 个职业。而企业常见部门与职位如表 2-1 所示：

表 2-1　企业常见部门与职位

销售	市场	研发	生产	客服	财务	人力 / 行政
销售总监	市场总监	总监	生产总监	客服总监	财务总监	总监
大区经理 / 地区经理	市场经理	经理	生产经理	客服经理	财务经理	经理
销售经理 / 主管	市场主管	高级研究员	生产主管	客服主管	总账会计 / 高级财务分析师	主管
销售代表 / 销售助理	市场助理	研究员	领班	客服代表	成本会计 / 出纳	招聘专员 / 薪酬专员

目前世界上有超过 20 000 种职业，对于大部分人来说，都有数种职业适合他们。调查表明，各个经济收入阶层和各种行业领域的人都热爱自己的工作。劳动力市场和经济形势时常发生变化，甚至是急剧的变化。有的行业虽然可能目前充满了机会，却会在数年内饱和。为了在快速变化和不可预测的职业世界中生存，大学生必须具备更强的职业适应性。我们需要学会如何应对工作的变动，而

不是如何去避免它。

（二）什么是产业？

产业是由社会劳动分工而独立出来的，专门从事某一类别生产经营活动的单位的总和。国民经济部门按照产业类别可以划分为三大产业，即第一产业、第二产业、第三产业。

第一产业是指农、林、牧、渔业（不含农、林、牧、渔服务业）。

第二产业是指采矿业（不含开采辅助活动），制造业（不含金属制品、机械和设备修理业），电力、热力、燃气及水生产和供应业，建筑业。

第三产业即服务业，是指除第一产业、第二产业以外的其他行业。第三产业包括：批发和零售业，交通运输、仓储和邮政业，住宿和餐饮业，信息传输、软件和信息技术服务业，金融业，房地产业，租赁和商务服务业，科学研究和技术服务业，水利、环境和公共设施管理业，居民服务、修理和其他服务业，教育，卫生和社会工作，文化、体育和娱乐业，公共管理、社会保障和社会组织，国际组织，以及农、林、牧、渔业中的农、林、牧、渔服务业，采矿业中的开采辅助活动，制造业中的金属制品、机械和设备修理业。

（三）什么是行业？

行业是根据单位所加工的原料、所生产的物品和所提供的服务不同来表示的社会分工类别。每一个国民部门或产业部都有不同的行业。

根据《国民经济行业分类》（GB/T 4754—2017），我国新行业分类共有20个门类、97个大类、473个中类、1 380个小类。20个门类分别为：

（1）农、林、牧、渔业。

（2）采矿业。

（3）制造业。

（4）电力、热力、燃气及水生产和供应业。

（5）建筑业。

（6）批发和零售业。

（7）交通运输、仓储和邮政业。

（8）住宿和餐饮业。

（9）信息传输、软件和信息技术服务业。

（10）金融业。

（11）房地产业。

（12）租赁和商务服务业。

（13）科学研究和技术服务业。

（14）水利、环境和公共设施管理业。
（15）居民服务、修理和其他服务业。
（16）教育。
（17）卫生和社会工作。
（18）文化、体育和娱乐业。
（19）公共管理、社会保障和社会组织。
（20）国际组织。

二、大学生进行职业世界探索的重要性

（一）有利于自身专业技能的充实与提高

立足于我国教育现状，我国大学生在经历高考后对于学校与专业的选择大多是盲目的。大学生首先应当做的就是进行职业世界探索，了解自身所学专业未来面临的就业方向与状况，从而努力学习，提升自身的专业技能，为未来就业做好铺垫。大学生在对自己的职业生涯有了明确规划时，才能清楚自身所需要学习的知识技能，从而提高自身的专业知识学习能力与技能。

（二）有利于明确未来就业方向

在校大学生在进行职业生涯规划时，大部分仍旧处于开始探索时期，也是自身人生观、价值观形成的关键时期。在此时进行职业世界探索，确立初步的职业目标，有利于对自身就业方向的了解。由于在校大学生对社会接触和了解不多，因此，他们确立的职业目标大多是自我思想意识下的目标，与现实社会还未进行接轨与协调。所确立的目标是否符合现实实际，通过进行职业世界探索，了解实际用人单位的用人状况后便可明确，从而实现根据变化及时地调整自身就业方向。

（三）有利于提升未来就业能力

大学生经过对职业世界的探索，充分了解当前就业状况与局势后，能够更客观地确立自身职业目标，从而向着实现所确立的目标努力。同时，大学生在进行自身职业世界探索时，需要收集各类信息，在一定程度上也锻炼了自身的交际能力与沟通能力。通过多元化的职业探索，大学生能全面了解自己感兴趣的职业情况，及早确定职业目标，根据理想职业的要求提升自己的能力与素质。

第二节 职业信息的搜集和运用

有句话说得好："你的决定正确与否取决于你所获取的信息。"职业信息作为求职的重要依据，是求职者就业择业的基础和起点，关系到就业择业能否最终实现。在求职过程中，成功与否不仅取决于知识、能力、综合素质、社会需求等因素，也取决于个体所获得职业信息的量与质，以及个体收集、处理、应用就业信息的能力。职业信息是择业的基础、决策的前提，是调整生涯目标的重要参考。面对大量纷繁复杂、瞬息多变的职业信息，大学生常常显得无所适从。对职业信息的搜集和运用是大学生获取有效就业信息的保障，而把握有效的职业信息，是大学生求职过程中面临的一项重要任务。

一、职业信息概述

（一）职业信息的概念

职业信息，是指经由各类媒介与渠道所收集的、与职业相关的资讯及情况。其中涵盖了职业政策，如国家针对特定行业的扶持政策、人才引进政策等；劳动力市场供需双方的态势，包括不同行业的人才需求规模、供给情况；以及目标企业内部的岗位设置明细，像岗位的具体工作范畴、职责要求；还有企业制定的用人标准，涉及学历、技能、经验等多方面的条件。大学生的职业活动并非孤立存在的，它与宏观经济发展走向紧密相连。经济增长带动新产业兴起，创造大量就业岗位；岗位供求的动态变化，时刻影响着求职竞争的激烈程度；行业的最新动向，如新兴行业的崛起与传统行业的转型升级，都为大学生的职业选择开辟了新路径或提出了新挑战。一个求职者若能全方位掌握就业信息，便能在进行职业选择时，基于充分的了解，做出更契合自身发展、科学合理的决策。对于求职者而言，择业的成败在很大程度上取决于其是否获取了丰富且有效的就业信息，这些信息是打开理想职业大门的关键钥匙。

（二）职业信息分类

1. 社会职业状况

职业分类与行业分类：职业分类日益细化，除了传统的职业划分，随着数字经济、绿色经济等新兴经济形态的发展，催生出众多新兴职业，如人工智能工程师、碳排放管理员等。行业分类也更为多元，以互联网行业为例，已细分为电商、社交、短视频、在线教育等多个垂直领域。大学生应突破传统认知局限，拓宽职业视野。例如，环境科学专业的大学生，求职时不应局限于环保部门、科研机构，还可关注新兴的环保科技企业，投身于环境污染治理的数字化解决方案研发领域。

就业制度与政策：国家不断出台新的就业政策，旨在促进就业公平、推动重点群体就业以及鼓励创新创业。如针对高校毕业生，实施“百万就业见习岗位募集计划”，为大学生积累工作经验、提升就业竞争力创造条件；各地政府也纷纷出台人才引进政策，以优厚待遇吸引人才落户，像成都市为高端人才提供住房保障、子女入学便利等政策支持。

2. 职业行业详情

工作内容与任职要求：不同职业的工作内容随着行业发展不断演变。以新媒体运营岗位为例，这一岗位不仅需要员工具备文案撰写、社交媒体平台操作能力，还需要员工紧跟短视频、直播等新兴传播形式，掌握数据分析技能，以优化运营策略。任职要求也日益提高，许多行业对跨学科知识和复合型技能需求增大，如金融行业的风险管理岗位，不仅要求员工具备金融专业知识，还要求掌握数据分析、编程等技能。

职业行业现状及发展趋势：各行业发展态势差异显著。传统制造业正加速向智能制造转型，对掌握工业互联网、自动化控制技术的人才需求大增；而文化创意产业凭借数字化技术蓬勃发展，动漫、游戏、数字艺术等领域成为就业新热点。大学生需关注行业趋势，提前调整知识结构与技能储备，如学习机械工程专业的学生，可提前学习工业互联网相关课程，为进入智能制造领域做好准备。

3. 目标公司情况

企业性质与市场地位：企业性质多样，国有企业在国家战略领域发挥主导作用，如在能源、通信等行业占据重要地位；民营企业则在创新领域表现活跃，数量众多且分布广泛；外资企业凭借先进技术与管理经验，在部分高端制造业、服务业具有竞争优势。企业的市场地位决定了其发展前景与资源配置能力，大学生应根据自身职业规划，选择与之匹配的企业。例如，追求稳定发展的大学生可优先考虑市场地位稳固的大型国有企业；而具有创新精神、渴望快速成长的大学生，可选择在细分领域具有发展潜力的民营企业。

企业文化与薪资待遇：企业文化是企业的灵魂，不同企业的文化氛围差异较大，有的强调团队协作，有的注重创新拼搏。薪资待遇方面，除了基本工资、绩效奖金，企业福利愈发丰富多样。一些科技企业为吸引人才，除了提供高额的年终奖金，还设置了股权激励计划；部分企业还提供员工健康管理服务，如定期体检、心理咨询等。此外，企业在不同发展阶段的薪资策略也有所不同，初创企业可能更注重股权等长期激励，成熟企业则以稳定丰厚的薪资福利为主。

4. 招聘岗位的要求

岗位技能与经验需求：招聘岗位对技能和经验的要求因行业和岗位而异。例如，软件开发岗位要求熟练掌握编程语言，具备项目开发经验；市场营销岗位则注重市场洞察力、沟通协调能力以及相关营销活动策划经验。大学生应通过实习、项目实践等方式，积累与目标岗位相关的经验，提升自身竞争力。

薪资福利与地区人才政策：薪资福利是求职者关注的重点，除了常规的薪酬构成，企业在福利方面不断创新。一些新兴行业企业，如人工智能研发企业，为吸引高端人才，在提供高薪资的基础上，还配备专属的科研团队支持、高端办公设备等。地区人才政策也成为影响就业选择的重要因素，如深圳市针对海外高层次人才，提供高额的人才补贴、创业资助等。大学生应充分了解各地人才政策，结合自身职业规划，选择更具发展潜力和生活保障的地区就业。

（三）职业信息是求职的基础

获得一条有价值的职业信息，就如同开启一扇通往理想职业的大门，承载着难得的就业机遇，而一次优质的就业机遇，极有可能成就一段辉煌的职业旅程。在劳动力市场愈发市场化的当下，职业信息的重要性愈发凸显。求职者获取的信息范围越广泛，信息的质量越高，在求职择业过程中就越能占据主动，把握性越大，成功的概率也就越高。丰富的职业信息能让求职者充分利用“选人余地大，择业机会多”的优势，极大地增加被用人单位挑选的机会；让求职者在求职过程中掌握主动权，避免因信息匮乏而导致行动滞后，有效减少或规避在择业过程中可能出现的弯路；求职者还能依据所掌握的职业信息，精准洞察社会用人单位对本专业人才的要求，从而有针对性地及时补充知识，提升个人能力，进一步增强自身在就业市场中的竞争优势。因此，全面、深入地搜集职业信息，无疑是开启成功求职大门的基石，是大学生实现理想职业目标的关键第一步。

二、职业信息的搜集

（一）搜集的原则

准确原则：在当今信息爆炸的时代，职业信息质量良莠不齐。一方面，信息源的真实性至关重要。例如，一些非官方的求职论坛可能存在部分用户恶意发布虚假招聘信息，若大学生轻信，就可能遭遇诈骗，浪费时间和精力，甚至遭受经济损失。因此，应优先选择权威渠道搜集职业信息，如政府人社部门官网发布的就业政策、大型正规招聘平台经过审核的企业招聘信息等。另一方面，在获取信息后，需运用严谨的分析方法去伪存真。可通过多渠道交叉验证所获信息，比如一家企业在招聘平台宣称有极高的薪资待遇和福利，但在企业官方网站、社交媒体账号上却无相关信息或口碑不佳，此时就需对该招聘信息保持警惕，仔细甄别。

目的原则：大学生应明确自身职业规划方向，精准定位信息搜集目标。例如，立志投身人工智能领域的大学生，不应在传统制造业的招聘信息中浪费过多精力。当下就业市场细分程度不断加深，若盲目搜集信息，如一名对互联网运营感兴趣的大学生，却将大量时间花在搜集金融行业的基础岗位信息上，不仅耗费时间和精力，还可能错过真正适合自己的岗位机会。他应聚焦于与互联网运营相关的岗位要求、行业发展趋势、热门企业招聘动态等信息，提高信息搜集的精准度，从而提升求职效率。

系统原则：职业信息涵盖多个层面，全面搜集至关重要。不仅要了解目标行业的整体发展态势，如对于新兴的新能源汽车行业，不仅需知晓其市场规模增长趋势、政策扶持力度、技术创新方向等宏观信息，还要深入研究该行业内不同企业的岗位设置、用人标准、企业文化等微观信息。同时，对于重点关注的企业或岗位，要进行系统性追踪。以一家在行业内具有创新性的科技企业为例，应持续关注其产品研发方向的调整、新业务拓展带来的岗位需求变化，以及历年招聘政策的变动等，形成完整的信息链，以便更好地把握就业机会，实现预期求职目标。

时效原则：就业市场瞬息万变，信息更新速度极快。新的行业政策出台可能瞬间改变某个行业的人才需求结构，例如国家对新能源产业加大扶持力度，会促使相关企业短期内大量招聘研发、生产、销售等各环节的所需人才。此时，大学生若能以最快速度获取并分析这些信息，就能抢占先机。一些大型企业的招聘周期较短，从发布招聘信息到截止投递简历可能仅有一周时间，若不能及时关注，就会错过投递机会。所以，要利用好各类信息推送工具，如招聘平台的职位订阅功能、企业官方公众号的信息推送等，确保第一时间获取最新职业信息，提高信息利用率。

开拓原则：在竞争激烈的就业市场中，主动开拓信息渠道至关重要。除了常规的招聘网站、校园招聘会，还应积极探索新兴渠道。例如，参加行业内的线上线下研讨会、学术论坛，与行业专家、企业从业者交流，往往能获取到一些尚未公开的内部招聘信息或行业发展的前沿动态。利用社交媒体平台，关注行业大 V、企业高管，通过互动建立联系，也可能获得独特的就业机会。一些初创企业可能会在自身的社交媒体账号上发布具有创新性的岗位需求，积极关注并与之沟通，能展现出自己的开拓精神和对该企业的热情，从而增加获得工作机会的可能性。

（二）职业信息的获取途径

一般来说，职业信息的搜寻模式为明确求职目标—建立职业信息搜寻目录—通过各种渠道获取职业信息—尝试直接联系用人单位—做好有效的追踪工作—更新职业信息搜寻目录。求职途径可以根据信息获取途径分为社交途径和随机途径。社交途径指的是通过亲戚朋友、学校等社会关系获得职业信息；随机途径则指的是在招聘网站、政府网站、培训机构网站、高校论坛、报纸广告等平台上随机看到职业信息。

1. 社会关系网络

在寻找职业信息的时候，你千万不要忘记周围的亲朋好友、校友及其他社会关系，也许他们会给你提供一些机会。实际上，这可能是效率最高、质量最高的一种求职方式。大多数用人单位更愿意录用经人介绍和推荐进来的求职者，它们认为这样录用的人比较可靠。一个人的“关系”通常分布在社会的各个领域和行业，通过他们了解和收集招聘需求信息的针对性更强，信息的可信度也会比较高。据统计，65% ～ 90% 的工作是通过社会关系网络找到的。多和一些已工作的同学、朋友联系，一旦他们公司有空缺岗位，就可以及时通知你。

提到我们的求职社会关系网络，不得不提到“内推”这一形式。内推是一种非主流形式的企业招聘方式，通过企业内部员工推荐，绕过猎头公司、招聘网站等中间步骤，使应聘者可以直接将简历投递到用人单位，可以直接参加面试或是入职。“内推”可以让人才更高效流动，让求职更有效率，从而越来越成为企业的一种重要的招聘手段。校友内推的职业信息或岗位，其最大特点是比较接近本校尤其是本专业的毕业生目前的供求状况，以及其在具体行业中的实际工作、发展状况，近几年毕业的校友对职业信息的获取、比较、选择、处理的经验和择业的亲身体会，比一般纯粹的职业信息更有参考、利用价值。

2. 学校就业指导服务中心

学校的毕业生就业办公室或毕业生就业指导服务中心，是负责高校学生毕业就业工作的行政管理部门，与各部委和省市的毕业生就业主管部门及用人单位有着密切的联系，各地区就业创业政策、招聘信息往往汇集到这里。在毕业生就业过程中，学校就业指导服务中心会及时向毕业生发布招聘信息，开展就业创业咨询、职业规划和指导，让毕业生大致了解当年社会对大学生需求的状况及有关就业的政策规定。学校就业指导服务中心是获取用人单位信息的主渠道，其提供的信息无论是数量还是质量，都有明显的优势。该途径的准确性、权威性、可信度非一般就业渠道可比，通过学校就业指导服务中心获得的信息有以下几个特点：

（1）针对性强。一般用人单位是在掌握了学校的专业设置、生源情况、教学质量等信息后，才向学校发出需求信息的，这些信息大部分针对应届毕业生，紧贴学校学科特色，针对性强。而从人才市场和报纸杂志上获得的需求信息，是面向全社会人士的，针对性较弱。

（2）可靠性高。为了对广大毕业生负责，在把用人单位发给学校的招聘需求信息公布给学生之前，学校就业主管部门首先会对就业信息进行审核，保证信息的可靠性。

（3）成功率高。一般毕业生只要符合条件，供需双方面谈合适，马上就能签订协议书，成功率较高。

很多用人单位会主动参加各高校组织开展的校园招聘会，这些招聘会大都是向所有在校生开放的。用人单位校园专场招聘会的流程一般是：企业宣讲—现场收取简历—筛选简历—笔试—面试—签协议。建议大学生在大三甚至大二期间参加校园招聘会体验一下，看看用人单位对职位有什么要求，也可尝试现场面试，听听他们对应聘人员的具体要求和问题，收获会更大。这种方式的好处很明显：针对应届毕业生、工作需求大、专业匹配度高等。

3. 各地区的现场招聘会（双选会）

双选会，顾名思义即双向选择的招聘会，每年集中几个时间段汇集当地知名企业放出招聘需求。它一般由政府所辖人才机构及高校就业指导服务中心举办，主要服务于待就业群体及用人单位，一般分行业专场招聘会和综合性招聘会两种。其优点是多种行业、多种岗位集中招聘，求职者可以与企业招聘方面对面沟通交流，进一步了解企业和岗位的信息；不仅可以掌握准确的招聘信息，还可以当场面试、签订协议，相对简捷有效。当然，面对这样信息量庞大的招聘会，建议求职者提前了解招聘企业的行业和性质，事先进行岗位需求筛选，以免因岗位不对口而浪费时间。

4. 互联网

随着信息时代的到来，互联网成为当代大学毕业生获得职业信息的主要渠道。利用互联网获取信息相对其他信息渠道来说，信息量大、成本低、方便快速，突破了人才信息与招聘信息沟通的种种限制，实现了跨越时空界限、打破单向选择的人才交流格局，使大学毕业生选择的范围更广。

网络招聘的含义非常广泛，包括各个用人单位的网站（如企业官网、官方微信公众号，政府信息网站，等等）、专业的招聘信息网站和软件（如智联招聘、前程无忧、BOSS 直聘等）、中介机构（如猎头公司、公考培训机构等）。它们类别不同，包罗万象，求职者首先需要根据自己的需求自主定位求职目标，再去有针对性地不断更新招聘信息，并及时更新个人简历。

（1）社招和校招的网站：

前程无忧（51job）：https://xy.51job.com/default-xs.php，综合类招聘网站。

智联招聘：https://www.zhaopin.com/，综合类招聘网站。

拉勾招聘：https://xiaoyuan.lagou.com/，专注于互联网行业人才，具有和 HR 沟通的功能。

BOSS 直聘：https://www.zhipin.com/。

新华英才：http://www.chinahr.com/home/hz/。

（2）专门针对校招的网站，应届毕业生可特别关注：

实习僧：https://www.shixiseng.com，获取校招和实习信息的好网站，雇主信息质量比较高。

牛客网：https://www.nowcoder.com/，不仅可以看到各企业的招聘信息，还有强大的面试经验分享、往年笔试真题分享等信息。

应届生求职网：http://www.yingjiesheng.com/，校招信息全，可查询到各地各校的宣讲会安排、部分企业的详细信息介绍、笔面试流程和经验等。

海投网：https://xjh.haitou.cc/，海投网宣讲会查询系统对应届生来说很实用，从中可以看到各城市各高校近期将举办的宣讲会，相当于进行了资源整合，方便大家选择，也有笔面试经验和真题分享，还有简历在线制作、模板下载功能。

刺猬实习：https://www.ciwei.net/。

5. 校园招聘

校园招聘（校招）是一种特殊的外部招聘途径，是指招聘单位（企业等）通过各种方式招聘各类各层次应届毕业生。校园招聘最大的特点就是：无工作经验要求、学历至上、专业至上、双向选择多。社会招聘最大的特点就是：有工作经验要求、能力至上、学历第二、选择性少。作为应届毕业生，没有工作经验，抓住校招机会实现就业是最佳选择。

校招分为秋招和春招，秋招一般在 8—11 月，春招一般在 3—5 月，其中秋招是重点。用人单位都想招到高素质毕业生，知名企业校招常常开启得早，基本上暑假的时候就开始了。毕业生一定要提前关注目标公司的各个时间点：一般分为官网在线网申、完成在线测试、笔试、面试和发放 offer 五步。下面罗列了一些可以获取校招信息的渠道：

（1）学校和企业官方渠道。

学校和学院的就业网站：关注宣讲会和招聘信息。

关注企业的招聘官网，同时建议关注企业的招聘公众号、微博号等，还可以直接跟公众号、微博号互动，一些疑问有的时候可能会被解答。这些地方的招聘信息通常最全，不仅包括招聘岗位、网申笔试面试的时间，还包括招聘流程、校园宣讲会的时间地点等。

（2）搜索知名招聘网站的校招模块，它们综合了大量企业的招聘信息。

6. 实习实践

大学生利用寒暑假进行毕业实习或社会实践一般会选择专业对口的单位。在实习实践的过程中，通过自己的努力赢得用人单位的好感、信任，获取职业信息甚至直接被录用的大学生不乏其人。从实习单位获取就业信息，相对来说命中率高，竞争对手较少，目标明确，针对性强。但是这种方式对个人要求比较高，短期内无法达成目的，需要长时间准备及规划。

不同职业信息渠道的优缺点对比如表 2-2 所示：

表 2-2 不同职业信息渠道的优缺点对比

信息渠道	优点	缺点
社会关系网络	命中率高，相对简便、快捷，针对性强	需要长时间的准备、积累，人脉的积累需要一定的家庭背景
学校就业指导服务中心	竞争对手相对少一些，针对性强，与专业相关的职位信息丰富	部分招聘信息局限于本校资源
各地区的现场招聘会（双选会）	可以和招聘人员面对面接触，信息准确	人多，拥挤，供需双方了解不够深入，无法知道职位的详情
互联网	信息量大，成本低，方便快捷	竞争对手多，信息反馈慢，成功率低，常有虚假或过时的垃圾信息
校园招聘	针对应届毕业生，专业匹配度高，双向选择多	应聘时间局限在 3—5 月和 8—11 月
实习实践	命中率高，竞争对手较少，目标明确，针对性强	对个人要求比较高，短期内无法达成目的，需要长时间准备及规划

通过以上方式均可以获取各种类型的职业信息，选择的优先级可以根据求职者的倾向性自主决定，关键在于掌握主动权。在求职过程中，最好同时采用以上几种方式进行职业信息的获取。除了以上提到的几种信息获取的渠道外，还可以通过在有关专业报刊上查阅招聘信息，或者直接向心仪的公司投递求职信件和个人简历，或者查阅地址后联系用人单位、亲自拜访等方法来获取有用的职业信息。

公司在决定发布招聘广告之前通常会经历这样几个阶段：（1）从内部招聘，很多公司有空缺职位时会发布内部招聘信息，因为雇主更相信他亲眼所见的工作能力；（2）熟人介绍，或者录用能走进公司证明自己工作成绩和能力的人；（3）通过猎头或者职业介绍所寻找合适人才。在这些办法都无效时，公司才会利用新媒体发布招聘广告。因此，更有效的求职方法就是找到潜在的就业市场，在招聘广告发布之前（也许根本就不会发布）就去联系工作并实习。同样是应届毕业生，有些同学在毕业后通过校园招聘初次踏入公司，而有些同学在毕业前早已进行了 6 个月甚至一年的实习，后者的留用不需要通过校园招聘的竞争。

三、职业信息的运用

在当前快速发展且充满变数的就业市场中，职业信息呈现出时效快、数量庞大、涵盖范围广以及种类繁杂等显著特征。对于大学生而言，能否及时、有效地处理和运用这些职业信息，直接关系到求职面试的成败，对未来的职业发展起着关键的铺垫作用。

（一）精准定位，以个人需求为核心筛选信息

在海量的职业信息面前，大学生首先要深度剖析自我，进行全面且精准的自我认知。这不仅仅包括明确自己内心真正渴望从事的职业方向，更包括清晰了解自身的实际能力边界。比如，借助专业的职业测评工具，如MBTI性格测试、霍兰德职业兴趣测试等，深入挖掘自己的兴趣爱好、气质类型、性格特点，同时客观评估自身的基本素质、专业知识储备以及技术操作能力等。

以计算机专业的学生为例，若通过自我评估发现自己对软件开发有着浓厚兴趣，且具备较强的逻辑思维和编程能力，那么在筛选职业信息时，应重点关注软件开发工程师、算法工程师等相关岗位信息，而过滤掉那些与自身能力和兴趣不匹配的岗位，如硬件测试员等。

此外，随着国家对新兴产业（如人工智能、新能源汽车等领域）的大力扶持，大学生在自我认知的基础上，还需关注这些政策导向下的行业发展趋势，及时调整自己的职业兴趣和能力发展方向，以便更好地筛选出符合个人需求的职业信息。

（二）顺势而为，科学选定择业目标

审时度势是大学生在运用职业信息时的重要策略。一方面，要密切关注就业市场的动态变化和政策导向。例如，国家为了促进乡村振兴，出台了一系列鼓励大学生投身乡村建设的政策，提供了诸如乡村教师、农业科技推广员等岗位，并给予相应的补贴和职业发展机会。大学生应根据这些政策信息，结合自身情况，考虑是否将这些岗位纳入自己的择业目标范围。

另一方面，根据获取的职业信息要求，大学生要及时优化自身的知识与技能结构。比如，随着数字化转型的加速，许多企业对具备数据分析能力的人才需求大增。即使是非数据相关专业的大学生，若有意向进入此类企业，也可通过学习在线课程、参加培训讲座等方式，学习数据分析基础知识和工具使用技能，提升自身工作能力，弥补自身不足。一旦发现有价值的职业信息，要迅速行动，运用这些信息去匹配适合自己的工作，在竞争激烈的就业市场中抢占先机。

（三）协同共进，推动信息资源共享

在就业过程中，信息资源共享具有重要意义。大学生应树立合作共赢的意识，及时将对他人有用的职业信息分享出去。比如，学校可以搭建专门的职业信息共享平台，学生可在平台上分享自己收集到的招聘信息、企业宣讲会信息、行业发展报告等。同时，学校还可以组织职业信息分享会，让学生面对面交流求职经验和信息获取渠道。

从政策角度来看，国家鼓励高校、企业和社会机构加强合作，构建更加完善的职业信息共享机制。例如，一些地方政府会定期举办高校毕业生就业服务周活动，整合各类企业的招聘信息，通过线上线下相结合的方式向大学生开放，促进信息的广泛传播和共享。信息资源共享，不仅可以帮助学生拓宽就业视野，增加就业机会，还能营造良好的就业氛围，形成互帮互助的校园就业文化。

第三节 用人单位常见类型、招聘要求和流程

了解用人单位的类型、对毕业生的要求和招聘流程，对大学生求职前的目标定位和求职准备具有很大的指导意义。大学生可根据用人单位的要求有针对性地完善和提高自己，做好求职准备。

一、用人单位的常见类型

用人单位是指具有用人权利能力和用人行为能力，运用劳动力组织生产劳动，且向劳动者支付工资等劳动报酬的单位。根据用人单位的性质和大学生的就业特点，大致可分为以下几类：

（一）党政机关

作为中国共产党的各级组织、部门、机关和各级人民政府所属的部门、机关，以及其他民主党派、社会团体、部分被授予一定行政权力的事业单位的总称，党政机关在国家治理体系中占据核心地位。其涵盖范围广泛，包括党中央、国家机关（如海关、税务等设在地方的垂直管理部门），省级机关，地（市）级机关，县级及县级以下机关（含乡、镇机关），等等。在当前大力推进国家治理体系和治理能力现代化的背景下，党政机关对于人才的需求愈发迫切，且要求不

断提高。例如，随着数字化政务的推进，对具备信息技术、数据分析能力的人才需求增加；在乡村振兴战略实施中，对熟悉农村工作、农业经济的人才需求旺盛。

（二）事业单位

事业单位是国家为了社会公益目的，由国家机关举办或者其他组织利用国有资产举办的，从事教育、科技、文化、卫生等活动的社会服务组织。事业单位是我国各类人才的重要集中地，是增强我国国力的重要领域，是实施科教兴国战略的重要阵地。

科研设计单位：如中国科学院下属的各类研究所、中电集团旗下的研究院等，专注于前沿科学研究、技术开发与创新，是推动国家科技进步的关键力量。在当前国家鼓励科技创新、建设科技强国的政策导向下，这类单位对具有扎实专业知识、创新思维和科研能力的高层次人才需求持续增长，尤其在人工智能、新能源、生物医药等新兴领域。

高等教育单位：包括各类公办和民办高校，是培养高素质人才、开展学术研究和社会服务的重要场所。随着高等教育的普及化和国际化发展，高校对具有高学历、海外留学背景、跨学科知识结构的教师和管理人员的需求显著增加，同时注重人才的教学能力、科研成果转化能力以及国际交流合作能力。

中初教育单位：涵盖中小学、幼儿园等基础教育机构，承担着培养祖国未来建设者的重要使命。在全面推进素质教育、落实“双减”政策的背景下，对具有扎实学科知识、教育教学能力、创新思维和良好师德师风的教师需求较大，尤其在艺术、体育、心理健康等特色学科领域。

医疗卫生单位：各级各类医院、疾控中心、社区卫生服务中心等，是保障人民群众身体健康的关键力量。随着我国医疗卫生事业的发展和人民健康需求的不断提高，对医学专业人才（包括临床医生、护士、药剂师、医学技术人员等）的需求持续增长，同时对人才的专业技能、实践经验、团队协作能力以及应对突发公共卫生事件的能力有较高要求。

其他事业单位：诸如海洋管理、地震预报、环境监测等党政机关的服务性组织，以及各类行业协会、学会等，在各自领域发挥着重要作用。随着国家对生态环境保护、社会治理等方面的重视程度不断提高，这些单位对相关专业人才（如环境科学、公共管理等专业人才）的需求也日益增加。

（三）企业

企业是以营利为目的的法人，是市场经济的主体。企业的实质在于获取盈利，其形式多样，按所有制形式及导致的不同制度与文化划分，主要包括以下几类：

国有企业：由国家或地方政府控股，在国民经济中占据主导地位，涉及能源、交通、通信、金融、军工等关键领域，如中石油、中石化、国家电网、中国移动等。国有企业在国家战略实施、产业升级、科技创新等方面发挥着重要作用。近年来，国有企业不断深化改革，对具有创新能力、国际化视野、战略思维的复合型人才需求增加，同时注重人才的思想政治素质和对企业文化的认同感。

三资企业：包括中外合资经营企业、中外合作经营企业和外资企业。这类企业通常具有先进的管理经验、技术和资金，在国际市场竞争中具有一定优势。如苹果公司在中国的合资企业、宝洁公司等外资企业。三资企业对人才的要求较为国际化，注重英语水平、跨文化沟通能力、专业技能和创新能力，同时对人才的综合素质和适应能力有较高期望。

其他企业：涵盖民营企业、股份制企业等多种形式。民营企业作为我国经济发展的重要力量，在数量上占据优势，广泛分布于各个行业领域，如华为等。民营企业机制灵活，对市场变化反应迅速，对具有创新精神、创业能力、市场开拓能力和团队协作精神的人才需求较大。股份制企业则通过资本运作和股权结构优化，实现资源的有效配置，对具有财务管理、资本运营、企业管理等专业知识的人才较为青睐。

（四）部队及国防单位

作为保家卫国和维护社会稳定的纪律组织，部队及国防单位肩负着重要使命，包括解放军各军兵种部队、武警部队、国防科研机构、军工企业等。随着我国国防现代化建设的加速推进，对具有军事指挥、军事技术、国防科研等专业知识和技能的人才需求不断增加，同时要求人才具备坚定的政治信仰、献身国防的精神、不怕牺牲的品格、强健的体魄和良好的心理素质。

（五）社会团体

社会团体是由公民或企事业单位自愿组成，按章程开展活动的社会组织，包括行业性社团、学术性社团、专业性社团和联合性社团，如工商联合会、各类行业协会学会等。社会团体在促进产业发展、推动学术交流、规范行业秩序等方面发挥着积极作用。其对具有组织协调能力、沟通能力、专业知识和社会责任感的人才有一定需求，尤其在行业研究、政策咨询、社团活动组织等方面。

二、不同单位对大学毕业生的招聘要求

如表 2-3 所示，不同类型的用人单位由于单位性质、组织形式、活动的方式和目标不同，对于工作人员的要求有一定区别。对于大学毕业生来说，主要体现在对他们的思想道德品质、知识结构、综合素质和能力等方面要求的侧重点不同。

表2-3　不同类型用人单位的招聘要求、形式及特征

用人单位类型	招聘要求	招聘形式及特征
党政机关	1. 较高的思想政治素质和道德修养； 2. 扎实的基础知识、专业知识、管理知识等； 3. 较强的组织管理、协调和决策能力； 4. 较好的问题处理能力； 5. 较强的文字能力和应变能力； 6. 良好的个人形象和一定的社会交往能力等。	1. 逢进必考； 2. 有严格的职务晋升及奖惩制度； 3. 有完善的培训机制； 4. 有严格的考核办法，强调对德、能、勤、绩的考核。
事业单位	1. 较高的思想政治素质和道德修养； 2. 扎实的基础知识、专业知识、管理知识等； 3. 较强的创新能力和学习能力； 4. 良好的团结协作精神； 5. 较强的组织管理、协调和决策能力。	1. 根据不同岗位特点，实行分类管理； 2. 根据公开、平等、竞争、择优的原则，引入竞争机制； 3. 推行聘用制度； 4. 实行岗位管理； 5. 建立形式多样、自主灵活的分配激励机制； 6. 建立固定与流动相结合的用人制度。
企业	1. 诚信品质； 2. 团队精神； 3. 对企业文化的认同； 4. 创新能力； 5. 学习能力； 6. 发展潜能。	1. 富有创新意识的员工最受重用； 2. 诚信和忠诚的人才更容易获得晋升和加薪； 3. 具有团队精神和良好沟通能力的人才成功机遇最高； 4. 善于学习和有潜能的人最受欢迎。
部队及国防单位	1. 保家卫国的精神； 2. 不怕牺牲、艰苦奋斗、不屈不挠的品格； 3. 较好的专业基础知识； 4. 强健的体魄。	1. 2010年起部队每年从应届高校毕业生中征收义务兵； 2. 2018年起全军首次面向社会公开招考文职人员； 3. 严把标准条件，精准按岗择人，选拔引进优质人才。
社会团体	1. 良好的思想道德品质； 2. 扎实的专业知识和宽广的知识面； 3. 较强的创新能力； 4. 较强的学习能力； 5. 团结协作精神； 6. 较强的组织管理能力。	1. 招聘形式更依赖公开信息发布和价值观匹配的面试； 2. 流程相对灵活，实践经验、项目背景和公益心是关键考量因素； 3. 工作环境强调使命感、团队协作和灵活性，但薪酬水平缺乏竞争性通常是非营利领域的现实特征； 4. 志愿者和内部推荐是重要的人才来源补充。

三、用人单位的招聘流程——以企业为例

人员招聘和录用是用人单位为了自身发展及时获取所需各类人才的重要途径和手段，招聘录用要补充有较好素质和能给用人单位带来价值的新员工。下面以企业为例来作说明。

（一）确定人员需求

当部门有员工离职、工作量增加等出现空缺岗位需补人员情况时，可向行政部（人事部）申请招聘人员。

书面申请必须认真填写，包括增补原因、增补岗位任职资格条件、增补人员工作内容等。书面申请必须经用人部门经理的签批后上报行政部（人事部）。

行政部（人事部）接到部门书面申请后，核查各部门人员配置情况，检查公司现有人力储备情况，决定是否从内部调动解决人员需求。

若内部调动不能满足岗位空缺需求，行政部（人事部）将把公司总的人员补充计划上报分管总经理，待分管总经理批准后行政部（人事部）进行外部招聘。

（二）确定招聘计划

根据招聘人员的资格条件、工作需要和招聘数量，结合人才市场情况，确定选择什么样的招聘渠道：

（1）内部招聘。有岗位空缺时，应先考虑内部人员，在没有合适人选时，才考虑外部招聘。内部优先聘用，一方面是公司解决内部人员富余问题的途径，另一方面使得员工获得与个人职业发展一致的工作岗位。

（2）外部招聘。大规模招聘多岗位时可通过发布招聘广告、参加招聘会、借助职业介绍所和同业推荐等形式从外部招聘。

（3）招聘高级人才时，可通过猎头公司推荐。

根据招聘需求，准备以下材料：

（1）招聘广告。招聘广告包括本公司的基本情况、招聘岗位、应聘人员的基本条件、招聘方式、招聘时间、招聘地点、应聘时需携带的证件材料以及其他注意事项。

（2）公司宣传资料（如公司简介）。

（三）人员甄选

1. 收集应聘资料，进行初试

（1）进行初试时，公司招聘人员须严格按招聘标准和要求把好第一关。筛选应聘人员资料进行初试时，一般从文化程度、性别、年龄、工作经验、容貌气

质、户口等方面做综合比较。

（2）符合基本条件者可参加面试，不符合者直接淘汰。

2. 面试程序

（1）一般工作人员（不包括销售人员）由行政部（人事部）组织初步面试。工作人员发布面试通知、整理好面试人资料后，引领参加面试者到面试地点按顺序进行面试，初试合格者通知复试，复试由用人单位负责人进行面试。对于公司急需的特殊人才（如高级技术人才、高级管理人才和高级市场专家），可不经过行政部（人事部）的初试和面试甄选小组的复试，由总经理及委任人员直接进行面试，综合评定。

（2）各部门主管级及以上级别人员的面试由行政部（人事部）收集整理好应聘人员的资料后，交予用人部门负责人或总经理进行面试。财务人员、技术人员等各类专业技术人员的面试由综合管理部与相应部门负责人共同进行。

（3）应聘人员应向行政部（人事部）递交的个人资料：居民身份证（原）复印件，学历证明（原）复印件；个人简历及其他能证明能力的资料。

3. 有关说明

有下列情形者，一般不得录用为公司员工：

（1）未成年者或有欺诈行为者；

（2）曾在本公司被除名者；

（3）和其他公司劳动合同未到期者。

4. 员工录用

（1）面试结束后，由各部门负责人和行政部（人事部）共同确定录用人员名单。

（2）工作人员对最后确定的录用人员统一通知录用（通知员工报到时间、办理录用手续需准备的资料等相关事宜）。

（3）新员工须提供身份证复印件、毕业证书复印件等证明。

（4）行政部（人事部）要为每一名新录用的员工建立员工档案。

（四）试用

试用的目的在于补救甄选中的偏差。

试用员工上岗前，须参加岗前培训，合格后才能上岗。

用人部门负责人有义务对新员工进行上岗引导，并确定一名直接负责人管理其行为，承担其行为责任。

试用期间，若发现有严重违规行为或能力明显不足者，试用部门应陈述事实与理由报行政部（人事部）审核后上报总经理，总经理审核属实即辞退。

凡需延长试用期，其直接主管与部门负责人应详述原因，经行政部（人事部）审核后办理延期试用手续，因延长试用期相应的劳动合同签署期限也需延长，所以涉及延长试用期的情况，需慎重考虑。

对于工作中表现突出者，可提前转正。提前转正需由本人提出书面申请并陈述有关工作实绩，试用部门直接主管与部级负责人通过书面形式详述考核意见并附上工作业绩材料，经总经理审核后办理转正手续。提前转正必须具备如下条件：

（1）试用期一般满 1 个月；

（2）试用期间无迟到、早退、因私外出、事假一天以上（含一天）记录；

（3）工作积极主动、工作量饱满，工作实绩显著。

（五）最终聘用

新员工试用期满前 30 天由行政人员通知部门负责人，由部门负责人与新员工进行双向性的深入沟通、了解，若其中一方无转正意向，则说明具体原因后由部门负责人将最终确认信息及时反馈行政部（人事部）并作为重新招聘的重要信息。

对试用合格者，从正式聘用之日起，享受公司同类人员待遇。对于特殊人才可采取特殊薪酬政策，薪酬水平参考薪酬制度，与应聘者商定具体数额，经总经理批准后执行。

特殊人才需经试用期考核，由总经理及委任人员对考核报告进行审议，通过后，正式聘用。

第四节 HR 视野中的求职准备

机遇总是垂青于有准备的人。“双向选择”“自主择业”为每一名求职者提供了相同的、更多的择业机会，面对工作机会时做出正确抉择，与充分的就业准备分不开。只有不断积累自己的求职资本，增强自身的竞争能力，才能在“双向选择”“自主择业”中把握主动权，为未来的事业打下良好的基础。

笔者近年来在对全国多个省（自治区、直辖市）的用人单位 HR 进行访谈后发现：用人单位面试时考察应聘者的主要素质依次是敬业精神、责任意识、团队合作精神、道德品质、踏实肯干及主动性；考察应聘者的主要能力依次是沟通能力、解决问题的能力、灵活应变能力、专业能力、组织能力和创新能力。用人单位普遍认为，高校毕业生就业难的原因主要有期望过高、缺乏实际操作经验、眼高手低、求职目标不清及社会实践能力弱。用人单位对高校毕业生的专业水平、创新能力、思想道德和心理素质及抗压能力都提出了越来越高的要求。学生干部和学生党员以及那些综合素质好、动手能力强、敬业精神好以及有各种特长的高校毕业生越来越受欢迎。

事实上，很多大学生在顺利地获得大学毕业证书及学位证书的同时，求职时却处处碰壁。要想顺利地获得一份工作，大学生必须及早了解用人单位需要什么样的员工，并通过实习、实践等活动提升自己，在毕业时达到用人单位的要求。要做到这一点，就要事先了解用人单位需要什么样的人。

一、大学生就业应匹配的能力

（一）基础知识

求职者无论要选择何种职业，也不管要向哪个专业方向发展，都少不了扎实的基础知识。随着现代社会的高速发展，社会的产业、行业、职业结构调整的加快，求职者在择业、就业上已不再是“从一而终”，职业岗位随时变动的状况不可避免，要适应这种变化，必须依靠扎实的基础知识。

（二）实践动手能力

实践动手能力是考量应届毕业生能否尽快适应岗位要求、由校园人迅速转变为职场人的重要指标。从当前情况看，用人单位普遍认为，高校毕业生在这方面的能力比较差。原因之一是一些用人单位存有急功近利的思想，但更主要的原因是多方面的，比如传统教育方式的弊端，学校实验资金、设备不足，大学生自身或学校对实践能力培养重视不够，等等。大学生在校期间培养实践能力的机会还是很多的，像组织参加与专业相关的社团、参与教师的科研工作、积极参加暑期社会实践活动、担任班干部、寒暑假兼职（与专业相关）等，这些活动都有利于大学生实践能力的提高。

（三）专业水平

专业知识是学科的核心支撑，它融合了系统理论、基础学识与实践技能，是解决专业领域问题的关键能力基础。专业知识是知识结构的核心部分，也是科技人才知识结构的特色所在。求职者要对自己所要从事行业的专业知识和技术，具有一定深度、范围的掌握，对概念体系、理论体系、研究方法、学科历史和现状、国内外最新信息等都要了解和把握。同时，对与其专业邻近领域的知识也要有所了解和熟悉，善于将其所学专业知识领域与其他相关知识领域紧密结合起来。广博精深已成为当前人才素质的重要要求。

（四）创新能力

现代各类职业都要求从业者的知识“程度高、内容新、实用强”。“程度高”指知识量大、面宽；“内容新”指知识结构中以反映当今科学技术发展状况的新知识、新信息为主；“实用强”指知识在生产、工作中有很强的实用价值。社会经济的发展进一步强化了企业及其员工的社会化功能，任何一个企业或其员工都不可能再像以前那样只单一地面对少数几个部门或经常打交道的几个人，而是必须面对整个社会，不断与市场打交道，并根据市场这个晴雨表来不断调整自己的行为。创新能力包含多方面的内容，如强烈的好奇心，细微的观察力，深刻的洞察力，大胆设想、勇于探索的精神以及提出问题、研究问题、解决问题的能力，等等。大学生要自觉地培养这些能力，为走上工作岗位后创造性地工作打下扎实的基础。

（五）管理能力

要适应社会主义市场经济发展的需要，求职者除具有广博的专业知识和较高的文化素质以外，还必须有一定管理能力。管理能力不仅领导干部、管理人员要具备，其他专业技术人员也应当具备。尽管每个求职者就业后不一定都从事管理工作，但是每个人在今后的工作中，都会不同程度地用到管理能力。

（六）协调与合作能力

协调与合作是相互关联的。协调能力是化解矛盾的能力，是聚分力为合力的能力，是变消极因素为积极因素的能力，是动员、组织、调动人的积极性的能力；而合作能力则是人的智、能、品的综合表现。

（七）人际沟通能力

社会上的人际关系远不像学校中的同学、师生关系那么简单。大学生步入社会后，能否正确、有效地处理协调好职业生活中人与人的各种关系，不仅影响其对环境的适应状况，而且影响他工作的效能、心理的健康、生活的愉快与否和事业的成败。求职者在刚刚走上工作岗位时，由于初谙世事，阅历较浅，缺少经验，往往在各种错综复杂的关系面前茫然失措，苦于无法适应，常常感叹“工作好搞，关系难处”。因此，求职者自觉地培养良好的人际沟通能力非常重要。

（八）心理素质及抗压能力

心理素质是指个体在面对压力、挑战或逆境时，能够保持心理稳定、有效调节情绪并适应环境变化的综合心理能力。抗压能力是心理素质的核心组成部分，特指个体在承受外部压力或内部焦虑时，能够维持正常心理功能、避免崩溃，并采取积极应对策略的能力。这种能力对于求职者的健康成长和成才是必不可少的。现实生活常常不尽如人意，大学生面对现实生活中的消极现象常常产生不安、不满的情绪。适应社会，正是为了担当社会赋予人们的职责与使命。适者生存，生存正是为了发展。求职者只有注意培养自己适应社会的能力，走上社会后才能尽可能地缩短自己的适应期，充分地发挥自己的聪明才智。据调查，当今大学生的心理承受能力普遍比较弱。如在择业过程中，一些大学生稍有不顺心就灰心丧气；到工作岗位后稍遇挫折就心灰意冷；在前进道路上遇到某些困难或暂时的失败，就表现出意志消沉、怨天尤人，甚至轻生或采取缺乏理智的发泄方式；等等。这虽然并不代表大多数，但应该引起大学生的警觉。

二、获得能力的方法与途径

求职者具备了与职位要求相符的技能，并不等于有了较强的实践能力。求职者的能力同对知识的掌握一样，要靠平常学习、生活中的自觉培养和实践锻炼。人的能力的水平是有差异的。这种差异并不是先天形成的，而是由所处的环境、受教育程度及自身实践状况等因素造成的。就共性而言，获取能力的方法与途径主要有以下几点。

（一）积累知识

一个人才能的大小，首先取决于掌握知识的多寡、深浅和完善程度。这是因为个别知识是构成才能的元素或细胞。需要说明的是，才能并不是知识的简单堆积，而是知识的结晶。这里的“结晶”，包含着对知识的提炼、改造和制作，包含着质的变化。怎样才能做到这一步呢？除掌握知识外，还需要有科学的思想方法和熟练的技能技巧。这里的思想方法和技能技巧也属知识范畴。即在某些方面有丰富的知识，并掌握科学的思想方法对这些知识进行科学加工，做创造性运用。

（二）勤于实践

能力是在实践过程中培养形成并在实践过程中表现出来的，因此实践是培养能力的重要途径。如一个人要想圆满地表现自己的观点、思想和情感，那就得在公众场合善于演讲或具有写作的有关才能，否则只能变为空想，而演讲和写作就是一个实践过程。一个人要想具有组织管理能力，那就得积极主动地、有意识地在法规和校纪约束的范围内去组织一些活动，参加一些社团活动，并在有条件的情况下参与一些社会工作，这些实践活动都会使其组织管理能力得到明显的提高。只要你积极参与，就会有很多收获。

（三）发展兴趣

兴趣对培养能力相当重要。古今中外许多著名的科学家、文学家、艺术家，都是在强烈的兴趣驱动下取得事业成功的。如达尔文，起初因无兴致于医学、数学，曾变为“慢班”的学生，但他对打猎、旅行、搜集标本却兴趣盎然，以致后来成为著名的生物学家。所以，杨振宁博士在总结科学家的成功之路时说：“成功的秘诀是兴趣。”因此，求职者要围绕所学专业发展自己的兴趣，并以这些兴趣为契机，加强对相关知识的学习和积累，注意发展自己的优势能力。

（四）超越自我

作为一个求职者，你可以注意发展自己的优势能力，但仅有优势能力是不够的，你必须对前面列出的几个基本能力都有所拓展，这就要求你超越自我，注意全面发展自己的各种实际能力。这是你今后生存的需要，也是发展的需要。因为现代社会的多维竞争，增加了单一能力持有者的生存难度，同时也增加了企业的生存危机感。因此，不管是否是你的兴趣之所在，你都必须注意锻炼自己的基本能力，超越自我。

知识加油站

内推

一、公司为什么会使用内推?

这里有一个理念前提：在职员工是符合所供职公司的文化和价值观的，那么他朋友圈里有很大概率会有适合公司的人才。利用现有员工的关系资源做招聘，可以招到更多符合公司文化和价值观的员工。对公司来说，相对于网站招聘、猎头招聘以及校园招聘，内推省时省力，可以大大提高工作效率，节约工作成本。此外，新员工通过内推渠道入职，一般归属感、熟悉感更强，沟通协作也更加顺畅。所以，许多公司希望员工介绍自己身边的朋友入职。在互联网行业，内推尤其盛行。

二、求职者为什么需要内推?

内推可以保证简历被送到HR面前，增加被HR关注的机会。尤其在当下，就业压力很大，就业竞争激烈，通过内推方式可以大大提高求职的成功率。

三、为什么推荐人会愿意内推？

通常来说，公司会制定内推奖励标准，只要被推荐人能够成功转正，推荐人就会获得相应奖励。比如，很多互联网公司针对内推设置了“伯乐奖”，若被推荐人成功转正，推荐人可以拿到一定数额的奖金。

总体来说，内推可以实现多赢的结果：公司可以高效率地招聘到合适的人才，人才可以快速地获得就业机会，推荐人可以拿到相应的奖励。内推对多方都有好处，也就流行起来了。

四、求职者如何利用内推？

简而言之，求职者要想通过内推渠道成功入职，需要做到：（1）确定目标公司的目标岗位。（2）按照目标岗位要求准备高质量的简历。（3）找到可以帮忙内推的人，得体地沟通，诚恳地请他帮忙。（4）等待推荐人的反馈，提前为面试做好准备。

要想实现成功内推，有以下几点需要特别注意：

第一，搭建自己的人际关系网。亲朋好友，学校校友资源，领英、脉脉、知乎、微博等社交平台，一些提供内推的网站、QQ群、微信群，等等，都是求职者可以利用的资源。

第二，初次和推荐人进行沟通时，应注意：首先，简短礼貌地做一下个人介绍；其次，确认一下对方是否为目标公司的员工；再次，说一下自己的目标岗位（也可以请教推荐人有没有更合适的岗位），并请求推荐人提供招聘信息；最后，礼貌地表示感谢。

第三，打铁必须自身硬，内推的前提是求职者能够胜任招聘岗位。所以，求职者需要准备正式、具有针对性的简历。

第四，尽量不给推荐人添麻烦。被内推之后，如果求职者不能及时地参加面试，或者最后决定不接受这家公司的Offer，一定要提前和推荐人沟通好，千万不能无故爽约。

新青年 新机遇——新职业发展趋势白皮书

近年来，我国各类经济新业态强势崛起，一批工作内容新颖、工作模式多样的新职业相继涌现，极大丰富了职业人才内涵。民宿管家、易货师、带货主播、电子竞技员、人工智能训练师……一批新奇有趣的新职业正如雨后春笋般相继涌现，为新时代新青年提供了更丰富的职业选择，也折射出我国经济社会发展的生机与活力。

2023年7月，人民数据研究院联合趣丸科技发布《新青年 新机遇——新职业发展趋势白皮书》(以下简称《白皮书》)。《白皮书》聚焦“新职业”这一关键词，综合运用大数据、人工智能等技术，基于趣丸科技的新职业用工数据与网络传播数据，观察我国新职业发展的新气象，分析新职业之于社会的价值与意义，总结新职业成长过程中暴露出的痛点与难点，并提出建议，以期助力新职业更为稳健地驶入发展快车道。

一、新职业从业规模扩张，96% 以上的职场人士希望学习新职业

《白皮书》指出，新职业越发受到新青年青睐。

在从业规模方面，近五年来，受产业结构调整、平台经济兴起、青年就业观念转变等因素影响，我国职工队伍整体状况较此前发生明显改变。其中，以新职业从业者为重要组成部分的新就业形态劳动者队伍持续发展壮大。全国总工会第九次全国职工队伍状况调查结果显示，全国职工总数约为 4.02 亿人，其中新就业形态劳动者有 8 400 万人，占比约两成。

与宏观趋势一致，用工企业方新职业从业人数也在逐年攀升。趣丸科技数据显示，2019 年 9 月以来，与企业签约的新职业从业者人数稳健增长，截至 2023 年 7 月，企业已累计提供近 90 万个新职业就业机会，为新青年提供施展才华的舞台。

在从业意愿方面，青年群体从事新职业的兴趣持续高涨，对从事网络主播、网络配音员等跃跃欲试。据中国就业培训技术指导中心发布的《新职业在线学习平台发展报告》，96% 以上的职场人士希望学习新职业。

二、公众看好新职业发展前景，社会讨论热情高涨

《白皮书》指出，伴随新职业的出现与成长，社会对新职业的关注度也在持续上升。人民众云平台显示，2022 年 6 月 1 日至 2023 年 6 月 1 日，新职业相关信息声量接近 75 万篇次，话题热度高涨。其中，约 97% 的信息为正面及中性内容，表现出大众总体对新职业发展持支持和积极观望态度。

《白皮书》显示，2022 年下半年以来，在人社部 2019 年以来发布的 74 个新职业中，处于舆论热度前十位的分别为互联网营销师、网约配送员、家庭教育指导师等。其中，数字经济与数字技术相关职业占据六席，综合热度居高。在尚未被官方认可，但从业规模已十分可观的新兴职业方面，网络配音员、陪诊师、上门厨师 / 上门遛狗师等热度指数较高。

三、新职业人才需求高企，多方协力培养优质专业人才

《白皮书》专门选取了电子竞技员 / 电子竞技运营师、以互联网营销师为代表的网络主播、人工智能科技人才三类官方已认证的高热度新职业以及网络配音员、陪诊师两类热门新兴职业作为分析样本，综合趣丸科技新职业人才数据及互联网公开信息，管中窥豹，洞见新职业特征与从业前景。

《白皮书》发现，近年间，与上述新职业密切相关的新兴产业均经历了高速发展，市场规模明显扩容，对专业人才的需求持续走高。以人工智能科技人才为例，从需求端看，当下，能够熟练掌握尖端人工智能技术、充分发挥人工智能技术优势的人才受到各行各业的青睐与追捧，人才缺口较大。从供给端看，有关部门、高校、企业等主体正积极培养人工智能技术人才，不断提升专业人才供给质量。例如，趣丸科技加大校企合作力度，与香港科技大学（广州）共建人工智能实验室，汇聚顶尖科研资源，搭建一流产学研平台，培养出一批高素质人工智能技术人才。

四、新职业发展迈入新阶段，多措并举为其提供发展新契机

《白皮书》认为，当前我国新职业人才“供需两旺”。一方面，各行业对新职业人才的需求缺口不断扩大；另一方面，众多企业与高校深化合作，在地方有关利好政策支持下，持续优化新职业人才联合培养方式，培育一批符合时代发展需要的高水平新职业人才。

然而，当前我国新职业配套机制仍有所欠缺：一是传统劳动保障制度难以覆盖新职业发展需求，部分新职业从业者合法权益难获保障；二是新职业有关管理制度供给不足，具体岗位职责、工作内容、技能标准等方面仍存在一定制度空白；三是各新职业特征迥异，部分新职业工作内容及模式因与传统工作相去甚远而面临社会接受度、认可度较低的窘境；四是新职业未来发展路径尚不明晰，职业长期、可持续发展路径有待进一步探索。

《白皮书》呼吁，为促进新职业高质量发展，有关部门应建立健全劳动保障机制，维护新职业劳动者合法权益；加强各地新职业技能等级认定与职称评审信息互通互认，规范新职业管理制度；紧跟新业态趋势持续发布新职业信息，多措并举增强新职业社会认同度；加快培养各类新型复合人才，赋能新职业从业者提升其专业化程度。

课后作业

一、工作世界调查表

你的理想职业是：A.____________ B.____________ C.____________

请从中挑选一个你最希望了解的职业，试着回答以下所有问题：

1. 职业名称：________________

2. 该职业属于哪个行业？它与下列哪项内容关系较密切？（可多选）

A. 文字　　B. 数字　　C. 人际　　D. 事物

3. 主要的工作内容是什么？

4. 主要的工作场所及环境怎样？

5. 工作时间是如何安排的？

A. 固定　　B. 可自行调配

6. 从业者所需要的教育背景（专业及学历）是什么？

7. 从业者所需具备的技能有哪些？

8. 从业者典型的人格特点有哪些？

9. 从业者需要哪些资格认证？

10. 从业者的升迁和发展机会怎样？

11. 未来的就业市场如何？

12. 起薪标准和计薪方式是怎样的？

13. 从业者可能的压力来源有哪些？

14. 对于职场新人有哪些忠告和建议？

二、针对你感兴趣的一家企业（单位），尽可能地收集它的概况、文化、用人标准等方面的信息内容，并收集 10 条与自己所学专业相关的职业信息。

三、通过访谈自己感兴趣领域的2～3位职场人士（要求在本领域工作3年以上），从而获得关于行业、职业和公司的“内部”信息。

职业资讯方面	生涯经验方面
1. 工作性质、工作任务或内容	1. 个人教育或训练背景
2. 工作环境、工作地点、工作时间	2. 投入该职业的决策过程
3. 所需教育水平、个人资格或经验	3. 生涯发展过程
4. 所需训练、技能	4. 工作心得体会（酸甜苦辣）
5. 收入或薪酬范围、福利水平	5. 对工作的整体看法
6. 就业机会	6. 获得成功的必备条件
7. 组织文化和规范	7. 未来职业规划
8. 相关进修和升迁机会	8. 对后辈的建议
9. 未来发展前景	

附：某有限公司招聘流程图

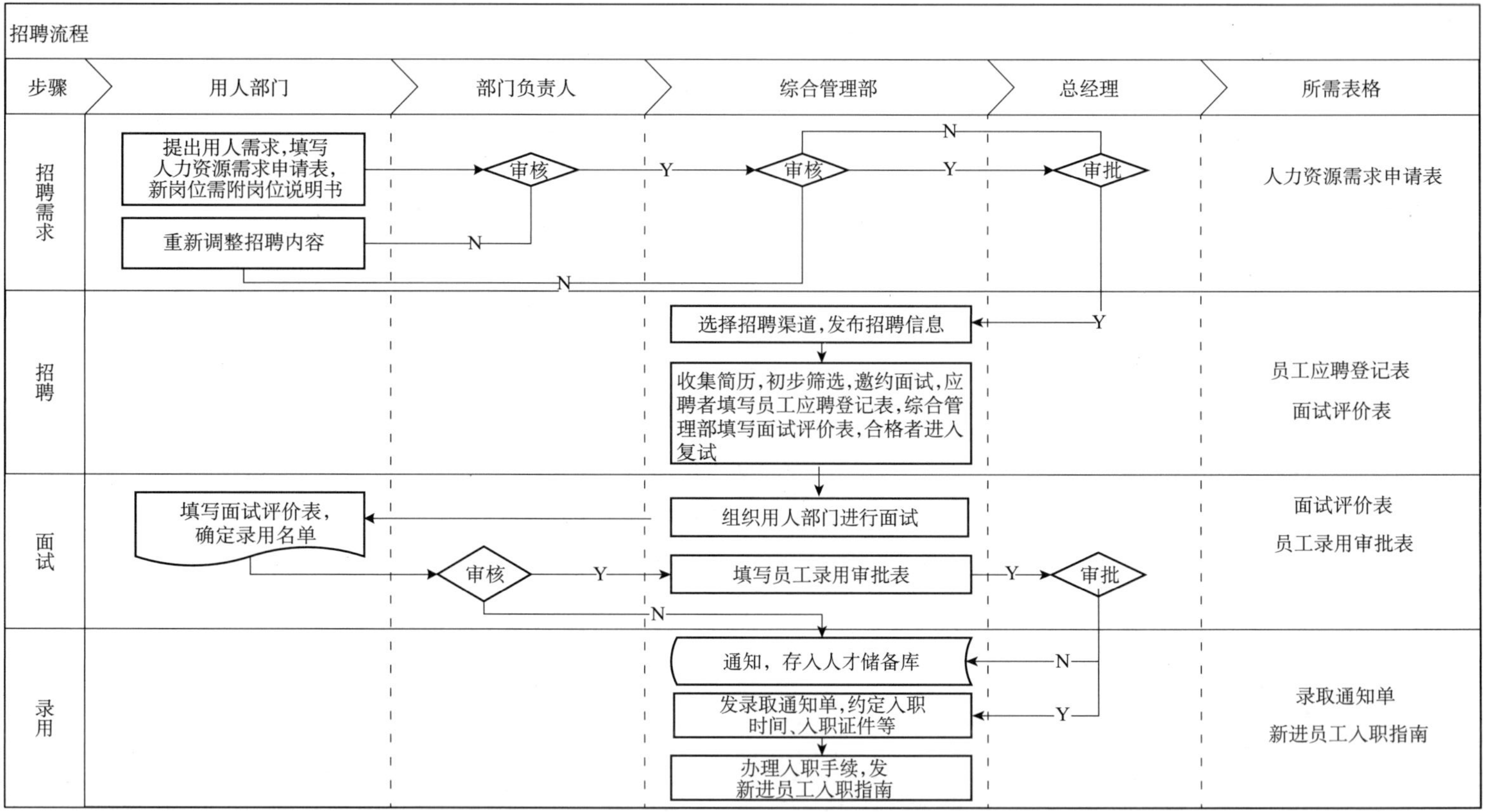

中篇

职业素养提升

第三章
职业目标确立与实施

学习目标

1. 了解职业选择的原则，确定职业目标
2. 了解求职择业应具备的综合素质
3. 制订求职行动计划并实施

导入案例

小林是一名即将毕业的电子信息工程专业学生。在当下，国家大力扶持数字经济与新能源产业发展，众多相关企业纷纷拓展业务、广纳人才。小林身边不少同学受高薪诱惑，跟风投身热门的互联网行业，小林的父母也希望他能进入一家知名互联网企业，获取高收入的工作。受此影响，小林不顾自身对电子信息领域的热爱以及在专业学习中积累的优势，毅然将求职目标锁定在大城市的头部互联网企业。

在求职过程中，小林全力投递互联网企业的岗位，却因缺乏相关专业知识与实践经验，在简历筛选阶段就屡屡碰壁，始终未能获得面试机会。与此同时，他对学校组织的与电子信息领域相关的招聘会、企业宣讲会兴趣缺缺，错失了诸多与专业匹配度高、发展前景良好的岗位机会。随着毕业时间临近，就业竞争愈发激烈，小林仍未找到工作，陷入了焦虑与迷茫之中。

分析：如今，新兴行业蓬勃发展，传统行业加速转型，面对眼花缭乱的职业选择，毕业生们困惑重重。哪些新兴专业蕴含巨大潜力？如何才能进入心仪的世界 500 强企业或国企？管理岗位与技术研发岗位，究竟该如何抉择？若所学专业在就业市场上竞争激烈，又该如何破局？大型企业与小微企业各有何优劣？倘若同时收到知名民营企业 A 与大型国有企业 B 的录用通知，该如何权衡？这些问题成为横亘在毕业生面前的一道道难题。

在个人职业生涯规划里，职业目标占据核心位置，它贯穿我们的整个人生旅程。从儿时起，我们便怀揣着对未来职业的美好憧憬，在成长过程中，由于学习经历、性格特点、家庭环境等内外部因素的影响，我们不断调整、修正最初的职业目标。但这些目标有时可能脱离实际，或者与自身真正的需求相悖。当大学生即将告别校园、步入社会时，一份契合自身的职业，不仅仅是实现人生价值的重要载体，更是迈向成功的基石。需要明确的是，职业目标绝非仅仅局限于一份简单的工作，它涵盖了个人的职业理想、发展路径以及对未来生活的规划。

确立职业目标，需要综合考量个人的内因与外因。内因包含个人的价值观、专业技能、性格特质、兴趣爱好等，这些因素决定了我们在职业道路上的核心竞争力与内在驱动力；外因则囊括人脉资源、经济状况、家庭期望、企业文化以及劳动力市场的供求关系等，这些因素会对我们的职业选择产生重要影响，甚至在某些情况下起到关键的制约或推动作用。

第一节 职业选择的原则和定位

一提到职业选择，人们最开始想到的都是匹配论。不论是从荣格人格分类中发展出的 MBTI 还是霍兰德的 SDS 六角形模型，它们所讲的都是匹配。1909 年美国波士顿大学教授弗兰克·帕森斯在其名为《选择一个职业》的著作中提出了人与职业相匹配是职业选择的焦点的观点。他认为，个人都有自己独特的人格模式，每种人格模式的个人都有与其相适应的职业类型。他明确阐明了职业选择的三大要素和条件：（1）应该清楚地了解自己的态度、能力、兴趣和其他特征的优势和局限；（2）应该清楚地了解职业成功所需要的能力、素质、性格和机会；（3）上述两个条件的平衡。在职业的选择上，什么样的工作才是“匹配”的？看看我们身边的人，多少人当初并没有选择到合适的职业，但若干年后，他似乎变得越来越适合那个职业了。同样的，有些人的兴趣、性格都适合某一职业，但若干年后，他依旧没做出什么成绩。

“生涯适应力”的概念，是由美国资深学者萨维茨卡斯在其生涯建构理论中所提出的。它是指个体在应对各种工作任务及角色转变过程中自我调节的准备状态及社会资源，体现了个体在生涯发展过程中应对社会和职业挑战时的核心能力。

在当下的职业生活中，企业不再像原来那样固定每个人的工作职责，而是要求每个人都能够发挥活力（把每个人的主观能动性发挥出来）。在职业发展中，个人求职目标定位和策略对于求职成功与否至关重要，对于日后个人职业生涯发展也具有重要影响，许多人投出简历后就连连碰壁，导致一错再错，都是在这个最根本的问题上出了偏差。

一、职业选择的原则

关于职业和人生方向的选择，它对于个体来说不仅具有经济和社会地位的含义，也是展现自身价值、实现人生理想的舞台。人在职业上真正确定所要努力的方向后，内心才会逐渐产生满足感和幸福感。这种安全感体现在职业选择上，就是一种安心的内在心理感受，可以说是每个人对于自己所从事的职业的一种心理归属感和安身立命的自我存在感。

（一）知识与工作的持续性

“学以致用”是大学生就业的一个重要原则，但大学生在就业过程中往往会遇到“专业不对口”的情况。第一，有些专业设置的分类过细，社会对这种细化专业的需求量是有限的，实现真正的专业对口有一定难度。第二，大学生在校期间所学的主要是基础知识和初步的专业知识，与实际应用还有一定距离。同时，任何知识都是要逐步更新、发展的，今天学到的新知识，明天随着科技的进步、社会的发展就有可能过时。第三，边缘科学、交叉学科的广泛兴起，需要求职者有更广博的知识面，仅凭所学的专业知识是不够的。所以，大学生在学好专业知识的同时，要努力拓宽自己的知识面，以适应社会对复合型人才的需求。

一个好工作一定是把自己的“所学”充分利用的。我们大学的教育投资很大程度上压在了专业学习上，但专业的不恰当抉择注定了会造成诸多的不喜欢、不适合、不匹配的情况。所以，我们这里的所学指的是你喜欢的、想要在此方面长远发展的专业知识，可能来自你所学的专业，也可能是你自己私下所学的。

（二）工作与兴趣的趋同性

如果一个人在他喜欢的职位上工作，他的能力、潜力就可以得到最大限度的发挥，成功、成才的可能性也就更大。兴趣才是最好的老师，才可以产生不竭的动力和激情。所以，和自己兴趣趋同的工作才是好工作。

目前很多大学生的悲哀在于自己喜欢的工作没有得到，却长久地做着自己不喜欢的工作，而且没有马上转换的意向。这种现象是由很多大学生在择业时迫于生存的压力、准备匆忙和忽略内心的价值所导致的。

（三）能力对工作的胜任性

一个好工作一定是在能力和潜力范围内可以胜任的。大学毕业生中目前存在的一个现象是能做的工作不想做，想做的工作不能做。这实际上反映了对自身的不了解，不知道自己的优势、专长在哪里，不知道自己的能力、潜力在哪里。

为什么很多企业在招聘人才的时候，明确规定要5年工作经验、10年工作经验等等类似的工作经验要求呢？因为工作时间通常意味着与之匹配的能力等级。工作年限越长，往往也意味着能力越强，这二者之间是一种正相关的关系。在分析自我得当的情况下，如果所做的工作你不能胜任，原因可能是你还不够勤奋，或是你抉择失误，但多数情况下是因为你不了解自己而导致选择了不恰当的工作。了解自己一方面是通过职业测评、别人评价等外在手段来诊断自己，另一方面是深刻地自我反省和分析，两者相结合是可以判断出自己的优势能力范围的。还要强调的是，在正确抉择的基础上是可以通过理想或压力来有针对性地挖掘出适合目标工作的潜力的。

（四）知识结构的提升性

某同学在面试的过程中，所有关于具体操作层面的问题，他都能够对答如流，但上升到系统层面及顶层设计的问题时，他的脑子就一片空白。高校毕业生往往遇到同一个问题：在操作层面，流程和方法基本能够完全掌握，但从更高一层的角度去看待问题，往往不知道如何下手。身在职场，不同职位等级的人，所做的事情是不一样的，他们所具备的眼光与思维模式同样也有差别。不同职位等级的人，分别负责不同高度的工作，各司其职，这也是团队协作的意义所在。同样，不同职位等级的人，也存在不同的知识结构。职位等级越高，你看问题的眼光和思路就越宽阔，你的整体知识结构层次也要向上发展和突破。你积累的厚度，将最终决定你未来的发展高度。

与此同时，一个好工作一定是和职业理想一致的，有直接关系的。好工作是可以为实现职业理想奠基的，是职业理想要求下的一个进阶手段。我们工作的最终目的是实现内心的价值追求——理想的达成。所以，不要为了工作而工作，而要为了实现理想去抉择工作。

二、职业定位

我们每个人都是新时代的建设者，同时又被整个时代的洪流裹挟着前进，所以要想获得好的职业发展，就必须把握好时代机遇。如何做呢？一是找到自己的优劣势，寻找适合自己的职业类型。每个人都有不同的特征，而这些特征代表了不同的优劣势，不同的优劣势也代表着我们在职场中适合什么类型的工作。比如，从事技术类岗位的人，一般需要有较强的逻辑思维能力、需要能够沉得下心来。二是选择行业时，要结合当下的外部宏观环境。随着经济的发展，产业结构已经发生了翻天覆地的变化。如农业和工业逐渐实现自动化，越来越多的岗位被机器替代，未来对于劳动力的需求可能会进一步缩减。时代有更迭，行业也有周期，我们要想抓住职业发展的机会，必须选对行业。一个行业从开始出现到逐渐兴盛，再到稳定成熟，进而衰退，是自然规律。处于上升期的行业，一般处于行业发展中早期阶段，人才相对需求比较大但供给不足，这时候入行门槛较低，而且为了吸引人才，企业提供的薪酬也会比较可观。如何了解某个具体行业未来的发展趋势呢？首先，罗列出通过搜集资料得到的，未来十年有不错发展前景的行业；其次，通过招聘网站的报告，或者搜索相关岗位，了解这个行业的相关公司、薪酬、招聘要求等；最后，研究行业报告，了解其未来的市场空间、目前主流公司及分布、人才缺口等，找到合适的切入点。

新时代大学生的就业观念正在悄然发生变化。他们在就业选择上相对独立、更加自我，尤其看重是否有符合自己兴趣的成长空间和发展前景；不仅重视“硬福利”，还特别重视弹性工作时间、学习培训机会、带薪休假等“软福利”；在就业地域的选择上，不再一味局限于一线城市，而是更加看重自我的初心和定位，要工作更要生活。

现在，生活成本相对较低、就业机会不断释放的新一线城市最受高校毕业生的青睐。

虽然现在提倡大众创业、万众创新，但是事业单位 / 行政机关岗位竞争指数依旧力压其他性质企业。从 2019—2023 年的数据（见表 3-1）来看，国家公务员考试报名总人数在 2019 年后连年上升，录取人数与报名人数呈正相关关系，录取人数越多，报名人数越会跟着“水涨船高”。从整体而言，国家公务员考试招录规模自 2019 年国家机构改革后呈现出稳步上升的趋势，报录比逐年降低。

表 3-1　2019—2023 年国家公务员考试报录情况汇总

年度	报名人数（万人）	录取人数（万人）	报录比
2023 年	259.77	3.71	1.42%
2022 年	212.30	3.12	1.47%
2021 年	151.19	2.57	1.70%
2020 年	139.58	2.41	1.73%
2019 年	92.00	1.45	1.59%

大学生选择今后从事的职业，打算在某一行业发展，必须在“知己”的前提下，充分“知彼”，也就是了解职业对人的综合素质的要求，了解职业的相关信息，包括职业的内容、职业的环境、职业的前途、职业所需要的职能训练等。美国麻省理工学院的教授阿姆斯特朗将职业定位划分为以下五类，看看你属于哪种类型：

1. 技术型

持有这类职业定位的人出于自身个性与爱好考虑，往往并不愿意从事管理工作，而是愿意在自己所处的专业技术领域发展。

2. 管理型

持有这类职业定位的人有强烈的愿望去做管理人员，同时经验也告诉他们自己有能力达到高层领导职位。

3. 创造型

创造型工作，并不是指工作需要很强的创造力，而是指工作中有很多事情，并不能按部就班地解决，必须有针对性。持有这类职业定位的人需要建立完全属于自己的事业，或是自己的公司，或是能反映个人成就的私人财产。

4. 自由独立型

有些人更喜欢独来独往，他们并不愿意在组织中发展，宁愿做一名自由工作者，独立从事某行业或是与他人合伙创业。

5. 安全型

有些人最关心的是职业的长期稳定性与安全性，他们为了安定的工作、可观的收入、优越的福利等付出努力。

你必须弄清楚自己的知识水平、专业特长、兴趣爱好、身体素质条件和心理承受能力等，并进行全面的分析，看看你适合哪一种职业类型。

第二节 确定职业目标

当人们的行动有明确的目标，并且把自己的行动与目标不断加以对照，清楚地知道自己的行进速度和与目标的距离时，行动的动机就会得到维持和加强，人们就会自觉地克服困难，努力实现目标。大学生如果能够提前设定目标，并按照目标的具体要求采取适当的方法去培养、提升自我能力，在毕业时就能更加顺利地找到满意的工作。

目标管理是著名的管理大师彼得·德鲁克（Peter Drucker）于1954年在其名著《管理实践》中最先提出的。德鲁克认为，并不是有了工作才有目标，而是相反，有了目标才能确定每个人的工作。职业目标在人们的职业生涯中起着调节和指南作用。要集中在某一领域发展，而不是“多元化发展”。有些同学在校时实习经历涉足很多领域，学习了很多领域的知识，博而不专，虽然表面看起来什么都懂，无其不知无其不晓，但在最终求职时，在每一项能力上都没有很强的竞争力。若在职业目标上摇摆不定，用人单位不敢委以重任；若经常换工作，求职时朋友们也不敢积极相劝。要想在未来的职业生涯中获得成功，首先必须确定自己的生涯目标和契合实际的职业定位，再把目标分解，制定合理的职业生涯规划，并付诸行动。

职业目标的确定并不是一蹴而就的，而是每个人对自我和社会进行认知并实践的过程。只有对自我和社会有较充分的了解，才能找到适合自己的职业目标。

一、设立目标的 SMART 原则

我们讨论职业目标应该围绕这个问题展开：“从长期来看，我到底想过一个什么样的生活？”也就是我们通常所说的“人生目标”是什么。职业目标的本质是对未来的预判。首先，我们可以畅想一下自己30岁、40岁、50岁时的生活状态，把个人的人生目标和职业目标匹配起来。对自己的职业兴趣、性格、能力等进行全面认识，清楚自己的优势与特长、劣势与不足。其次，职业具有自身的区域性、行业性、岗位性等特点。要对目标职业所在行业的现状和发展前景有比较深入的了解，比如了解清楚人才供给情况、平均工资状况等。最后，要了解自己的能力与职业要求的差距。你可能会有多个职业目标，你需要根据自己的特点仔细地权衡选择不同目标的利弊得失，还要根据自己的现实条件确定达到目标的方案。

在制定目标时被普遍应用的是 SMART 原则，SMART 由该原则的五个具体要求的首字母组成，这五个具体要求分别是：

- **S（specific）：具体的，明确的，不能含糊不清。**

用具体的语言清楚地说明要达成的行为标准。具有明确的目标几乎是所有成功人士和成功团队的一致特点。很多团队（人）不成功的重要原因之一就是目标定得模棱两可，或没有将目标有效地传达给相关人员。

- **M（measurable）：可以量化的，能够明确评估。**

它就是指目标应该是明确的，而不是模糊的。应该有一组明确的数据，作为衡量是否达成目标的依据。如果制定的目标没有办法衡量，就无法判断这个目标是否达成。

- **A（achievable）：可实现性，同时具有一定挑战。**

目标是可以通过努力实现、达到的。目标应该高于现状，但又是跳一下能够得着的。假如一个没有做过软件开发的应届毕业生，定下了“我要在一个月内成为 C++ 专家”这个目标，那这可能就是一种不切实际的表达。更接地气的目标是：“我要在 3 个月内掌握 C++ 基本语法、虚函数、标准库常用容器。”

- **R（rewarding）：有意义，有价值，积极的，服务于某个大目标。**

一个目标只有在和人生愿景相关联时，才有实际意义。这种关联性，可以通过短期目标与中期目标关联、中期目标与长期目标关联、长期目标与人生愿景关联这种递进的模式来保障。而实际上还有一种自上向下设计的方法（从人生愿景分解出长期目标、从长期目标分解出中期目标、从中期目标分解出短期目标）来保障关联性。

- **T（time-bound）：有明确时间限制的。**

目标是有时间限制的。例如，2018 级某同学计划在 2021 年 12 月 31 日之前参加 5 场校园招聘会，当场递交 30 份简历。那么，2021 年 12 月 31 日就是一个确定的时间限制。没有时间限制，很可能导致目标无法实现。

二、职业目标的分解及组合

有明确的目标只是第一步，分解目标形成计划并执行，任务更为艰巨。在现实中，我们做事之所以会半途而废，往往不是因为目标难度较大，而是因为觉得成功离我们较远。假如你的目标是沿着中轴线参观中山陵，那么可以把每 8 级台阶看作一个小目标，爬完 392 级台阶也就是完成 49 个小目标后，就可以到达祭堂，开始参观。所以说，仅仅有目标是不够的，还需要对目标进行详细分解及组合（例见图 3–1）。

职业目标包括人生目标、长期目标、中期目标和短期目标，它们分别与人生规划、长期规划、中期规划和短期规划相对应。一般说来，短期目标服从于中期目标，中期目标服从于长期目标，长期目标又服从于人生目标。短期目标十分重要，短期目标的设定是否合理，决定着中期目标和长期目标是否可以实现。

如何为自己设定一个合理的职业目标呢？你可以思考这样一个问题：十年后，你希望自己是什么状态？然后按照表 3–2 去填写自己的目标。

高校毕业生小芳为自己规划：10 年后，年薪税后 100 万元，世界 500 强企业总监岗位，带领 50 人左右的团队，在一线城市有一套价值 800 万元的房产，有一辆 30 万元左右的车，结婚并有一个孩子。除法定节假日之外，每年有 15 天的休息时间，可以旅游两次。根据这样的规划，我们就可以分析：小芳要想实现

- 目标分解
  - 按时间分解
    - 大一的目标
    - 大二的目标
    - 大三的目标
  - 按性质分解
    - 学业规划目标
      - 专业学习成绩优良
      - 与总目标相关的学习成绩优良
    - 生活成长规划目标
      - 身体健康
      - 心理健康
      - 学会理财
      - 学会时间管理
      - 人际沟通能力强
    - 社会实践规划目标
      - 积极参与社团活动
      - 实习成绩优良
      - 认识社会与职业

图 3-1　某同学大学期间的目标分解与组合

表 3-2　职业目标规划表（10 年后）

	What	Why	How
你的收入			
你的职位级别			
你所在的公司规模			
你所带团队规模			
你的工作性质			
你每年的假期			
工作压力			
家庭状态			
资产状态			

这个目标，就需要在毕业 8 年左右的时候实现年薪税后 80 万元，在毕业 5 年左右的时候达到年薪 50 万元，而在毕业 3 年左右的时候达到年薪 30 万元。于是，我们就能够把目标的时限进一步缩短到 3 年，去进行 3 年目标的规划和分解。

当我们确定职业目标后，把大目标分解成小目标，具体到每一年、每一个月、每一周、每一天去做些什么，我们的方向会更加明确，执行力也会跟着变强。所以，在制定目标的时候，我们应该把职业生涯的最终目标，分解成一连串的短期目标，若干个短期目标指向中期目标，若干个中期目标又指向长期目标，最终指向人生目标。这样的话，只要我们坚持下去，我们职业生涯的最终目标也一定能够最终“梦想着地”。但需要注意的是，随着我们个人的进步和发展，我们的眼界和目标也在变化，要多综合考虑社会因素和自身特点，适时调整、修正，这是个持续地优化目标的过程。

在校大学生由于知识结构在不断完善中，就业观念变动较大，因此需要灵活地确定职业生涯目标，制定可实施的未来发展目标、学习目标、学年目标、学期目标等。在制定学年目标的同时，还可以细化自己的短期目标，比如：制定上学期目标和下学期目标，按假期来制定暑假目标、寒假目标，等等。此外，还可以按内容来制定社团实践目标、兼职目标、实习目标等。对目标的制定最好能够根据所学专业特点与自身性格、兴趣、能力等因素的匹配程度，按照所处学习阶段来进行。总之，目标的制定一定要考虑可行性。如果目标过于宏大，难以实现，就可能落在纸面上成为一纸空文。

第三节 求职择业应具备的综合素质

现代社会对人的素质的要求越来越高，尤其是对大学生的专业能力和素质提出了许多新的、更高的要求。求职者需要能够根据职业和社会不断发展的具体要求，将已有的知识科学地重组，形成合理的结构满足实际需要。

一、职业素质

职业素质指专业知识、专业技能和通用能力等与职业直接相关的基础能力和综合素质，是满足职业生涯需要的一种特定素质，也是劳动者在一定的生理和心理条件基础上，通过教育、劳动实践和自我修养等途径而形成和发展起来的，在职业活动中发挥重要作用的内在基本品质。无论从事何种职业，都必须具备一定的思想道德素质、科学文化素质、生理素质和心理素质等，只有如此才能满足知识经济时代社会竞争激烈、人际交往频繁、工作压力大等特点的要求。

（一）专业知识

专业知识的学习在专业能力中占有重要的地位，是专业能力的基础和依托。

1. 知识体系建构

区分出什么知识是工作所必需的，什么知识是进一步提高工作能力所需要的，从而有目标、分批次地对知识进行储备。

2. 知识分类管理

使专业知识凸显重要价值，使相关知识充分发挥积极辅助作用。

（二）专业技能

专业技能是指依据专业培养目标，通过一定的实践训练，使学习者熟练掌握的专门技术及运用能力，可以分为基础技能和专项技能。

毕业生所学的专业知识、解决专业问题的能力及相关专业证书均侧重于专业与行业、岗位的匹配，不同行业、岗位对从业者的技能掌握有着不同的要求。比如工程技术岗位对专业与岗位的匹配要求很高，几乎是非本专业毕业生不招；教师岗位要求有表达技能、书写技能、信息处理技能以及应用现代教学媒体的能力等，教师资格证是从业人员的必备专业证书；公务人员需要有沟通能力、组织管理能力、文字书写能力、计算机管理能力等。

（三）通用能力

通用能力即可迁移能力，是人们在参与社会活动的过程中，自我形象的设计和自我角色的认定能力。它是大学生应有的“基本能力”，是能应用于各种情境中的能力。良好的通用能力是个人事业成功的基础，是大学毕业生求职成功的“金钥匙”。从某种意义上说，通用能力有时比专业能力更为重要。

一个人在职场中要获得成功，关键不仅在于他的专业能力，还在于他的通用能力。通用能力主要包括表达沟通能力、人际交往能力、创新能力、团队合作能力、组织管理能力、时间管理能力、情绪管理能力等。

（四）优化知识结构

1. 自觉培养兴趣——优化知识结构的开端

在学习上，兴趣表现为强烈的求知欲，它是推动学习的重要心理特征之一。求职者在建立自己的最佳知识结构时，不仅要权衡自己的所长和所短，而且要逐渐培养对所学专业的兴趣和爱好。同时，要把个人的兴趣、爱好与国家的需要和客观条件尽可能地统一起来。这样，才能积极主动而且心情愉快地学习，去构建自己的知识结构。对于这一点，郭沫若曾强调：兴趣爱好有助于天才的形成，爱好出勤奋，勤奋出天才。兴趣和爱好是可以培养出来的，有时候放弃自己原来的兴趣和爱好，也可以培养出新的兴趣和爱好。郭沫若就是这样做的。为了革命事业，他放弃自己原来的兴趣和爱好，毅然从医学转向文学。结果他不仅为中国革命事业做出了卓越的贡献，文学上也取得了非凡的成就，在我国现代文学史上建造了一座丰碑。大学生应该以老一辈为榜样，把社会需要与个人成才统一起来，树立为现代化事业献身的思想，积极培养对所学专业的学习兴趣，在满怀兴趣的状态下去开垦新的园地，建立合理的知识结构。

2. 充实基础知识——优化知识结构的基石

大学生应该主动掌握高新科技，提高创造能力，进入所学领域的前沿，以顺应当代科技的迅猛发展。但是，万丈高楼起于基石，树木根深方能叶茂。掌握高新科技首先要打好基础。基础科学在全部科学知识中最稳定、持久、不易老化，使用领域广、使用频率高、覆盖面大，是根底之学。没有深厚牢固的基础，难以建筑起宏伟的高楼大厦。科技越发达，行业岗位越多，越向尖端高级发展，越需要厚实的基础。创新的基础是继承，只有站在巨人的肩上，才能攀登科技高峰。打好底子、练好基本功是大学生优化知识结构的关键。许多学识渊博、基础雄厚的大科学家，在钻研高深科学的过程中，往往发现基础知识仍然不足，不得不返回头来补底子。可见，坚实基础在成才过程中具有重要意义。

俗话说："为学要如金字塔，要能广大要能高。"要做到广大，就应充实基础知识。因此，大学生要善于从自己的实际出发，有目的、有计划地掌握新型人才必备的基础知识，为日后创造佳绩打好深厚扎实的基础。

3. 专通结合，通中求专——优化知识结构的目标

对于大学生建立合理完善的知识结构而言，通是专的基础，专又能推动通的延伸。专而不广、"单打一"，把自己的思维和学识禁锢在狭小的天地里，在我们的现实生活中并不少见。正如物理学家杨振宁、李政道多次指出的，知识面狭窄是我国青年的一大缺陷。因此，大学生在建立合理的知识结构时，要做到：广博而不能失去方向，要以知识的广度达到知识的深度，要通中求专，无专之通无益而有害；而专深又不能"单打一"，钻牛角尖，窄化领域不等于窄化视野，不通未必能专。专和通互相依存、促进，互相制约、转化。研究领域要专，了解领域要通。要既是自己领域的专家，又对邻近领域有十分正确的、熟练的知识。要既适应科学的高度分化，是个专才，又适应科学的高度综合，是个通才，纵向成才和横向成才相结合，求得具有最佳专通比的知识结构。

4. 磨炼坚韧意志——优化知识结构的必备素质

所谓意志，就是为实现一定的目的并根据这个目的调节、支配自己活动的心理状态或心理过程。任何一项工作必须有意志的支持，才能获得成功。大学生汲取人类知识宝库的营养，构建合理知识结构的活动是一个艰苦的脑力劳动过程，也必须有坚韧不拔的意志，才能持之以恒、长年累月地坚持下去。学习的坚韧意志不是每个大学生都有的，但每个大学生都可以通过努力获得，关键在于其是否有意识、有目的地进行培养和锻炼。

培养坚韧的意志品质，自觉地控制和约束自己的行动，抑制不需要的情绪和想法，首先要培养抗干扰的自制力，使思想的光束集中到知识的建筑上。其次要培养不怕困难的毅力。求知的困难来自书中，知识王国是险阻丛生的；求知的困难也来源于生活，人生道路是坎坷不平的。北宋著名的政治家、文学家王安石曾以进山洞游览为喻："世之奇伟、瑰怪、非常之观，常在于险远"，"入之愈深，其进愈难，而其见愈奇"。同样道理，大学生在建立合理知识结构的征途中，不可避免地会遇到各种困难，只有在毅力支持下尝遍苦滋味，才能领略到知识的甘甜。最后要培养坚持不懈的恒心。学习的意志还表现为求知的恒心。法国昆虫学家法布尔说过：学习这件事不在乎有没有人教你，最重要的在于你自己有没有觉悟和恒心。恒心即坚持性，是指在执行决定时坚持到底。为了顺利地学习，构筑知识结构，以便成才、成就事业，大学生在学习中必须持之以恒、坚韧不拔。

5. 按需定向调整——保持优化的知识结构

知识结构如同宇宙万事万物一样，都具有运动性。大学生要保持知识结构的最佳状态，就要根据形势发展的需要经常进行"定向调整"。所谓定向调整，就是紧紧围绕选定的目标充实和积累知识，调整知识结构。书到用时方恨少，用时才会发现自己知识的不足。无数实践证明：围绕目标积累知识，是更有效的积累；围绕目标调整知识结构，是最有效的调整。最佳的知识结构，本身具有一种内在的转换能力。因此，大学生在学习过程中，要及时掌握信息，寻找新知识、新方法；及时调整自己的知识结构，从有关报纸、杂志中去掌握本学科在国内外的新动向、新思想、新成就，并根据自己的具体情况，建立独具特色的知识结构，扬长避短，使所学知识具有新颖性、时代性，站在知识的最前沿。

二、个人素质

个人素质，是人的活动的主观条件和内在根据，是人才质量或品质的代名词。

（一）思想素质

大学生应具备的基本思想素质，包括政治思想素质和道德品质素质。

1. 政治思想素质

政治思想素质是一个人的世界观、人生观在阶级问题上的体现。在现阶段，就是人们对社会主义国家、民族、人民的利益，以及对自己所从事的工作、事业所持的基本态度。

2. 道德品质素质

从当前社会的要求和求职者自身的素质来看，大学生应从以下两个方面加强道德品质的修养。

第一，社会公德。人类作为一个社会群体而存在，人与人之间存在着普遍的联系。这种联系要求这个群体中的每一个成员都为维护社会正常运行而共同遵守一些最起码、最简单的公共生活准则，这就是社会公德。社会公德的内容随着社会的进步而不断得以完善。

第二，职业道德。职业道德就是从事一定职业的人在其特定的工作或劳动中所应当遵循的行为规范的总和。各行各业根据自己的特点，在社会实践中逐渐形成一些公认的衡量职业活动好坏的标准，如：教师的职业道德是热爱教育，甘为人梯；医务工作者的职业道德是救死扶伤，践行人道主义；等等。

社会对求职者的思想素质的要求是：首先，欢迎思想素质较高的求职者。正如某用人单位所说，“求职者必须德、智、体全面发展，其中德是第一位的”。其次，欢迎有事业心和责任感的求职者。有些用人单位认为，对求职者最起码的要求是有事业心和责任感，就是要把心放在事业上，要有与单位同甘苦、共患难、荣辱与共的思想。实际上，一些求职者身上有两大致命弱点：一是怕吃苦，二是缺乏实践。

（二）身体素质

身体素质是人的素质结构中最基本的素质，是人的其他素质得以存在的基础。大学生的身体状况对其成长、就业和日后的职业发展至关重要。如果没有良好的身体素质，就难以适应激烈的竞争、承担繁重的工作任务。

良好的身体素质的要求是：必须具备健康的身体和健康的生理机能；具备良好的生活习惯、体育锻炼习惯，有一定的保健知识，有良好的卫生常识和习惯，保持旺盛的精力；有较强的毅力、耐力和适应艰苦环境、恶劣气候的能力；有个人的体育爱好和特长。

（三）心理素质

一名青年报考了一家很有名气的大公司，他信心满满，结果却落选了。收到通知后他难受得连续几天不吃不喝，最终选择了自杀，幸好被家人及时发现救了一命。恰在这时，传来了好消息，原来他并没有落选，而是工作人员工作失误，登记录取名单时遗漏了他。这家公司在得知他自杀未遂的消息后，又将他从录取名单中删除了，负责人说：“这名申请者连一点小小的打击都不能承受，我们怎么能期望他在岗位上做出卓越成绩呢？”从这个事例中我们可以看出，要想获得理想的职业，除了必须有较强的职业能力以外，还必须具备良好的心理素质，特别是对挫折的耐受力。

良好的心理素质的表现是：具有顽强的意志力，经得起成功和失败的考验，有高度的自尊心和自信心，自立自强；有高度的自制力，情绪稳定，情感专一；对自我及周围的世界能做出理性的认知，并能与所处的环境有机地融合；有健全的人格，能以自己高尚的人格力量感召环境；对生活充满激情，善于交往；能较好地做到心理调适，并保持心理平衡。

（四）文化素质

它是指人们对自然科学、人文社会科学、文学、美学、艺术等人类文化各种基本知识和常识的认识程度和掌握情况。求职者需要博学多才，拥有广博的知识和较高的文化素质。总之，文化素质是各种文化基本知识的综合反映，是各种文化基本知识在一个人身上的外化，它对人的社会态度、举止言谈、气质风度、情感立志、思维方法、价值尺度都有重要的影响。

第四节 求职行动计划的制订和实施

在明确自身的职业生涯目标，并初步拟定短期及中长期目标后，落实目标的具体举措就成为关键所在（可借助如表 3-3 所示的表格制订求职行动计划）。没有切实行动，目标便难以达成。求职准备开启得越早，素质能力的培养与积累周期就越长，在最终求职阶段的选择空间也就越大。随着对目标认知的逐步深入，新想法会不断涌现，视野的拓宽也会带来新的机遇。此时，就需要我们依据实际情况，及时对某个阶段性目标的实施路径进行修正，或者根据客观现实需求，对理想的发展目标做出调整，持续对职业生涯目标开展评估与优化。

表 3-3　求职行动计划的制订

序号	行动内容	完成日期	备注
1			
2			
3			
4			

大学生若能于在校期间提前锁定目标，依照自身职业目标以及用人单位选拔新员工的标准，尽早开展相应素质与能力的培养提升，那么在求职时将更顺利地觅得满意工作。

一、制订求职计划的原则

（一）实事求是，设定目标

当察觉到自身对职业前景存在困惑，并决心采取行动解决时，首要步骤便是设定目标，确立一个能够为之拼搏 5 年、10 年甚至更久的长远目标。清晰明确的目标，能让职业成长聚焦于一个核心点积累经验，而这种日积月累的经验沉淀，正是日后升职加薪的有力筹码。尽管经验与能力并非完全等同的，但缺少经验积累，能力提升也将举步维艰。例如，当前国家大力扶持数字经济产业，若一名对该领域感兴趣的大学生，通过自我评估，明确自身在数据分析方面存在优势，进而将目标设定为成为一名优秀的数据分析师，围绕这一目标去学习专业知识、参与相关项目实践，积累的经验将使其在就业市场中更具竞争力。同时，要密切关注国家政策导向，像国家鼓励大学生投身乡村振兴，若目标设定与此相关，在积累经验的过程中，还能享受到政策扶持带来的诸多便利。

（二）了解自己，切实可行

精准的自我认知与评价是制定个人职业规划的基石。一方面，个人职业目标必须与自身能力、特质及工作适应性高度契合。只有通过全面深入的自我剖析，涵盖性格特点、兴趣爱好、专业技能、学习能力等方面，制定出的职业规划才更具实现的可能性。例如，性格开朗、善于沟通的学生，可能更适合销售、市场推广等岗位；而逻辑思维严谨、擅长钻研的学生，技术研发、数据分析类岗位或许是更好的选择。另一方面，个人职业目标的实现路径以及获取职业成功的道路，需充分考量周围客观环境与条件的限制。如今，各地政府纷纷出台人才引进政策，一些城市为吸引特定专业人才，提供住房补贴、创业扶持等优惠条件。大学生在制定职业目标时，可将这些因素纳入考量，选择更有利于自身发展的城市与岗位。

（三）个人目标与行业核心竞争力一致

打造自身行业核心竞争力，便是明确职业目标方向。我究竟想成为怎样的人？这一问题的答案一旦明晰，方向便随之确定。即便前行速度缓慢，也能超越那些在职业道路上徘徊迷茫的人，因为始终朝着既定目标稳步迈进。所谓捷径，就是不走弯路，始终保持直线前行。因为我们借助工作来满足自身职业需求，所以要衡量可能影响职业选择的各类环境因素，确保职业规划在为实现组织目标奋斗的进程中得以实现。以当前热门的人工智能行业为例，若想在该领域崭露头角，需聚焦于算法研究、模型开发等核心技能，将个人目标与行业核心竞争力紧密结合，同时关注行业内企业的发展战略与用人需求，使自己的职业发展与组织目标相协同，从而在行业中站稳脚跟。

（四）修正个人职业规划

可以运用人职匹配、SWOT 分析等方法，深入开展对个人与职业的对比剖析。我们的职业生涯历经职业早期、中期和后期等不同阶段，每个阶段都有独特的职业任务与个人职业特征。应当依据不同阶段的特点，制定与之适配的个人职业目标、需求及实现路径。职业规划并非一成不变的，需依据客观实际情况及其动态变化，持续进行调整、修改与完善，使其切实可行且行之有效。例如，在职业早期，重点在于积累实践经验、提升基础技能，目标可设定为在一年内熟悉所在岗位的工作流程与业务知识；进入职业中期，随着经验与能力的提升，可将目标调整为负责重要项目、带领团队，此时若发现行业发展趋势发生变化，如原本从事传统制造业的人员，面对行业智能化转型，就需及时调整职业规划，学习相关新技术、新管理理念，以适应新的职业需求。

二、求职行动过程中的四个发展阶段

（一）兴奋期

处于这一阶段时，工作热情高涨，但往往盲目性较大，目标设定带有较强的随意性，态度积极却方法随意。在当前的就业形势下，大学生受新兴行业大力宣传、热门岗位高薪诱惑等影响，容易在未充分了解自身与岗位之适配性的情况下设定目标。例如，看到互联网行业火爆，便盲目将目标设定为进入互联网大厂做程序员，却未考虑自身的编程基础与兴趣。此时，应引导大学生冷静分析，结合自身专业、能力与兴趣，借助学校的职业生涯规划课程、企业宣讲会等渠道，深入了解不同职业和岗位，使目标设定更具科学性。

（二）疲劳期

处于这一阶段时，工作激情逐渐消退，遭遇困难时极易滋生惰性，频繁转换目标或降低目标标准。在当前的就业竞争压力下，大学生在求职过程中可能面临多次投递简历无回应、面试失败等挫折，从而陷入疲劳期。以准备公务员考试为例，长时间的备考、激烈的竞争，可能使大学生在复习过程中感到疲惫，产生放弃或降低目标岗位层级的想法。此时，急需引入时间管理与能量管理方法，如制订科学的学习计划，合理分配学习时间，采用番茄工作法等提高学习效率；同时，通过运动、发展兴趣爱好等方式释放压力，恢复精力，保持积极的求职状态。

（三）寂寞期

大多数人在此阶段思想开始动摇，对自身能力产生怀疑，或是质疑目标的可行性，许多人会在这一阶段放弃原本的行动。随着就业形势的变化，一些行业发展遇冷，原本设定相关目标的学生可能会陷入迷茫。比如，传统媒体行业受新媒体冲击，部分立志从事传统媒体工作的学生看到行业发展困境，开始怀疑自身能力与目标的正确性。此时，学校与社会应提供更多支持，如举办行业发展研讨会，邀请专家分析行业转型机遇，引导学生发现新的职业方向，同时鼓励学生参加跨行业实践活动，拓宽职业视野，增强自信心。

（四）收获期

仅有少数持之以恒的人能够抵达这一境界，收获阶段性成功。在当前的就业环境下，那些坚持提升自身能力、紧跟行业发展趋势、不断调整求职策略的学生，往往能在求职过程中脱颖而出。例如，坚持学习新兴技术的计算机专业学生，在面对企业对人工智能、大数据等新技术领域的人才需求时，凭借前期积累，成功获得心仪的工作机会。学校可通过举办优秀毕业生经验分享会等活动，宣传这些成功案例，激励更多学生在求职过程中保持坚持与专注。

课后作业

1. 结合所学专业或自身兴趣，查找并罗列今后就业的目标行业、企业、职位等信息。

2. 找一找你罗列的这些行业、企业、职位的素质要求。

3. 进行“生涯幻游”，畅想你未来的工作情景，并据此制定你在职业生涯发展上的五年目标。在构思你的目标时，运用目标设立的指导原则。你的五年目标是什么？要达到这一目标，你需要经过哪几个步骤？据此设立你在一个月内的短期目标和行动计划。

第四章
就业实务与职场礼仪

学习目标

1. 掌握简历及介绍信的相关知识
2. 掌握大学生笔试的相关知识
3. 掌握大学生面试的相关知识
4. 熟悉大学生求职的相关礼仪

导入案例

小李是一名即将毕业的市场营销专业学生，一心想进入互联网行业从事运营工作。他关注到国家大力推动数字经济发展，互联网企业如雨后春笋般涌现，对运营人才需求旺盛，但竞争也异常激烈。

小李向一家发展势头迅猛的互联网电商企业的运营岗位投递了简历。不久后，他收到了面试通知。面试当天，小李穿着随意，上身是一件休闲T恤，下身搭配短裤，脚蹬一双运动鞋。走进面试会议室，面对三位面试官，小李略显紧张。

面试官请他先做自我介绍，小李的自我介绍虽内容丰富，但语速过快，且逻辑不够清晰，重点不突出，没有精准展现出自己与运营岗位匹配的优势。当被问到对电商运营的理解时，小李回答得较为笼统，只是简单提及通过各种渠道吸引用户、提高销售额，没有结合具体案例阐述自己的见解。面试官又询问他是否有相关项目经验，小李表示曾参与过学校组织的小型线上营销活动，但未能详细说明他在活动中的具体职责和成果。

在面试过程中，小李还多次出现不恰当的肢体语言，如抖腿、频繁摸头发。

当面试官询问他对加班的看法时，小李不假思索地表示不接受频繁加班，全然没有考虑到互联网行业运营岗位的工作特性。

面试结束后，小李自我感觉不佳。果然，几天后他收到了未被录取的通知。复盘此次面试，小李犯了诸多错误。首先，他没有重视面试礼仪，着装不符合职场要求，给面试官留下了不专业的第一印象。其次，在进行自我介绍和回答问题时，没有突出自身优势，对岗位理解不够深入，缺乏对实际项目经验的有效展示。最后，不恰当的肢体语言和对加班问题的不当回答，也让面试官对他的职业素养和岗位适配性产生质疑。

分析：在当前的就业形势下，企业在招聘时更加注重求职者的综合素质，包括专业知识、实践经验、职场礼仪以及对岗位的理解与认同。即使面试官态度和蔼，求职者也不能放松对自己的要求。每一个面试细节都可能影响面试官的评价，求职者必须做好充分准备，掌握简历制作、面试技巧、职场礼仪等就业实务，才能在激烈的就业竞争中脱颖而出。

大学生在明确求职目标后，针对自己希望获得的职位，首先要完成一份有针对性的简历及求职信，同时了解面试的基本流程及面试中可能面临的主要问题，还要掌握顺利通过面试的基本方法。此外，同学们在大学期间就应该注意塑造良好的职业形象，熟悉求职的相关礼仪。

第一节 简历和求职信的编写制作

“工欲善其事，必先利其器。”若说简历是求职者的“武器”，简历制作便是“打造武器”的过程。简历制作能力的高低与个人简历的质量息息相关，成功的简历就是一个营销武器，提供给HR足够的、有用的、关键的信息，向未来的雇主表明你拥有满足特定工作要求的技能。个人简历是求职者学习生活的简短集锦，也是求职者自我评价和认定的主要材料。它是一扇窗户，能使雇主透过它了解到求职者的部分情况，也能激起雇主与求职者进一步接触的浓厚兴趣。若是随便从网上下载一个简历模板敷衍了事，或是一味地追求视觉效果，导致主次信息量失调，无法说明自己是否适合这份工作，不能传达正确的信息，简历再好看也和废纸无异。

一、明确求职目标

明确求职目标是求职的第一步。何为“求职目标”？简而言之，就是在找工作之前首先要明白自己要找一份什么样的工作。细心观察一下不难发现，我们身边的一些同学、朋友在找工作时，常常盲目投简历，不放过每一个招聘信息。结果往往石沉大海或杳无音信。即使有幸找到了一份工作，也不一定是自己想要的。这就是因为没能明确自己的求职目标。

目标职位太多并不一定是好事，反而可能会因为涉猎过于广泛，而被打上“不精”的标签，从而被排斥在面试的门外。解决“最想要做什么”“做什么好”的问题，能帮助我们对自己内心的潜在需求进行分析，并找到自己最具使命感的求职目标。一旦明确了求职目标，就会发现自己拥有无穷的动力。一份理想的职业，应该包括三方面的特点：一是与自己的人生终极目标相一致，这样才会全力以赴、不遗余力。二是与自己的性格、技能特征相一致，这样才能比较轻松自如地做好工作。三是该职业必须能够给自己带来足够的回报，没有相应的经济条件，再高尚的目标都难以坚持实现。

二、准备求职材料

准备求职材料是为了吸引用人单位对自己的注意，求职材料在很大程度上决定了自己是否能够获得进一步面试的机会。这就要求我们在决定应聘之前，一定要准备好必要的求职材料，一般包括以下五类。

（1）学历证明：毕业证书、学位证书等。

（2）相关证明：职业资格证书、英语等级证书、计算机等级证书、其他培训证书等。

（3）必要证件：身份证、学生证、驾驶证等。

（4）个人简历：包括针对所应聘岗位自行设计的，或是按照用人单位要求在线填写的（网申）等。

（5）辅助材料：求职信、导师推荐信、个人作品集、毕业生推荐表等。

三、编写和制作简历

（一）认识简历

简历（resume），是大学生学习生活、实习经历的一个缩影，是有针对性的自我介绍的一种规范化、逻辑化的书面表达。求职简历又称求职资历、个人履历等，是自我推销的工具，是展示求职者的广告，用来展示工作技能以及它们对于未来雇主的价值。对求职者而言，简历可谓找工作过程中的“敲门砖”。

每逢招聘季，用人单位都会收到大量简历，平均下来，HR在每份简历上的停留时间约15秒。在这种情况下，一份措辞得体、排版整洁的简历就显得非常重要。

（二）简历制作格式

1. 制作简历前的自我评估

要回顾个人情况并汇总评估，确保个人简历内容准确并有针对性。简历分为以下几类：

（1）功能型：它强调个人的技能、能力、成绩以及成就，将工作经历、实习经验作为重点，突出自己能胜任该岗位。对应届毕业生来说，它是比较理想的简历类型。

（2）时序型：适合工作经历丰富的人，通过强调工作经历表现出职业成长的过程和所具备的技能。对于没有工作经历的应届毕业生来说，这种类型不适用。

（3）专业型：它强调的是求职者的专业、技术技能，适用于应届毕业生，尤其是那些申请对技术水平和专业能力要求比较高的职位（如研发岗）的应届毕业生。

（4）创意型：这种类型的简历强调的是与众不同的个性和标新立异，目的是表现求职者的创造力和想象力。这种类型的简历适用于申请广告策划、产品经理、艺术设计等职位。

2. 简历的基本框架

简历对于求职者获取初步面试机会极其重要。它一般包含求职者的个人基本信息（姓名、性别、联系方式、民族、籍贯、政治面貌、婚姻状况等），以及教育背景、工作经历、求职意向、荣誉和成绩、自我评价等等。

（1）个人基本信息：个人基本信息是给用人单位的第一印象，目的是在面试前对自己进行最直观的展示。简历中加入真实合适的照片，有助于给用人单位留下更深刻的直观印象。除此之外，必须有姓名、性别、联系方式（固定电话、手机、电子邮箱）等项，这些信息应放在最显眼的地方，能够让用人单位一目了然。而民族、籍贯、政治面貌、婚姻状况等信息则视个人以及应聘岗位的情况，可有可无。

（2）教育背景：按从高到低的顺序列出教育经历中的毕业院校、获得的学历学位、就读时间和专业等信息。若平均学分绩点、综合测评成绩优异或名列前茅，可以特别注明（详细成绩单附后），也可以列出一些对工作有用的辅修课程，以及所参加的各种专业知识和技能培训。

（3）工作经历：工作经历是简历中的重头戏，无论是全职还是兼职，是校园实习还是社会实践，都可以算是工作经历。工作经历包括公司/单位名称、职务、就任及离任时间、职责、工作性质等信息。描述工作经历时，要着重描述自己在工作中所取得的成绩和负责的具体任务，而不是仅仅描述自己的工作职责。当然信息要真实，不要撒谎或是夸大其词。切记不要列入与自己所应聘职位毫不相干的工作经历。有些同学应聘的是研发类的岗位，却把发传单、在超市卖酸奶的兼职放到简历中，这类无法展示技术性的兼职，若跟所应聘岗位无关，不建议放入个人简历。

（4）求职意向。这是简历里非常重要的一项，应放在简历醒目的位置。简历里的内容都应围绕求职意向展开。根据你能为用人单位做些什么来陈述你的求职意向，明确表达你想从事的工作职位名称（例如视觉设计师）。有明确的求职意向能让用人单位更清楚地了解你的需求，在同等条件下，能增加求职成功的可能性。若有多个求职意向，应根据不同的求职意向分别制作简历。

（5）荣誉和成绩。包括“优秀学生”、“优秀学生干部”、“优秀团员”及奖学金等方面所获的荣誉，还可以把你认为较有成就的学科竞赛、科研项目成绩等写上去。

（6）自我评价。一般是概括自己的突出优势、工作态度或座右铭等。表达不能太啰唆，应言简意赅，力求有总结升华的效果。

（7）其他：如外语水平、其他技能、科研成果等，也可附上有关证书的复印件。

总的来说，撰写简历的第一步就是从外观开始符合你的目标职位风格。简历的外观相对于你的目标职位要具有针对性，这样你的简历无论是电子版还是纸质版，都会给人留下良好的第一印象。明确求职意向，用简明扼要的语言展示具体技能、相关经历经验。简历的格式应便于阅读，有吸引力，并给人良好的印象。在简历中要充分展示你的专业技能和特长，强调过去所取得的成绩，最好能写出三种以上的成绩并慎重考虑其排列顺序。

四、简历制作的注意事项

（一）扬长避短，持续优化

HR 因时间关系一般不会从头到尾地阅读简历中的每个要点，因此简历中单列出来的技能部分很难与经验产生联动。确保将你的技术技能放在工作经历板块，而不是单列出来。用人单位喜欢看你在什么场景中使用了什么技能。建议你在每段工作经历结束的地方，加入技能要点，强调你使用的工具，例如 Python、C 语言、JavaScript、PS、Microsoft Office 等。不要写那些对你求职不利的情况，如对薪酬和工作地点的要求等；就是学习成绩也不必一股脑儿全写上，写主要专业课的成绩就可以了，尤其要注意避免写上补考的科目。

大公司的应聘者数不胜数，公司HR在招聘网站上搜索某一关键词时，系统会自动匹配所有与关键词相关的简历，可能是几百几千份，也可能是几万份。也许HR只会关注首页的前几份简历，或者是前几页的简历。至于第10页、第20页及以后的简历，HR可能没精力看，也看不过来。你的简历在HR搜索时是展示在第2页还是第20页？同样在招聘网站上“挂”了简历，为什么别人经常接到HR邀约面试的电话，而你的简历却无人问津？为什么别人可以借助HR主动搜索来给自己增加机会而你却不行？在这里要提到SEO（搜索引擎优化）的概念，它是指通过对互联网信息进行持续优化，来提高某个内容在搜索平台上的排名。只要SEO做得好，当用户搜索某一关键词时，优化后的内容就可以优先展示在结果页的前几页，甚至是展示在首页顶部。同样，大家想提高自己的简历在招聘网站中的搜索排名，也要像做SEO那样去优化简历。通过优化简历，使自己的简历更适合招聘网站的搜索抓取，保证在HR搜索相关关键词时，你的简历可以迅速地被抓取出来，优先展示在页面中比较好、比较靠前的位置。这样你就多了一些被HR关注的机会，也就多了一些被用人单位选中的概率。

（二）简历一定要“量身定做”

要有针对性地投递简历，并在制作简历时，结合应聘岗位，将自己最闪光的地方“秀”出来，比如：应聘对文字功底要求较高的岗位时，可在简历中体现出语言能力；应聘广告设计等岗位，可将简历制作得更有新意；应聘外企的岗位，则需准备外语简历。简历的制作一定要具有针对性，可以根据自身优势，结合了解的招聘岗位信息制作简历，也可以反其道而行之，根据掌握的招聘岗位信息，去匹配自己的能力。在这方面一定要下功夫，用人单位可以透过简历看出求职者是否具备具体岗位所需求的素质与能力。每个人的特点及经历都是不一样的，这就决定了简历不能千篇一律，要具有个性和创意。如果简历没有新意，无法做到“与众不同”，就无法引起用人单位的注意。要注意简历必须突出重点，它不是你的个人自传，与申请的工作岗位无关的事情尽量不写，而对你申请的工作岗位有意义的经历和经验绝不能漏掉。

- 如果打算去“三资”企业，最好准备中外文对照的简历。
- 如果想去民族地区择业，使用民族文字撰写简历效果会更佳。
- 如果想去广告设计类企业，最好能体现出求职者的创意和个性。

（三）内容简洁精练，一页纸足矣

最成功的广告不仅简短而且富有感召力，还能够多次重复重要的信息。个人简历应该限制在一页纸以内，遣词造句要精雕细琢，惜墨如金。个人情况介绍不要以段落的形式出现，尽量运用短语，使语言更加鲜活有力。在简历页面上端写一段总结性的语言，陈述你在求职上的最大优势，然后再在分项介绍中将这些优势以经历和成绩的形式加以叙述。通过 STAR 法、数据化呈现，用数字和百分比来呈现经历或经验。要强调工作目标和重点，多用动词，并且要避免可能导致被淘汰的不相关信息。

- 巧妙使用数字和百分比，营造比较优势。
- 巧妙描述绩效和成果，突出个人能力。
- 巧妙应用黑体和下划线，定位 HR 的注意范围。

（四）确保真实性、条理清晰

简历是交给企业的第一张“名片”，不可以造假，更不可以夸夸其谈。注意组织好个人简历的结构，语言要通俗晓畅，没有生僻的字词。在结构严谨的前提下，把自己的强项突出显示，对弱项进行忽略。简历制作完成后，要仔细检查文字内容和格式，注意排版及字体的规范性，同时注意语法、标点与措辞。最好让朋友帮忙审查一遍，更容易发现错误。不能凭空编造个人经历，尽量提供简历中提到的成绩和能力的佐证资料，并作为附件附在简历的后面。佐证资料一定要提供复印件，千万不要把原件给招聘单位，以防丢失。

（五）整理“成就故事”

所谓“成就故事”，就是人生中的“高光时刻”。它可以是学习、生活、工作中任何一件让你很有成就感、很自豪的事。你可以从这一角度出发，去梳理整个事件的来龙去脉，然后用合适的形式记下来或讲出来。整理“成就故事”是求职中一项非常有意思、有意义的准备活动。它能帮助求职者充分调动记忆力，以生动、具体的方式去梳理、发现自己独特的天赋、价值观、兴趣、专业特长等，进而明确自己的职业能力，找到适合自己的职业发展方向。事实上，比起空洞的套话，面试官更喜欢听求职者的“成就故事”。一个生动、形象的故事，能将求职者的各项能力、个人特质立体地呈现在面试官面前。若求职者把自己“具有团队协作能力”这样的书面语，转化为“我和团队伙伴一起想了 ×××× 方法，共同完成了 ×××× 这项很有难度的任务”，那么面试官能在短时间内将其能力与岗位要求进行匹配，而这也能让求职者给面试官留下更深的印象。

在运用“成就故事”时还需要注意：“成就故事”可以放在个人简历的最后，篇幅不用太长，从而让整个简历看上去详略得当、重点突出。而在面试过程中，求职者介绍自己的个人基本信息、教育背景、工作经历后，就可以围绕应聘岗位的核心要求，有针对性地讲述自己的“成就故事”。在口头表达时还要注意逻辑清晰、论据合理，切忌啰啰唆唆和夸大虚构，实事求是、真诚地讲述即可。

（六）用词规范，选择行业通用词汇和术语

先用某简历中的内容举例。××，应聘淘宝店铺运营，曾就职于××公司，工作职责为：负责在网上发布××产品信息；负责××产品曝光和排名；运用其他途径开发新用户。其实他的第一项工作是与淘宝店铺运营相关的，第二项工作是关键词搜索优化，第三项工作是用社交媒体开发客户。HR在搜索简历时，肯定不会搜索“在网上发布产品信息”“运用其他途径开发新用户”这样的大白话，所以这一简历被搜索到的可能性就非常小。但是，如果把工作内容换成一些行业通用词汇和术语，简历被搜索到的可能性就大大提高了。建议求职者把工作职责做一下简单的修改：将“负责在网上发布××产品信息”修改为“店铺运营、淘宝店运营、电商运营”；将“负责××产品曝光和排名”修改为“产品关键词优化”；将“运用其他途径开发新用户”修改为“利用新媒体、社交媒体开发客户”。

有些求职者可能会担心：“我的工作经验不多，不知道有哪些行业通用词汇和术语，怎么办？”其实，你自己不懂，可以模仿别人。如果你不知道应该用哪些行业通用词汇和术语描述自己的工作内容，就去招聘网站上看看你想应聘的职位的岗位描述是怎么写的。当看过几十条岗位描述之后，你就可以把出现频率比较高的关键词提炼出来，把它们加到自己的简历里。

五、简历的投递规范

（一）千万不要把简历只作为附件发出去

首先要提醒求职者的，就是千万不要把简历只放在附件里发出去，因为这在很多时候，相当于自己给自己的求职成功率打了一个折扣。一个职位的招聘信息发出去后，会有大量的应聘邮件塞进邮箱，这对于HR来说简直是对耐心的巨大考验。他好不容易熬到打开你的邮件，居然发现还要再打开附件才能看到简历内容。要知道，打开附件又需要一段“漫长”的时间，很可能就在这段时间里，HR终于不耐烦了，轻点鼠标关闭了你的邮件。

（二）对照用人单位的要求写简历

如今教写简历的技巧的书很多，其实，有一个最简单的窍门，就是对照着用人单位发布的职位招聘要求写简历。很多求职者都忽视了这一点，啰啰唆唆地写了很多，但其中对上用人单位胃口的却很少。用人单位需要的，不就是招聘要求中提到的那几点吗？所以，研究招聘要求是很重要的。

（三）用私人邮箱发主题鲜明的应聘邮件

招聘信息发布之后，HR 每天都会收到大量的应聘邮件。要在第一眼就和 HR“对上”，建议在邮件主题上做点文章，突出自己的应聘优势（但要注意的是，如果招聘要求中注明了邮件主题写作方式，则需要按照要求执行，切勿自行发挥）。如要应聘的是市场部经理，对方要求最好有 4A 广告公司工作经验，而你正好有，那么在邮件主题上写上“具有 ×× 年 4A 广告公司市场部管理经验”。当然，这是针对用私人邮箱发送来说的，如果是直接通过招聘网站发送，那么对方收到的邮件的主题只能是统一的“应聘 ××”字样。所以建议应聘者，如果非常中意一家公司，不妨用私人邮箱发送简历。

（四）在招聘网站填写资料时姓名一栏加上简短的特长自述

如果是用招聘网站系统发送简历，建议求职者在招聘网站上填写资料时，在姓名一栏加上非常简短的特长自述——因为这里一般是有字符限制的，所以只能是很简短的几个词。

六、求职信的编写和制作

求职信实质上就是简短的自我介绍信，是求职材料的一部分。它旨在向应聘单位介绍求职者的基本情况、知识、能力、专业特长、兴趣爱好等综合素质，使应聘单位了解并对求职者产生兴趣。求职者可根据应聘职位的要求重点描述自己和该职位匹配的特长或事件。

一般来说，求职信属于书信的范畴。因此，其格式应当符合书信的一般要求，主要包括标题、称呼、正文、结尾、落款和附件等几个方面的内容。

求职信的标题要醒目、简洁、典雅。要用较大的字体在求职信上方的中间写上“求职信”三个字。

求职信的称呼，即写明收信人的姓名和称谓或职务，如果求职方向很明确而且知道接收简历的具体人员时，就可以称呼得具体一点。需要注意的是，在称呼后面要加一个冒号，这虽然是一个细节，但不要忽略。

求职信的正文要简洁，字数一般控制在 400 字以内。

（1）说明本人基本情况和求职信息来源；

（2）说明应聘职位和能胜任该职位工作的各种能力；

（3）介绍自己的潜力；

（4）表示希望获得面试的机会。

求职信的结尾部分主要是表达两层意思：一是表达求职的诚心和期盼的心情，力求获得面试的机会；二是必不可少的礼貌，可以写上简短的表示敬意、祝愿之类的祝词。在落款部分，日期一般写在署名右下方，建议用阿拉伯数字。求职信中一般同时附带有效证件复印件、证书复印件及简历、近期照片等。最好有附件目录。

第二节 笔试的基本类型及应对技巧

笔试是某些特殊岗位招聘人才时所必须进行的一项测试，通过笔试，用人单位可以了解求职者多方面的能力。

一、笔试前的准备

笔试通常应用于大规模的员工招聘中，可以帮助用人单位在较短的时间内了解求职者的基本情况。了解笔试的相关知识和技巧，可以帮助求职者从容地应对笔试，取得好成绩。一般来说，进行笔试的准备时应注意以下几个方面。

（1）平时认真学习。良好的笔试成绩来自大学期间的努力学习和积累。大学期间，不仅要认真学习专业课程和专业基础知识，还要注重平时对各方面知识的学习与积累，以及对社会信息的了解。

（2）进行必要的复习。复习已学过的知识是准备笔试的重要方式。从准备考试的角度讲，知识可以分为靠记忆掌握的知识和靠不断应用掌握的知识，用人单位比较重视考核求职者对所学知识的应用能力。一般来说，笔试都有大体的范围，求职者可围绕这个范围翻阅有关的资料，并注意灵活运用所学知识解决实际问题。

（3）保持良好的身心状态。求职者在参加笔试前，一要保持良好的身体状态，如在笔试前保持充足的睡眠，参加一些文体活动，使高度紧张的大脑得到放松和休息，从而以充沛的精力参加笔试；二要正确评价自己，树立自信心，调整好心理状态。

由于笔试内容具有不确定性，因此求职者应深入复习。但是，求职者可以在笔试前训练自己的答题速度，还可以站在用人单位的角度来思考可能出现的考核内容。如有条件，还可以提前熟悉考场环境，同时检查自己参加笔试所必须携带的证件，以及必备的文具是否已准备齐全。

二、笔试的类型

笔试是目前用人单位常用的考核方法之一，目的在于考核求职者的专业知识水平、文字组织能力及综合素质等。根据考核的方向和内容不同，笔试可以分为专业考试、心理测试、技能测验和命题写作 4 种类型。

（一）专业考试

专业考试主要是为了检验求职者的专业知识水平和相关能力。一般用人单位从毕业生的成绩单就可以大致了解其知识水平，但有一些专业性要求较高的岗位，需要通过笔试的方式对求职者的专业水平进行考核，这种考核方式已被越来越多的用人单位采用。例如，外贸外资企业招聘员工要考核外语水平，金融单位招聘员工要考核金融专业知识，公检法（公安局、检察院、法院）机关录用员工要考核法律知识，等等。

（二）心理测试

心理测试一般要求求职者完成事先编制好的标准化问卷。通过心理测试，用人单位可了解求职者的态度、兴趣、动机、智力、个性等心理素质，还可以考查求职者的观察能力、综合分析能力、思维反应能力等。

（三）技能测验

技能测验实际是考查求职者的动手能力和实践能力，如考查操作和使用计算机的能力、英语会话和阅读能力，以及财会、法律、驾驶等方面的能力，等等。

（四）命题写作

有些用人单位通过公文写作考查求职者的文字表达能力及分析归纳能力，比如，限时写出一份会议通知、请示报告或工作总结；也可能提出一个论点，让求职者予以论证或辨析；等等。

三、笔试的方法和技巧

求职者在进行笔试时，可采用一些方法和技巧，提高自己回答问题的正确率，并消除紧张情绪。

（一）增强自信心

缺乏自信心往往会导致求职者怯场。求职者应客观冷静地对自己进行正确评估，克服自卑心理，增强自信心。其实笔试与高考不同，高考是“一锤定音”，而参加笔试则有多次机会。因此，没有必要过分紧张，要适当放松心情，调整好精神状态去应试。

（二）掌握科学的答卷方法

笔试与在校期间进行的考试一样，有一定的答卷方法，掌握科学的答卷方法，可帮助提高笔试成绩。总体说来，答卷的方法如下。

（1）通览试卷。求职者在拿到试卷后，首先应通览一遍，了解题目的多少和难易程度，以便掌握答题进度，合理安排答题时间；然后，按照先易后难的原则安排答题顺序。

（2）难题及易错题的处理方法。不要为难题所困而耽误时间，最后要尽可能留出时间对易错题进行复查，注意不要漏题。

（3）卷面效果。答题时行距和字迹不宜太小，卷面字迹要力求清晰。

（4）答题态度端正。笔试不同于其他专业考试，有时用人单位并不仅仅在意求职者考分的高低，求职者认真的态度、细致的作风、新颖的观点也会大大增加被录用的可能性。

第三节 面试的基本类型及应对技巧

面试是一种综合性极强，集多种知识、能力于一体的全方位考核方式，是对大学毕业生多年学习、实践成果的检验。面试是求职者在求职过程中必经的、非常重要的一关，求职者一定要在面试前做好相关准备，从而在面试时打一场漂亮的战役。不同用人单位的面试过程有很大的不同，所考察内容的侧重点也有很大的差异。每一名求职者都应该思考：面试从何时开始？是踏进用人单位参加面试的那一刻？是接到面试邀请电话的那一刻？还是投递简历的那一刻？事实是，我们无从得知面试从何时开始。因为不同的用人单位，有不同的考察侧重点和考虑。

一、面试前的准备

面试不同于日常的观察和考察，也不同于一般的口试和面谈。求职者在面试前要做好充分的准备工作，以最好的状态应对面试。

（一）深入了解用人单位

古人云：知己知彼，百战不殆。面试和打仗有着同样的道理，因此，在面试前深入了解用人单位的情况非常重要。一般来说，求职者可通过用人单位的官方网站、自媒体平台（如微信公众号）、广告宣传手册和新闻媒体报道等渠道，对用人单位的以下内容进行仔细了解。

（1）用人单位的性质、规模、特色、组织机构、金融状况、发展前景、信誉等情况。

（2）用人单位对员工的工作要求以及给予员工的报酬、培训等情况。

（3）用人单位所招聘职位的性质、工作内容、所需知识和技能等。

若求职者对这些情况一无所知或知之甚少，则在面试时容易处于被动境地，也容易给用人单位留下“不关心用人单位”的不良印象，从而影响面试成绩。

（二）充分准备材料

求职者参加面试要带好个人简历、求职信及有关证书等面试需要的材料。如果应聘的是外资企业，最好将个人简历等材料准备为中外文对照格式。即使求职者曾经给用人单位发过这些材料，在参加面试时也应该再带上一份，以备用人单位查看。

另外，求职者应当熟记自己的求职简历内容，用人单位可能会根据求职者的简历内容进行提问，如果求职者的回答与简历内容有出入，就必定会让用人单位对求职者的诚信度及简历内容产生质疑。

（三）面试训练准备

刚毕业的大学生缺乏求职面试经验，因此在参加面试前有必要进行一些面试技巧训练。面试技巧训练包括学习聆听、敏捷反应、沉着应对、说话具有条理性、举止得体、面试礼仪等。大学毕业生可以提前通过学习学校就业指导课程、查阅面试指导书籍或模拟面试等途径进行训练。

（四）调整面试状态

用人单位对求职者最重要的印象是面试时的状态，求职者面试状态的好与坏，与最终被录用与否有非常密切的关系。

1. 调整心情

面试时一定要精神饱满。在参加面试前要适当放松，搞好个人卫生，调节生活规律，保证充分的休息时间，从而以饱满的精神状态面对主考官。

2. 准备面试

面试的前一天，准备好面试的服装和物品，如西装、皮鞋、笔、记事本等。

3. 独自前往

在各类面试及咨询中，一定不要让自己的父母或亲戚朋友陪同，要独自前往，这样可以避免用人单位怀疑个人的独立能力和自信心。

4. 遵守约定的时间

参加面试，求职者最好比约定时间提前一些到达面试地点（一般提前 10 分钟到达），以稳定自己的情绪和做好面试准备。到达用人单位后礼貌对待前台接待，在规定的地方等候，不可随意走动。如果有意外情况，最好能够在面试前通知用人单位并说明理由，告知自己不能准时到达面试地点。

二、面试的形式

面试的形式包括问题式、压力式、随意式、情景式。在实际面试过程中，用人单位可使用一种面试形式，也可使用几种形式的组合。下面分别讲解几种面试形式的特点。

（1）问题式。这是一种最常规的面试形式，由招聘者按照事先拟定的提纲对求职者进行发问，由求职者予以回答。其目的在于观察求职者在特殊环境中的表现，考核知识与业务能力。

（2）压力式。这种面试形式由招聘者对求职者施加压力，就某一问题或某一事件对求职者连续发问，直至求职者无从对答。其目的在于观察求职者在压力下的思维敏捷程度及应变能力。

（3）随意式。在这种形式的面试中，招聘者与求职者随意交谈，气氛相比前两种形式更加轻松活跃，招聘者与求职者可以自由发表言论，各抒己见。其目的在于观察求职者的综合素质。

（4）情景式。在这种形式的面试中，由招聘者事先设定一个情景，提出一个问题或一项计划，请求职者进行角色模拟解决该问题或完成该项计划。其目的在于考察求职者分析问题、解决问题的能力。

三、面试的内容和类型

（一）面试的内容

面试主要测评求职者的综合能力和素质，如知识水平、表达能力、应变能力、心理素质等。不要担心在面试过程中会紧张，这很正常，而且适当的紧张可以帮助你更好地表现。许多面试官会以一些“小谈话”作为面试的开始来帮助你放松。这看起来好像与工作无关，但也是评估你的一部分。利用这开始的几分钟表现你积极的态度。接下来，面试官向你提问题，通过你的回答来考察你是否适合招聘岗位。

（二）面试的类型

随着时代的发展，招聘流程正逐渐趋向复杂化和系统化。目前，面试的种类繁多，根据不同的分类标准可以划分为多种类型。

1. 按场所分类

现场面试：传统面对面交流，便于观察肢体语言和现场反应。

远程面试：它有两种形式，一是电话面试。电话面试适用于初步筛选，考察基本沟通能力。所有面试技巧在电话面试中都适用，只是你不需要着正装出席。不过，你会发现，穿着正装其实能帮你表现得更好。参加电话面试时，把简历和问题清单放在你面前，把笔和纸放在你够得到的地方，以便记下面试过程中的任何关键词。注意语气语调是很重要的，可利用你的语气语调来表达你的兴趣。二是视频面试。视频面试包括在线视频面试和异步视频面试，它可以节省成本，但需注意网络环境和设备调试。其中，在线视频面试指通过即时视频聊天软件进行在线同步交谈的面试方式。异步视频面试指利用异步视频面试系统，用人单位用短信或者邮件将面试问题发给求职者，求职者录制并上传面试视频，然后用人单位通过观看、评价视频，完成对求职者的面试。

混合面试：它融合现场面试与远程面试两种面试类型（如首轮视频面试＋终轮现场面试），灵活适应不同场景。

2. 按内容分类

技术面试：例如编程测试，如解算法题、调试代码；系统设计，如设计分布式系统或高并发架构；白板编程，如实时手写代码，考察逻辑思维；实践操作，如运维岗位考察配置服务器；等等。

行为面试：使用 STAR 法回答问题，例如“请举例说明你如何带领团队完成项目”。

案例面试：常见于咨询、金融及市场营销行业，如估算某产品的市场规模。

压力面试：通过质疑或快速追问制造压力，如“你的经历很普通，为何认为能胜任这份工作”。

3. 按参与者分类

一对一面试：求职者与单个面试官（HR 或部门主管）一对一交流。

小组面试：多名面试官同时提问，考察求职者的抗压能力（常见于高管面试）。

群面：多名求职者共同完成讨论或任务，观察求职者的领导力与协作能力。

多轮面试：面试分阶段进行（如技术面试→ HR 面试→高管面试），常见于大型企业。

4. 按流程结构化程度分类

结构化面试：是指依据预先确定的内容、程序、分值结构进行的面试形式。它经常被应用于公务员面试、国企事业单位面试中。在结构化面试中，面试的内容、程序、分值结构等的标准化程度都比较高，对所有的应试者来说是无差异的。面试过程中，主考官必须根据事先拟定好的面试提纲逐项对应试者进行考核，不能随意变动面试提纲，应试者也必须针对问题进行回答，对面试各个要素的评判也必须按分值结构合成。

半结构化面试：是指介于结构化面试与非结构化面试之间的面试形式。它的核心问题固定，其余的灵活追问。它包括两种方式：一种是主考官提前准备重要问题，但不要求按照固定顺序提问，而且可以讨论在面试过程中发现的需进一步讨论的问题；另一种是主考官依据事先规划的一系列问题对应试者提问，根据不同的工作类型设计不同的问题表格。

非结构化面试：这种形式的面试对话自由，依赖主考官的主观判断（常见于初创公司）。

5. 其他特殊类型

模拟工作测试：是一种通过让应试者完成与实际工作高度相关的任务，来评估其技能、问题解决能力和工作风格的面试方法，如让设计师提交过往作品或完成模拟任务。

文化匹配面试：是一种评估应试者与公司价值观、行为准则和工作风格契合度的面试方法，如使用亚马逊“领导力原则”相关问题。

评估中心：是一种综合性的招聘测评方法，通过模拟真实工作场景的多项任务，多环节测评（小组讨论、演讲、角色扮演等），评估应试者的技能、行为特质和潜力，通常持续半天至数天。

另外，随着科技发展，面试趋势不断发生变化，远程面试越来越普及，AI辅助筛选的应用逐渐增多。求职者需要根据不同面试类型调整准备策略。通过理解这些类型，求职者可以更有针对性地准备，提升面试成功率。

四、面试的技巧

成功的面试是求职者能够得到一份工作的关键。为了能在较短的时间内成功地营销自己，求职者除了要以自己的专业知识、能力和才华打动主考官外，还应在面试过程中适当应用一些技巧。

（一）取得面试成功的要则

想要面试成功，除了做好必要的准备工作，还应掌握取得面试成功的相关要则，这样将会取得事半功倍的效果。

（1）肢体语言的重要性。保持良好的仪态，不要显示出拘谨的样子。

（2）讲话要坦率自信。重点介绍自己所取得的成绩，但也要避免自吹自擂或夸大其词。

（3）坚持真我本色。不要刻意伪装自己，不要做作，否则很难成功。

（4）保持积极热情的态度。在主考官介绍公司、招聘岗位的情况，以及入职后将面临的挑战时，要表现出极大的热情，这是非常重要的。

（5）不要怕停顿。当碰到一个需要经过认真思考才能回答的问题时，不要急着很快给予答复，仔细地想一想自己应该怎么回答。这样的停顿表示你对主考官提出的问题很重视，这也同样可以在某种程度上表明你的自信和成熟。

（6）敢做敢当。敢于承认自己工作经历中负面的东西，不要否认，而是勇于承认不足，并想办法将其转变成有利于自己的东西。这样能表明你是如何因为这一不足而促使自己去做出积极的改变或努力去弥补的。

（7）将面试的压力最小化。有些主考官认为，了解求职者如何应对压力，将有助于全面了解一个人，因此他们往往会在面试中故意给求职者制造一些压力。

（二）语言表达技巧

面试中求职者的语言表达艺术，标志着他的综合素养和成熟程度。对求职者来说，掌握语言表达技巧无疑是很重要的。准确、灵活、恰当的口语表达，是面试成功的关键。因此，要掌握以下语言表达技巧的运用。

（1）口齿清晰，语言流利。交谈时要注意发音准确，吐字清晰，还要注意控制语速。为了增添语言的魅力，应注意修辞，忌用口头禅。

（2）语气平和，音量适中。面试时要注意语调、语气的正确运用。打招呼时宜用上语调，加重语气并带拖音，以引起对方的注意；自我介绍时，最好多用平缓的陈述语气。音量的大小要根据面试现场情况而定，声音过大令人厌烦，声音过小则让人难以听清。

（3）适度的幽默。面试时除了表达清晰外，适当穿插一些幽默的语言，可使谈话气氛愉悦，也能展示自己的机敏和亲和力。尤其是遇到难以回答的问题时，幽默的语言既能化解尴尬，又能迂回地展示应变能力，有助于化险为夷，并给主考官留下良好印象。

（4）注意听者的反应。求职面试不同于演讲，交谈中应随时注意听者的反应。比如，听者心不在焉，表示可能对你的表达没有兴趣，你得设法转移话题；听者侧耳倾听，可能说明你音量过小使对方难以听清；听者皱眉、摇头，可能说明你言语有不当之处。根据听者的这些反应，要适时地调整自己的语调、语气、音量和陈述内容等。

（三）倾听技巧

注意倾听是一种重要的信息交流技巧。面试的实质就是主考官与求职者进行信息交流从而获得全面评价的过程，其形式充分体现在“说”和“听”上。有效地倾听不仅仅是听清主考官说什么，更重要的是听懂主考官说什么。只有做到了听懂，才能根据主考官的意思给出满意的答案。那么求职者该怎样倾听，才能做到有效地倾听呢?

1. 耐心倾听

一些求职者在面试中表现得过于积极，当主考官提到一些求职者非常熟悉且简单的话题时，没等主考官说完，求职者就打断主考官的话，断章取义地进行解读。这是非常不礼貌的行为，是对主考官的不尊重。对于这种行为，主考官是很难容忍的。

还有一些求职者小心翼翼地通过了专业知识的问答环节，在面试接近尾声时，得到了主考官的正面评价，心里就暗自窃喜，于是开始憧憬未来的打算，一不小心就分了神，主考官再说什么也就没注意到。这被主考官看在眼里，往往会让他觉得很不舒服，并对求职者产生不好的印象，最后的评分会大打折扣。

2. 仔细倾听

体现求职者仔细倾听的最好办法就是积极与主考官配合，对主考官所提出的观点表示赞同或是提出自己的意见，还可以就主考官提出的问题进行提问。从求职者这样的举动中，主考官可以清楚地知道求职者在仔细听他说话，没有漏掉任何一句。

3. 用心倾听

用心倾听是听懂主考官问题的最好方法。在听主考官提问的时候，要始终全神贯注，保持饱满的精神状态，专心致志地注视着对方。同时，将主考官所说的每一句话都仔细在脑海中回放一遍，善于从中发现和提炼出问题的实质。

除了上述3种倾听技巧外，还应注意倾听过程中的一些细节问题。

- 不仅要倾听主考官所说的事实内容，还要留意他所表现的情绪，并加以捕捉。
- 注意主考官尽量避而不谈的某些方面，这些方面可能正是问题的关键所在。
- 在谈话过程中，避免直接质疑和反驳，让对方畅所欲言，即使有问题，留到稍后再来查证。此时重要的是，获知对方的真实想法。
- 遇到你确实想多了解的一些事情时，不妨重复对方所说的要点，请他做进一步的解释。

- 关注中心问题，不要思维混乱。
- 不要过早得出结论和做出判断。
- 尽量忽视周围环境中让你不舒服的东西。
- 注意说话者传达出的非语言（如肢体动作、表情等）信息。
- 听到复杂的信息时不要害怕。面试录用的原则是优胜劣汰，对你来说复杂的信息对别人来讲可能更为复杂。这是考验你的时刻，也是你脱颖而出的时刻，一定要保持镇静和自信，尽自己的努力去想办法。

（四）问答技巧

问答技巧包括应答技巧和提问技巧两方面。面试中求职者主要是以回答主考官的提问来接受测评的，同时，求职者有时也会主动向主考官提出一些问题，来体现求职者的整体素质。

1. 应答技巧

面试过程中，主考官会向求职者提出各种问题，而求职者的回答将成为主考官考虑是否接受求职者的重要依据。下面总结了几点应答技巧，帮助求职者从这些技巧中“悟”出面试的规律及回答问题的思维方式，达到“活学活用”的效果。

（1）先说论点后说依据。求职者在回答问题时，要考虑自己所说内容的结构，用尽可能短的时间组织好说话的顺序。一般来说，回答一个问题时，要首先提出你对这一问题的基本观点，然后再逐一用资料来论证、解释。

（2）扬长避短。每个人都有自己的优势与不足，如何在有限的时间内使你的优势充分体现，扬长避短、显示潜力，是一门艺术。当然，扬长避短，既不是瞒天过海，也不是弄虚作假，而是一种灵活性与掩饰性技巧的体现。

（3）举例。在面试过程中，可以适当举些例子，在做到语言美的基础上，运用语言表达的技巧对主考官的问题进一步作答。有道是“事实胜于雄辩”，适当举例会使你的观点得到更加充分的论证。

2. 提问技巧

面试过程中，除了要回答主考官的问题外，求职者向主考官提问也是必不可少的环节。当然，在提问这一环节上也应注意方式方法，否则很有可能使所有的努力付之东流。

（1）提出的问题要视主考官的身份而定。如果想了解用人单位的员工规模、组织架构、主要业务等，就不要向一般工作人员提问，而要向单位负责人提问。

（2）把握提问的时间。要把不同的问题安排在谈话进程的不同阶段提出，有的问题可在谈话一开始就提出，有的可以在谈话中间提出，有的则应放在谈话快结束时再提。

（3）注意提问的方式、语气。有些问题，可以直截了当地提出来，如了解用人单位岗位设置的问题。有些问题，则要婉转且含蓄一点，如了解用人单位职工收入情况的问题。此外，在询问时，一定要注意语气，要给人一种诚挚、谦逊的感觉，千万不可用质问的语气，这样会引起反感。

（4）不提模棱两可、似是而非的问题。特别是与职业、专业有关的问题，提问时一定要确切，不能不懂装懂，提出幼稚可笑的问题。在求职者提问的过程中，主考官可以看出提问者的知识水平、思维方式、个人价值观等。

五、面试的难点与应对方法

尽管求职者在面试前做了大量的准备工作，但还是有可能出现一些意想不到的情况，若处理不好会直接影响面试的结果。这里介绍几种常见情况及其应对方法，以利于求职者有针对性地加以准备。

（一）精神紧张及其应对方法

经调查，精神紧张已经成为求职者面试时需要战胜的最大敌人。身处陌生的环境，被陌生的人提问，事关自己今后一段时间的发展前途，在这种情况下产生紧张的情绪是正常的。

紧张并不就是坏的，适度的紧张可以促使求职者更加集中注意力，投入面试；但紧张过度则对面试极为不利，不仅仅能使求职者注意力不集中，甚至可能使求职者将事先准备的内容忘得干干净净，大脑一片空白。

下面的 3 种方法可以帮助求职者克服过度紧张的情绪。

1. 做 30 次深呼吸

做深呼吸（腹式呼吸）是消除紧张情绪的一个很好的办法，能让求职者放松下来，冷静思考问题。其方法是：静坐或站立，全身尽可能放松，把手放在腹部。用鼻子缓慢吸气，感受腹部自然隆起，吸气约 4 秒。用嘴或鼻子缓慢呼气，时长略多于吸气（如 6 秒），腹部逐渐回落。这样反复 30 次，同时在心里默数呼吸的次数。通过深呼吸，可以调节求职大学生不知所措、对未来恐慌的精神状态，使其放松下来。

2. 自问可以接受面试失败吗

人的大脑是很复杂的，总喜欢回顾过去或展望未来，容易过度想象灾难性后果（如面试失败 = 人生完蛋），但现实中后果往往没那么严重。这时，不去批判这些想法，而是承认它们的存在。然后问自己：这次面试最坏的结果就是失败，我可以接受吗？对大多数人来说，一次面试失败并不会造成不可逆的影响。

求职者应保持积极向上的心态，想象事情正在向好的方向发展。虽然想象可能并不会变成现实，但是通过这种方法，求职者能够得到更舒缓的心情，同时阻止内心消极想法的滋生。这是心理学中一种惯用的方法，不仅对面试有用，对于工作和生活也有很大的帮助。

3. 不要急着回答问题

当主考官问完问题后，求职者可以思考一下再回答。在思考的过程中，不仅可以组织问题的回答思路，而且可以稳定自己的情绪。如果主考官问了一些难以回答的问题，可用比较委婉的语气避开，这也是诚实、机智的表现。

（二）遇到不清楚的问题及其应对方法

求职者如果在面试时不知如何回答主考官提出的问题，可以婉转地问对方是否指向某一方面，但不可胡乱猜测、信口开河。如果真的完全不清楚怎么回答，就应实事求是地告诉主考官，这方面的知识自己未接触过。

（三）说错话及其应对方法

人在紧张时很容易说错话。若说错的话无关大局，就不要太在意，继续专心回答下一个问题，若感觉说错话的负面影响比较严重，则应该及时道歉，并说出心中原本要表达的意思。

（四）几位主考官同时提问的回答方法

如果一场面试有几位主考官，当他们同时提问时，一些经验不足的求职者会胡乱地选择其中的一个或部分问题加以回答，结果自然不能让所有主考官都满意。在这种情况下，求职者既要逐一回答，又要显得有礼貌。

你可以说："对不起，请让我先回答 ×× 的问题，然后再回答 ×× 的问题，可以吗？"选择的顺序可以依照主考官提问的先后顺序而定。

六、面试后的一些工作

面试后，当不知道结果时，一味地等待有时可能会使求职者错失许多机会，此时，可以通过写感谢信、实地考察等方式来争取求职成功。如果没被录用，也不用气馁，收拾好心情，找出失败的原因，为下一次面试做准备。

（一）写感谢信

为了加深招聘人员的印象，增加求职成功的可能性，面试后的两三天内，求职者最好给招聘人员写封信表示感谢。感谢信要简洁，最好不超过一页纸。感谢信的开头应提及自己的姓名及简单情况以及面试的时间，并对招聘人员表示感谢。感谢信的中间部分要重申对公司、应聘职位的兴趣，增加一些对求职成功有用的新内容。感谢信的结尾可以表现对自己的信心，以及为公司的发展壮大做贡献的决心。

（二）不打听结果

在一般情况下，每次面试结束后，招聘主管人员都要进行讨论和投票，然后送人事部门汇总，最后确定录用人选，这个过程可能需要三五天的时间。求职者在这段时间内一定要耐心等候消息，不要过早打听面试结果。

（三）收拾心情

如果同时向几家公司求职，在一次面试结束后，一定要注意调整自己的心情，全身心投入应对第二家公司的面试。因为，在接到聘用通知之前，面试结果还是个未知数，求职者不应该放弃其他机会。

（四）查询结果

一般来说，如果求职者在面试结束的两周后，或主考官许诺的时间到来时还没有收到答复，就应该写邮件或打电话给用人单位，询问面试结果。

（五）做好再冲刺的准备

应聘中不可能个个都是成功者，万一在竞争中失败了，千万不要气馁，这一次失败了，还有下一次机会，就业机会不止一个，关键是必须总结经验教训，找出失败的原因，并针对这些不足重新做准备，以谋求“东山再起”。

七、面试禁忌

面试是一次展示求职者综合能力的机会，在面试的过程中求职者需要注意的事情有很多。有些事情虽无伤大雅，但却可能成为决定面试成败的关键因素。下面具体讲解面试过程中的禁忌，求职者在面试过程中应尽量避免。

（一）忌不良用语

面试过程中最多的就是交谈，毕业生在与用人单位交谈时，应注意语言的使用。

1. 问待遇

待遇是每个求职者都非常关心的问题，但在实际面试过程中，千万不要急于询问对方“你们的待遇如何”，这会给用人单位留下“工作还没干，就先提条件”的印象。谈论待遇无可非议，但是要看准时机，一般在双方已有初步意向时，再委婉地提出。

2. 报有熟人

在求职面试过程中，有些求职者为了拉近自己与用人单位、主考官的距离，可能会说“我认识你们单位的 ××”“我和 ×× 是同学，关系很不错”等。这种话主考官听了可能会对求职者留下“拉关系”的印象，如果主考官与你提及的那个人关系不太好，甚至有矛盾，那么这些话所起的作用会更糟。

3. 不合逻辑

在面试过程中，如果用人单位提问：“请你告诉我一次失败的经历。”有些求职者为了体现自己的优秀，可能会说：“我想不起自己曾经失败过。”或者用人单位提问：“你有何优缺点？”求职者回答：“我可以胜任一切工作。”这样的回答都是非常不科学的，不但不能增加用人单位的好感，还可能给主考官留下不可靠、不诚实的印象。

4. 关于公司的称呼

面试不同于闲聊，说话不能张嘴就来，应对语言和遣词用字有所选择。如在面试过程中，有时用人单位会让求职者自行提问，一些不太注意的求职者可能会问“你们公司怎么样”，这种说法很容易引起用人单位的反感。其实，既然选择到该公司面试，那证明对这家公司是有好感的，这时可以十分礼貌地称“贵公司”，为了增加与用人单位之间的亲近感，还可以称“咱们公司”。

5. 本末倒置

在一些面试过程中，有些求职者自恃清高，或为了故意表现自己的专业性，会提出一些让用人单位难堪的问题，这是由于求职者没有将自己的位置摆正。这是求职者在面试时所应避免的。

（二）忌不良态度

凡参加面试的人，不管能力、水平如何，一定不要忘记自己是在接受用人单位的挑选，所以与主考官谈话的态度应有所注意。下面列出一些面试过程中的不良态度，求职者在面试时应注意避免。

1. 盛气凌人

有些参加面试的求职者，由于恃才傲物，在面试中态度傲慢，说话咄咄逼人。这主要表现在以下几个方面。

（1）当主考官对求职者的回答不够满意或进行善意引导时，求职者常强词夺理、拼命狡辩、拒不承认错误。

（2）求职者想占据面试的主导权，反问主考官一些与面试内容无关的问题。

（3）求职者在被问及工作经历时，过分地贬低原单位领导及工作，给人留下喜欢背后议论别人、合作精神差、没有感恩心的印象。

2. 态度冷漠

有的求职者由于自身性格等原因，在面试过程中常表情冷漠，不能积极与主考官配合，缺乏必要的热情和亲切感。但是实际上，所有的用人单位都希望自己的员工能够在工作中与人为善。

第四节 职业形象及求职礼仪

求职礼仪是公共礼仪的一种，是指在求职过程中应当遵循的一系列礼仪规范，它通过求职者的着装打扮、言谈举止等外在方面体现其内在修养。内在修养是求职者提高求职礼仪最根本的源泉，不仅可以帮助赢得用人单位的尊重，还能促进获得更多的就业机会。

一、面试礼仪

在面试阶段，出色的行为举止是求职者成功找到工作的关键。为了给面试官留下良好的第一印象，求职者需要了解基本的面试礼仪。

（一）遵时守信

求职者一定要遵时守信，准时赶到指定地点参加面试，这是最基本的礼仪。求职者要先了解面试地点的所在位置，再考量使用何种交通工具，最好提前 10 ～ 15 分钟抵达，这样一方面可先熟悉面试地点的环境，另一方面可以在面试前从容地到盥洗室整理仪容，缓和紧张的情绪。迟到和毁约都是不尊重面试官的表现，也是不礼貌的行为。如果求职者有客观原因不能如约按时到场，应事先打电话通知面试官，主动陈述原因（宜简洁表达）以免对方久等。

（二）主动问候

求职者进入面试室的时候，应先敲门，即使门是虚掩的，也应先敲门，切忌冒冒失失地推门就进，给人鲁莽、无礼的感觉。注意敲门不可用力太大。正确的做法是用右手的手指关节轻轻地敲三下，问一声：我可以进来吗？待听到允许后再轻轻地推门进去。打招呼时，身体要正对面试官，头正肩平，背直胸挺，目光平视，面带微笑，表现出充分的自信和对面试的积极关注。应向面试官微笑致意，并说“你好”之类的问候语，努力在面试官与自己之间营造轻松和谐的面试氛围。

（三）精神集中

求职者在踏入面试室的时候，应面带微笑，如果有多位面试官，应面带微笑地环视一下，以眼神向所有人致意。在面试过程中，应集中精神倾听面试官的问题，热情和积极地回应。当回答问题时，要通过你的措辞和身体语言（如兴奋的语调、身体稍稍向前倾斜、点头表示同意）传达你的激情和活力。与面试官进行适度的眼神接触，并以点头作为回应，给面试官以诚恳、认真的印象。切勿东张西望，否则会显得对应聘职位或公司欠缺诚意。保持一个舒适的坐姿，不要懒散。不要把任何东西放在你的膝盖上或者手里，因为这样会限制你自然的身体动作，你甚至会无意识地把玩它。

明确而简洁地回答问题，但是注意提供充足的细节，以使面试官能评价你的资历。当面试官不得不听一些冗长而散漫的回答时，他们会感觉很不舒服。为了组织好你的语言，在陈述之前停顿一下是可以接受的。避免“嗯”“啊”“你知道”这样的口头语，或为了留出时间而重复问题。

（四）微笑待人

微笑表示领会、歉意和赞同等。进入面试室后，第一个动作就是微笑着与面试官打招呼，可微笑点头并问候（如上午好、下午好、各位领导好等）。面对面试官，求职者的微笑可以缓和紧张气氛，使双方的心理距离迅速缩短。面试时面带微笑将有利于提高成功率。

（五）递物大方

求职者在面试时一定要保证不用翻找就能迅速取出所有资料。如果需要送上这些资料，应双手奉上，表现得大方和谦逊。

（六）握手规范

握手是求职面试时很重要的一种见面礼仪。坚定自信的握手能给面试官带来好感，手与手的礼貌接触是建立第一印象的重要开始，有着很重要的地位，所以，一定要使自己的握手规范而有感染力。

（七）礼貌告别

面试结束后，应起身离座，把刚才就座的椅子摆正，与面试官礼貌告别，如“谢谢，请多关照”“非常感谢贵公司为我提供面试机会”“如能有幸成为贵公司一员，我将全力以赴努力工作”，以体现自己的礼貌和对应聘岗位的兴趣。然后，拿好随身物品，走到面试室门口，回身鞠躬行礼，再次说“谢谢您，再见”，退出面试室，把门轻轻关上。

二、服饰礼仪

在求职过程中，恰当的穿着会给人留下良好的第一印象。应聘着装要遵循“TPO”原则，即根据时间（time）、地点（place）、场合（occasion）来选择合适的服饰。根据招聘单位的性质不同，其对仪表服饰的要求也会有所变化。国家机关希望未来的员工衣着端庄，体现稳健踏实的作风；企业（尤其是外企）则注重整体形象的美观、明快；等等。求职者无论男女，在应聘面试时都不宜穿着过分休闲的服饰，如 T 恤、牛仔裤、运动鞋，这样的穿着太过随意，与希望应聘成功的求职愿望不吻合，显得对求职这件事不够重视，是不受面试官欢迎的。

（一）男生服饰礼仪

服装：用深蓝色、黑色或木炭色的两件套或三件套西装作为服装最为适宜。可搭配纯色（最好是白色）的商务衬衫。领带也须和服装色彩协调。

腰带：确保腰带与鞋子的颜色相匹配，腰带扣不要太突出。

鞋子：宜穿黑色或深色商务皮鞋，确保鞋子干净，尽量使袜子的颜色与西装一致。

（二）女生服饰礼仪

服装：黑色或深蓝色套装是理想的选择，灰色或棕色套装可以作为备选。可搭配白色或柔和色调的衬衫，忌领口过大。如果穿裙子，应确保裙子的长度在膝盖以下。切忌服装超过 3 种颜色。

鞋子：宜穿带点鞋跟的黑色或深色圆头皮鞋。

配饰：不要佩戴过多首饰，否则会给人不严谨、不正式的感觉。

三、仪态礼仪

仪态也叫仪姿、姿态，泛指人们的身体所呈现出的各种姿态，包括举止动作、神态表情和相对静止的体态。仪态是表现个人涵养的一面镜子，也是构成一个人外在美的主要因素。仪态礼仪主要表现在站姿、坐姿、行姿、蹲姿以及肢体语言、表情等方面。求职者在参加面试前要适度修饰仪容，清洁头发，发型适度，符合身份。面试官对求职者的评价，往往开始于对求职者的仪态表现、言行举止的观察和概括。

（一）表情

面试时，最常用和最富有表现力的表情就是目光和微笑。

1. 目光

“眼睛是心灵的窗口”，它在很大程度上能如实反映一个人的内心世界。在面试中，正确的注视方式应该是望着对方的额头，在对话时要有自然的视线接触，目光应是坦然、亲切、和蔼、有神的。一般情况下，与他人相处时，不宜注视其头顶、大腿、脚部与手部，或是“目中无人”。尽量不要紧紧盯着对方的眼睛，否则对方会误以为你在向他表达不信任、审视和抗议，但也不能虚视（目光游离）。

2. 微笑

微笑是人际交往的魔力开关，是广交朋友、化解矛盾的有效手段。面试时要面带微笑，亲切和蔼，谦虚坦诚，有问必答。这既是自信的表现，又可以消除紧张情绪。得体的微笑要恰到好处，不出声，含而不露。在微笑时，不仅口在笑，眼也要笑，还要做到精神饱满。

（二）手势

在回答面试官的问题时，可适当地配合一些手势讲解，但不要频繁耸肩或手舞足蹈。有些求职者由于过分紧张，双手不知道该放在哪里；而有些求职者又过于兴奋，在对话时频繁舞动双手。这些都不可取。应避免有太多小动作，有太多小动作是不成熟的表现。面对较难回答的问题时，切忌抓耳挠腮或用手捂着嘴说话，这样显得紧张，不专心交谈。

（三）体姿

体姿是指人的姿势，主要包括站姿、坐姿、行姿、蹲姿等。“站如松，坐如钟，行如风，卧如弓”，是中国传统礼仪的要求。在当今社会中，各种体姿已被赋予了更丰富的含义。

1. 站姿

优美、典雅的站姿是展现人的不同动态美的基础和起点。标准的站姿要求头正、肩平、臂垂、躯挺、腿并（男性双腿可稍分开，女性也可丁字步），身体重心主要在脚掌、脚弓上，从侧面看，头部、肩部、上身与下肢应在一条垂直线上。

2. 坐姿

规范的坐姿能给面试官留下良好的第一印象。椅子适宜坐三分之二，将右脚与左脚并排自然摆放。女性入座时，若着裙装，应用手将裙摆稍微拢一下，不要等坐下后，再重新站起来整理衣裙。坐定后，腰部挺起，上身保持正直，头部保持平稳，两眼平视，下颌微收，把手自然地放于膝上，男士两腿可自然分开与髋同宽，女士则应双腿并拢不留缝隙。不要紧贴着椅背或只坐在椅边，否则会显得过于放松或过于紧张。

3. 行姿

正确的行姿是抬头、挺胸、收腹、双肩自然下沉向后打开，手要轻轻地放在身侧，轻轻地摆动，步伐也要轻轻的，不能够拖泥带水。

4. 蹲姿

正确的蹲姿应该是弯下膝盖（两个膝盖应该并起来，不应该分开），臀部向下，上体保持直线，以显示典雅优美。

四、仪容礼仪

仪容，主要指面部，广义上还包括头发、腿部等。一个人的仪容最能反映出他的精神状态，面试官对求职者的第一印象也来源于对求职者仪容的观察。因此，求职者一定要注意对自身仪容的修饰，特别是女性，适当地化淡妆，会让自己神采奕奕，还可以表现出自己对这次面试的重视。

（一）饰品

女性求职者尽量少佩戴耳环、项链、手镯等饰品，尤其是金光闪闪的饰品；男性求职者不要佩戴任何饰品。一身珠光宝气可能会给面试官留下热衷打扮、虚荣心强的负面印象。

（二）化妆与发型

在面试时，化妆与发型也很重要。面试前，应整理仪容，将头发清洗干净，梳理整齐，不要染夸张的发色。男性不要留小胡子，不要留长发。女性不要浓妆艳抹，不要喷浓烈的香水，适宜化淡妆。否则，会显得不够庄重，给面试官留下不好的印象，从而影响面试成绩。

（三）腿部

求职者参加面试时，不仅要注意衣着得体，而且要注意腿部的细节。女性穿裙装不能光腿，要穿丝袜；袜子有“腿部时装”之称，不能出现残破；袜子要长及裙子最下端以上。男性穿西装时要穿黑色棉质袜子，长及小腿中部，袜口要有松紧带。

五、面试后的礼仪

许多求职者只注重应聘面试时的礼仪，而忽略了面试结束后的善后工作。其实，这些善后工作同样能加深面试官对求职者的印象，下面就来看看面试后需要注意的礼仪。因本章第三节中已介绍过相关内容，故此处仅简单介绍。

（一）感谢用人单位

面试结束时，不论结果如何，都要轻声起身表示感谢，并将自己坐的椅子扶正，摆放在进门时候所在的位置，再次表示感谢后，再轻开门离开。

（二）不可贸然打电话

面试结束后，不可贸然地打电话询问相关情况，可以通过写感谢信的方式再次加深用人单位对你的印象。求职者若是在面试结束的两周后，或面试官许诺的时间到来时还没有收到答复，就应该写邮件或打电话给用人单位，询问面试结果。

知 识 加 油 站

求职信范例

尊敬的 ××（收信人的姓名、头衔）：

（第一段：说明你为什么要写这封信以及所申请的职位名称。）

您好！我叫 ××，是 ×× 学校 ×× 专业的学生。感谢您在百忙之中抽出时间阅读我的求职信！我怀着极大的热情申请贵公司（如银行）的 ××（如客户经理）一职。通过对贵公司企业文化和业务发展的了解，我深感自己的专业背景与个人能力与该职位高度契合，希望能有机会加入贵公司，为团队贡献价值。多年的学习生活铸就了我坚韧不拔、敢拼敢闯的奋斗精神。大学期间，通过全面、系统的学习，我不仅理解和掌握了金融专业知识，而且具备了必需的实际操作能力。我担任过学生干部，有较强的管理及组织潜力。以下我对自己进行一个简单的介绍。

（第二段：解释对所应聘职位的兴趣，并说明个人的教育背景和相关经历使其有资格申请这个职位，是对简历内容的引介和提升。）

我经常用心参加学校组织的各类活动，与老师和同学相处和睦，能说一口流利的英语。在业余时间，我通常会通过各种途径去找能够让自己得到锻炼的兼职工作。我善于和他人沟通，能够很快地融入新的环境。我喜欢学习新知识并将它们运用于实际，擅长理解新事物、善于钻研。我对新的挑战有很大的兴趣，并且不怕困难，能够在富含挑战与压力的环境中快速适应。我在大学期间参加过几次实习，这些实习经历让我的工作技能及沟通技巧有很大的提升，加之我性格开朗，每次实习我都能够与团队中的每一位成员融洽地相处，所以我相信我能够很好地融入团队，协助团队更好地完成任务。

（第三段：表达自己希望得到面试机会。）

我期望能到贵公司去工作，使自己所学的理论知识能与实践相结合，让自己的人生能有一个质的飞跃。贵公司的管理方式、工作氛围很吸引我，是我心目中的理想单位。我在此诚恳地请求您给我一次机会，让我展示我的潜力。

现呈上我的个人简历、学历学位证书复印件等资料，以便您参考并做出决定。期望得到您的回复，谢谢！

此致

敬礼！

求职人姓名：××

日期：××年××月××日

附件：个人简历、学历学位证书复印件等。

资深HR告诉你用邮箱投简历时应该注意的问题

在当今的电子化时代，求职找工作，大部分情况下，简历是通过邮箱发送的。用邮箱投简历，除了简历本身很重要，还有很多细节容易被大家忽略，从而造成了“不少人简历很厉害，却不知为什么发送简历后再无消息”的情况。其实，你的面试从发送简历的那一刻就已经开始了。在用邮箱投简历时，求职者容易犯以下错误：

（1）邮箱命名不妥。如：有邮箱名为“差不多”“无所谓”等等。

（2）邮件标题不当。如：邮件的标题为“求职”“应聘”“应聘简历”“××大学××个人简历”“××专业××”等等。

（3）邮件正文毫无内容。

（4）邮件正文无抬头，或者没有合适的抬头。

（5）邮件正文是为了应付，属于随意添加。如：“本人简历在附件中，劳烦查收！”“祝老师工作顺利！”“请您查收我的简历，祝工作快乐！”“简历已附上，请查收！”等等。

（6）邮件正文未换行。

（7）邮件正文没有落款。

（8）邮件正文没有新意，使用了统一的模板。

（9）简历命名不够好。如：许多简历的命名是“个人简历”“求职简历”“新建 Microsoft Word”“简历 2008”“完美版”“最新版”“我的简历”“求职简历 _88”“2007.11.15”“正式简历”等等。

（10）将简历及证明材料等，作为几个附件或者放在一个压缩包内发送。

那么，求职者又该如何避免犯这些错误呢？下面，通过几个 Q&A，分享一下 HR 工作中的一些心得，供大家参考。

Q：当你打开邮箱查收邮件的时候，你最先关注的是什么？

A：你最先关注的，是不是：这封邮件是谁发送的？它的主题是什么？若是的话，那么看到一个陌生邮箱的命名为“差不多”或者“无所谓”，你会如何想呢？当看到邮件标题为“求职”或“应聘”时，你又如何想呢？……

建议：

（1）修改邮箱名，最好是将邮箱命名为自己的姓名。

（2）邮件标题清晰地注明应聘职位，并适当地添加重要信息。何为重要信息呢？一般来说，重要信息就是符合招聘方招聘要求的信息，如：如果招聘方要求的专业是物流，“物流”字样就是重要信息；如果你所在的高校全国排名比较靠前，或者在某地区范围内非常有名，“高校的名字”就是重要信息；如果招聘方要求的是可以马上到岗的毕业生，“可随时到岗”字样就是重要信息；依此类推。故而，一个较好的邮件标题应该是“×× 大学 ×× 专业 应聘 ×× 职位”“应聘 ×× 职位——×× 大学 ×× 专业”“随时可到岗的 ×× 专业 ××——应聘 ×× 职位”等等。

Q：邮件正文部分该如何书写呢？

A：如果你已经打开邮件了，那么这时跳入你视线范围的是什么呢？是不是邮件的正文部分？如果正文是空白的，那么你会怎样想呢？即使不是空白的，而里面只有几个字“简历已附上，请查收！”，你又会做何感想呢？如果有正文而没有称呼，或者有称呼而称呼错了，那么你又会如何想？

建议：

（1）称呼写招聘信息中的联系人。如果招聘信息中没有留任何联系人信息，就可以用“尊敬的女士 / 先生”这样的称呼来代替。

（2）对应聘单位的称呼不要错。如果你觉得每投一份简历改一次称呼比较麻烦，或者怕有些时候会忘记修改，那么建议你不要用“贵公司”“贵校”“贵院”这样的称呼词，而可以用中性的称呼词——“贵单位”。

（3）正文内容一定要写，而且要有针对性地写。怎样才叫有针对性呢？可以把企业招聘信息中的招聘要求作为重要参考，在邮件正文中逐条阐述自己的能力与招聘要求的契合之处。当然，在这些内容前面，一些客套话还是不能少的，比如：“您好！通过××渠道获知贵公司正在招聘××人员……特来应聘，主要理由如下：……”

（4）控制正文字数。一般来说，HR在邮件正文上停留的时间不会太长，所以邮件正文既不宜过长，又不宜过短，用最简洁的方式把该表达的表达清楚了就好。建议在正文部分，有针对性地回答一些重点问题，告知一些重要信息，字数以“在正常邮件界面，不拖动滚条就可以看完”为参考。

（5）加上一些祝福的话。

（6）记得写落款。

Q：如何更好地管理附件？

A：看完正文，就该到邮件的附件了。当别人给你发送的邮件中有附件时，你是不是会关注附件的名称是什么呢？是不是一眼就可以看到有几个附件呢？如果你要保存这些附件，那么是保存一个附件容易还是保存两个附件容易呢？如果你想直接打开附件，那么是压缩包形式容易打开，还是文件形式容易打开呢？这些问题的答案显而易见。

建议：

（1）更好地命名附件。建议对附件采用一些规范的命名方式，如“××大学——××”“××专业——××”“应聘××职位——××”等等。这样可以方便HR将简历保存，而不需要重新命名。

（2）将所有的材料，形成一个文档。

（3）尽量不要用压缩包形式发送简历。

行政职业能力测验及应试技巧

公务员考试内容一般分为行政职业能力测验和申论两个部分。这里主要介绍行政职业能力测验及应试技巧。行政职业能力测验主要考查与公务员职业相关的职业能力，包括言语理解与表达、数量关系、判断推理、资料分析和常识判断等5部分。

一、言语理解与表达

言语理解与表达主要考查考生运用语言文字进行思考和交流、迅速准确地理解和把握文字材料内涵的能力，包括：根据材料查找主要信息及重要细节；正确理解阅读材料中指定词语、语句的含义；概括归纳阅读材料的中心、主旨；判断新组成的语句与阅读材料原意是否一致；根据上下文内容合理推断阅读材料中的隐含信息；判断作者的态度、意图、倾向、目的；准确、得体地遣词用字；等等。常见的题型如下：

1. 逻辑填空

试题给出一个不完整的句子，要求考生从所给的 4 个（组）词中选出一个（组）词填入句中括号内，从而使句子的意思表达最准确。

2. 语句表达

一般分为两种类型，即歧义句辨析和病句判断。试题要求从语法、语气、语义等方面对有关语句做出判断。

3. 阅读理解

一般包括片段阅读和短文阅读。每道试题都给出一段（篇）材料，在段落（文章）后面有一个（或几个）不完整的陈述，要求考生从四个备选答案中选出一个来完成这一陈述。

二、数量关系

数量关系主要考查考生理解把握事物间量化关系、解决数量关系问题的能力，涉及数据关系的分析、推理、判断、运算等。常见的题型有数字推理、数学运算等。

1. 数字推理

试题给出一个数列，但其中缺少一项（或两项），要求考生仔细分析这个数列中各数之间的关系，找出其排列规律，然后从四个（组）供选择的答案中选出最适合的一个（组）填补空缺项，使之符合数列的排列规律。

2. 数学运算

试题一般给出一道算式，或是表述数量关系的一段文字，要求考生通过计算得出结果。

三、判断推理

判断推理主要考查考生对各种事物关系的分析推理能力，涉及对图形、语词概念、事物关系和文字材料的理解、比较、组合、演绎和归纳等。常见的题型如下：

1. 图形推理

试题主要考查考生抽象推理的能力，要求考生从四个备选答案中选择最符合规律的一个，替代题干中的问号，使图形呈现出一定的规律性。

2. 定义判断

每道试题先给出一个概念定义，然后分别列出四种情况，要求考生严格依据概念定义选出一个最符合或最不符合该概念定义的答案。

3. 类比推理

试题给出一组相关的词，要求考生通过观察分析，从备选答案中找出一个与之在逻辑关系上最为贴近或相似的词。

4. 逻辑判断

每道题给出一段陈述，这段陈述被假设是正确的、不容置疑的，要求考生根据这段陈述，选择一个最恰当的答案，该答案应与所给的陈述相符合，不需要任何附加说明就可以从陈述中直接推出。

四、资料分析

资料分析主要考查考生对各种形式的文字、图表等资料的综合理解与分析加工能力，这部分内容通常由统计性的图表、数字及文字材料构成。常见题型如下：

1. 图形资料

统计图是运用几何图形或具体事物形象来表示现象之间数量关系的图形，具体种类有条形图、曲线图、饼图等。考生需要根据统计图给出的信息加以分析、计算并回答有关问题。

2. 表格资料

统计表是统计资料的一种表现形式，即把统计对象及其指标按一定顺序填列在表内，具有简明扼要、条理清晰、提纲挈领等特点。任何一种统计表都是表格和统计数字的结合体。

3. 文字资料

文字资料试题是资料分析试题中较难、较复杂的部分，因为它不像统计图表那样直观、一目了然，而是通过文字描述来表达事物的数量关系。考生必须在较短的时间内迅速、准确地把握字里行间包含的各种数量关系和逻辑关系，并进行分析、计算、判断，才能得出正确答案。

五、常识判断

常识判断主要考查考生应知应会的基本知识以及运用这些知识分析判断

的能力，重点考查考生对国情社情的了解程度、综合管理基本素质等，涉及政治、经济、法律、历史、文化、地理、环境、自然、科技等方面。

自我介绍

面试时，面试官问的第一个问题常常是："你先做一下自我介绍吧。"有些刚刚毕业的求职者会介绍自己的毕业学校、兴趣爱好等。但比起兴趣爱好，面试官更愿意听到的是求职者与应聘职位最相关的经历。刚刚毕业的求职者可以尝试挖掘自身优势，结合应聘职位特点进行自我介绍，对学习经历、实习内容可重点展示。

自我介绍是考察候选人的口才、应变能力和逻辑能力的很好方式。自我介绍以1～3分钟为佳，不要机械重复简历内容。求职者可以考虑从以下几点入手：

（1）我是谁（一句话说清姓名、毕业学校、专业）。

（2）我为什么想在这家单位工作（对单位及职位的了解）。

（3）我具备哪些符合这项工作要求的技能和专业经验（相关实践经历）。

（4）我希望在事业上获得哪些成就（求职动机＋未来展望）。

结构化面试

一、结构化面试流程图

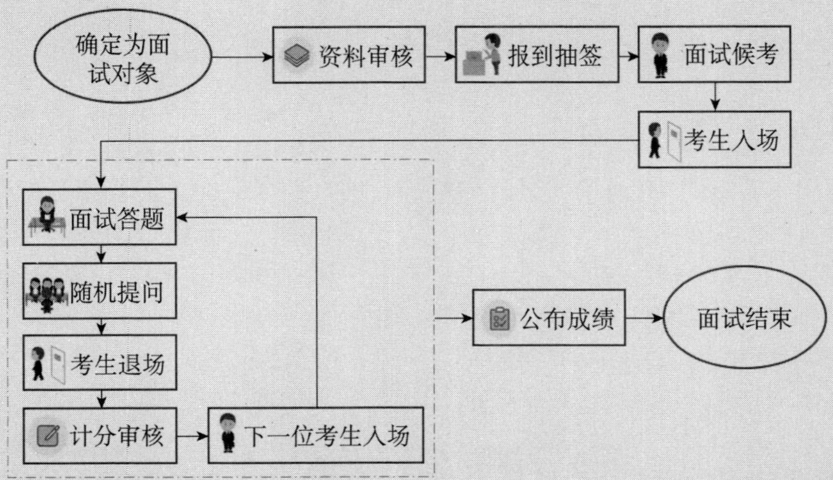

二、结构化面试考场布局

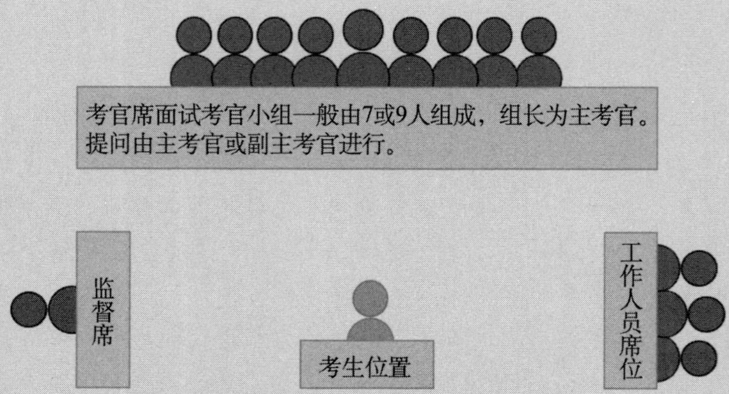

课后作业

1. 制作一份个人简历和求职信。

下篇

就业创业指导

第五章
就业签约与派遣实务

学习目标

1. 了解高校毕业生就业流程
2. 了解就业协议的作用与签订
3. 了解就业派遣与报到入职
4. 了解人事代理

导入案例

晓妍是一名农业院校化学专业的大四学生，在校期间成绩斐然，多次参与科研项目，尤其在绿色化学合成领域表现突出。随着毕业季临近，国家大力推行农业绿色发展政策，对环保型农药研发人才需求激增。晓妍留意到这一政策导向，在学校举办的就业双选会上，积极与相关企业沟通。

凭借在专业领域的扎实功底和对绿色农药研发的浓厚兴趣，晓妍成功获得了一家专注于绿色农药研发的高新技术企业的实习机会。实习期间，她参与了一项新型环保农药的研发攻坚项目。晓妍充分运用所学知识，提出创新的实验思路，助力项目取得阶段性突破，获得团队成员的一致认可。

毕业前夕，依据高校毕业生就业流程，晓妍与该企业顺利签订就业协议书。在签约过程中，她仔细研读协议条款，明确双方权利义务，包括薪酬待遇、工作岗位、服务期限、违约责任等关键内容，确保自身权益得到充分保障。企业依据协议，为晓妍办理相关就业派遣手续，晓妍在毕业后如期报到入职，正式开启绿色农药研发职业生涯，立志为农业绿色发展贡献力量。

分析：就业协议书作为大学毕业生与用人单位确立劳动关系的重要依据，清晰界定了双方在就业工作中的权利与义务，是保障大学生就业权益的关键要素。本章将详细解读高校毕业生从求职到入职全过程的就业流程，深入剖析就业协议书的重要作用与规范签订方式，以及毕业生离校、报到等相关规定与操作流程，助力大学生顺利完成从校园到职场的过渡。

第一节 高校毕业生就业流程

一、就业关键词

高校毕业生在与用人单位达成初步的聘用意向后，有几个关键词需特别关注，让我们从了解就业程序中的相关概念开始。

（一）毕业生推荐表

毕业生推荐表（见图 5-1）是由毕业生所在省市（自治区）就业主管部门统一印制并通过各高校发放给毕业生的推荐材料，是学校正式向用人单位推荐毕业生的书面材料，具有较高的权威性和可信度。

浙江农林大学 2021 届毕业生推荐表

<table>
<tr><td rowspan="6">基本情况</td><td>姓　　名</td><td></td><td>性　　别</td><td></td><td>民　　族</td><td></td><td rowspan="5">近期免冠一寸照片</td></tr>
<tr><td>出生年月</td><td></td><td>生源地区</td><td></td><td>政治面貌</td><td></td></tr>
<tr><td>所在学院</td><td colspan="3"></td><td>学　　历</td><td></td></tr>
<tr><td>专业名称</td><td colspan="3"></td><td>学　　制</td><td></td></tr>
<tr><td>家庭地址</td><td colspan="3"></td><td>邮政编码</td><td></td></tr>
<tr><td>健康状况</td><td></td><td>外语水平</td><td></td><td>计算机水平</td><td colspan="2"></td></tr>
<tr><td rowspan="3">联系方式</td><td>联系地址</td><td colspan="3"></td><td>邮政编码</td><td colspan="2"></td></tr>
<tr><td>固定电话</td><td colspan="3"></td><td>移动电话</td><td colspan="2"></td></tr>
<tr><td>E-mail</td><td colspan="3"></td><td>个人主页</td><td colspan="2"></td></tr>
<tr><td>个人教育经历</td><td colspan="7"></td></tr>
<tr><td>承担社会工作与实践的经历</td><td colspan="7"></td></tr>
</table>

图 5-1　毕业生推荐表示例

在校期间获奖情况	
特长爱好	
毕业生自我评价	毕业生签名： 年 月 日
导师评价	导师签名： 年 月 日
所在学院评价	盖章： 年 月 日
学校就业主管部门推荐意见	盖章： 年 月 日

图 5-1 毕业生推荐表示例（续）

一般说来，毕业生推荐表有如下作用：（1）毕业生推荐表是毕业生具有就业资格的证明文件。只有国家计划内招收的毕业生才有资格领取毕业生推荐表。定向、委培毕业生，非国家计划内招收的毕业生没有毕业生推荐表。（2）毕业生推荐表是毕业生申请户口、报考国家公务员等的必备资料。按照北京市人事局的规定，用人单位申报解决毕业生北京市户口，毕业生推荐表是必须提交的申报材料之一。同时，应届毕业生如果报考国家公务员，也必须提交毕业生推荐表。（3）毕业生推荐表是学校向用人单位推荐毕业生的正式书面材料。毕业生推荐表内容需要经过毕业生所在高校审核并加盖公章。

（二）毕业生登记表

毕业生登记表（见图 5-2）是由教育行政机关统一印制的具有规范格式的毕业生信息表格，是各类学历教育毕业生用来填写所取得的学籍和毕业档案的登记表格，内容包含毕业生个人的基本信息、学习及工作经历、在学校所受的奖励和处分、自我鉴定和评语等。

高等学校毕业生登记表

学　校 ________________

院　系 ________________

专　业 ________________

姓　名 ________________

学　号 ________________

填表日期　　年　　月　　日

浙 江 省 教 育 厅 制 订

填表说明

1. 毕业生必须实事求是地填写本表，字迹要清楚。

2. 表内所列项目，要全部填写，不留空白，如有情况不明无法填写时，应写“不清”或“不详”，如无该项情况，亦应写“无”。

3. “本人学习及工作经历”自入小学时起，依时间顺序详细填写，年月要衔接。中途间断学习和工作的时间也要填入，并加说明。

4. “家庭主要成员”是指直系亲属（父母和爱人、子女）。

5. 贴最近二寸正面半身脱帽照片。

6. 如有其他问题需要说明时，可另纸附上。

<table>
<tr><td>姓　名</td><td></td><td>曾用名</td><td></td><td>性　别</td><td></td><td rowspan="4">照
片</td></tr>
<tr><td>出生年月</td><td></td><td>民　族</td><td></td><td>籍　贯</td><td></td></tr>
<tr><td>学　制</td><td></td><td>学　历</td><td></td><td>学　位</td><td></td></tr>
<tr><td>家　庭
住　址</td><td colspan="5"></td></tr>
<tr><td>联系方式</td><td colspan="2"></td><td>何时何地加入共产党或共青团</td><td colspan="3"></td></tr>
<tr><td>毕业论文或毕业设计题目</td><td colspan="6"></td></tr>
<tr><td>毕业实习单位和主要内容</td><td colspan="6"></td></tr>
<tr><td>获得何种职业资格或技能证书</td><td colspan="6"></td></tr>
<tr><td>何时何地受过何种奖励或处分</td><td colspan="6"></td></tr>
</table>

-1-

本人学习及工作经历		
自何年何月起至何年何月止	在何地、何学校（或单位）学习（或任何职）	证明人及联系方式

家庭主要成员			
姓名	与本人关系	工作或学习单位	政治面貌

-2-

图 5-2　毕业生登记表示例

自我鉴定：
本人签名： 年 月 日

-3-

院系鉴定	班主任（辅导员）签名： 年 月 日
学校意见	公 章 年 月 日

-4-

图 5-2 毕业生登记表示例（续）

毕业生登记表一般由上级教育主管部门发放、备案，由毕业生所属学校管理、存档，由毕业生本人和校方分别填写相关内容，全面并客观记录、评价毕业生的在校学习及行为表现，不得涂改。毕业生登记表不仅是毕业生本人在校学习期间的成长记录，也是校方认定其毕业资格的基本依据。毕业生登记表作为毕业生的个人材料归入毕业生个人档案。

（三）就业协议书

就业协议书（见图 5-3，全称《全国普通高等学校毕业生就业协议书》或《全国毕业研究生就业协议书》）俗称“三方协议”，是由教育部或各省、自治区、直辖市就业主管部门统一制表，由毕业生、用人单位、学校三方签订的明确三方在就业择业过程中的权利义务关系的书面协议。在我国当前的就业体制下，就业协议书是教育部门制订就业计划的依据，是办理毕业生就业派遣的依据，是确认就业意向和劳动需求的凭证。

就业协议书一般主要包含三部分内容：毕业生情况及意见，包含毕业生的基本情况和应聘意见，由毕业生本人填写；用人单位情况及意见，包含用人单位基本信息，毕业生档案转寄单位名称、地址，用人单位意见等内容，由用人单位填写；学校意见，包含学校联系人、院（系所）意见、学校毕业生就业部门意见等内容，由学校就业主管部门填写。

就业协议书最重要的作用是明确毕业生、用人单位、学校三方在毕业生就业工作中的权利和义务，就业协议书具有民事法律上的合同效力，需要当事人严格遵守。

全国普通高等学校毕业生就业协议书

协议书编号：

<table>
<tr><td rowspan="6">用人单位（甲方）</td><td>单位名称</td><td colspan="3"></td><td>统一社会信用代码</td><td colspan="3"></td></tr>
<tr><td>单位性质</td><td></td><td>单位行业</td><td colspan="2"></td><td>职位类别</td><td colspan="2"></td></tr>
<tr><td>通信地址</td><td colspan="7"></td></tr>
<tr><td>联系人</td><td></td><td>手机号码</td><td colspan="2"></td><td>电子邮箱</td><td colspan="2"></td></tr>
<tr><td>档案转寄单位名称</td><td colspan="3"></td><td>联系人</td><td></td><td>联系方式</td><td></td></tr>
<tr><td>档案转寄单位地址</td><td colspan="7"></td></tr>
<tr><td rowspan="6">毕业生（乙方）</td><td>姓名</td><td colspan="2"></td><td>性别</td><td></td><td>民族</td><td colspan="2"></td></tr>
<tr><td>身份证号</td><td colspan="2"></td><td>政治面貌</td><td></td><td>毕业时间</td><td colspan="2"></td></tr>
<tr><td>毕业院校</td><td colspan="4"></td><td>学号</td><td colspan="2"></td></tr>
<tr><td>院系</td><td colspan="4"></td><td>学历</td><td colspan="2"></td></tr>
<tr><td>专业</td><td colspan="4"></td><td>学制</td><td colspan="2"></td></tr>
<tr><td>电子邮箱</td><td colspan="3"></td><td>手机号码</td><td colspan="3"></td></tr>
</table>

<table>
<tr><td>用人单位或用人单位人事部门</td><td>用人单位上级主管部门</td><td>毕业生</td></tr>
<tr><td>（签章）
年 月 日</td><td>（签章）
年 月 日</td><td>签名：
年 月 日</td></tr>
<tr><td>院系毕业生就业管理部门</td><td>院校毕业生就业管理部门</td><td>协议书二维码</td></tr>
<tr><td>年 月 日</td><td>年 月 日</td><td>甲方盖章前请扫码
验证协议内容！</td></tr>
</table>

图 5-3　就业协议书示例

	本协议供普通高等学校应届毕业生在与用人单位正式确立劳动人事关系前使用，由用人单位和毕业生在双向选择基础上共同签订，经学校审核后协议生效，是用人单位确认毕业生信息真实可靠、接收毕业生的重要凭证，也是学校进行毕业生就业管理、编制就业方案及毕业生办理就业手续的重要依据。为明确甲方（用人单位）、乙方（毕业生）、丙方（学校）三方在毕业生就业工作中的权利和义务，甲方、乙方、丙方达成如下协议： 一、甲方要如实向乙方介绍本单位的情况，明确对乙方的要求及使用意图，做好各项接收工作。 二、乙方应按国家规定就业，向甲方如实介绍自己的情况，了解甲方的使用意图，表明自己的就业意见，在规定的时间内到甲方报到，若遇到特殊情况不能按时报到，需征得甲方同意。 三、丙方要如实向甲方介绍乙方的情况，做好推荐工作，审核协议信息无误后，报上级主管部门备案，并负责办理就业手续。 四、乙方到甲方报到后，甲方须按照国家有关规定与乙方签订劳动合同。劳动合同签订后，本协议自动终止。 五、甲方正式录（聘）用乙方后，须按国家有关规定，为乙方缴纳社会保险费，并提供与工作岗位相关的福利待遇。 六、甲方、乙方应全面履行协议。一方违约，另一方可依法追究其违约责任，并要求其赔偿违约金，违约金另行约定。如甲方或乙方未如实向对方介绍与签订本协议相关的己方情况或隐瞒不良事实，足以影响对方签约意愿的，对方可单方解除本协议，不承担违约责任。 七、甲方、乙方协商一致，可以变更协议中双方约定的条款或解除协议。符合下列情况之一，经书面告知对方后，本协议解除：1. 甲方被撤销或依法宣告破产；2. 乙方报到时未取得毕业资格；3. 乙方被判处拘役以上刑罚；4. 法律、法规和政策规定的其他情况。 八、当乙方因录用为公务员、升学（留学）、参加国家及地方政府项目（选调生、选聘生、大学生志愿服务西部计划、“三支一扶”、农村特岗教师计划、入伍等），而无法履行本协议的，甲方、乙方另行约定。 九、甲方、乙方因履行本协议发生争议，由甲方、乙方协商解决，或提请丙方及有关部门协调解决，也可向人民法院提起诉讼。 十、未尽事宜，由甲、乙、丙三方依照有关法律、法规和政策另行约定，并视为本协议的一部分。
补充协议内容	一、甲方拟录（聘）用乙方，职位类别为__________________，岗位名称为________________，试用期为__________________，试用起薪为____________元，转正起薪为____________元，报到地点为__________________，报到期限为________________实际工作地点为________________ 二、甲方签约联系人____________，联系电话________________。甲方、乙方如有一方解除协议或违反协议条款规定的，应承担相应的违约责任并向对方支付违约金________________元。 三、其他补充协议条款：____。

图 5-3　就业协议书示例（续）

（四）劳动合同

劳动合同（见图 5-4）是用人单位与劳动者之间明确权利与义务的协议，所有劳动合同都必须依据《中华人民共和国劳动合同法》（简称《劳动合同法》）制定，而不能依据用人单位的单方面意愿来制定。

现行的《劳动合同法》于 2007 年 6 月 29 日由第十届全国人民代表大会常务委员会第二十八次会议通过，并根据 2012 年 12 月 28 日第十一届全国人民代表大会常务委员会第三十次会议《关于修改〈中华人民共和国劳动合同法〉的决定》进行了修正。

劳动合同的内容一般包括法定条款和约定条款。法定条款，即法律规定劳动合同必须具备的条款，只有具备了法定条款的劳动合同才能依法成立。《劳动合同法》规定：“劳动合同应当具备以下条款：（一）用人单位的名称、住所和法定代表人或者主要负责人；（二）劳动者的姓名、住址和居民身份证或者其他有效身份证件号码；（三）劳动合同期限；（四）工作内容和工作地点；（五）工作时间和休息休假；（六）劳动报酬；（七）社会保险；（八）劳动保护、劳动条件和职业危害防护；（九）法律、法规规定应当纳入劳动合同的其他事项。劳动合同除前款规定的必备条款外，用人单位与劳动者可以约定试用期、培训、保守秘密、补充保险和福利待遇等其他事项。”

约定条款，即劳动关系当事人或其代表约定的劳动合同所具备的条款。它是法定条款的必要补充，但其具备与否，对劳动合同可否依法成立，没有决定性意义。《劳动合同法》规定：“劳动合同除前款规定的必备条款外，用人单位与劳动者可以约定试用期、培训、保守秘密、补充保险和福利待遇等其他事项。”但是，补充条款的内容不能与国家的法律法规相抵触，不能危害国家、组织或个人的利益。

劳动合同

甲方（用人单位）：________

乙方（劳动者）：________
身份证号码：________
联系电话：________

根据《中华人民共和国劳动法》《中华人民共和国劳动合同法》和有关法律、法规，甲乙双方经平等自愿、协商一致签订本合同，共同遵守本合同所列条款。

第一条　合同期限

甲乙双方选择以下第______项确定本合同期限。

（一）本合同期限自______年___月___日起至______年___月___日止；

（二）本合同为无固定期限的劳动合同，合同期自______年___月___日起至法定的终止条件出现时止；

（三）以完成一定的工作为期限，自______年___月___日起至工作（任务）完成时即行终止。

乙方试用期为______个月（日）。自______年___月___日起至______年___月___日止。

第二条　工作内容

甲方根据生产工作需要，安排乙方从事______岗位（工种）工作，工作地点为________________。

乙方应按照甲方安排的工作内容及要求，认真履行岗位职责，按时完成工作任务。

第三条　工作时间和休息休假

乙方实行以下第______项工时制度。

（一）实行标准工时工作制的，甲方安排乙方每日工作时间不超过 8 小时，每周不超过 40 小时。甲方由于工作需要，经与工会和乙方协商后可以延长工作时间，一般每日不得超过 1 小时，因特殊原因需要延长工作时间的，在保障乙方身体健康的条件下延长工作时间每日不得超过 3 小时，每月不得超过 36 小时。

（二）实行综合计算工时工作制的，应经人力资源和社会保障行政部门批准，可以周、月、季、年等为周期综合计算工作时间，平均每日工作时间不得超过 8 小时，平均每周工作时间不得超过 40 小时。

（三）实行不定时工作制的，应经人力资源和社会保障行政部门批准，用人单位采用弹性工作时间等适当的工作和休息方式，确保职工的休息休假权利和生产、工作任务的完成。

乙方在合同期内享受国家规定的各项休息、休假的权利，甲方应保证乙方每周至少休息一天。

第四条　劳动报酬

甲方结合本单位的生产经营特点和经济效益，依法确定本单位的工资分配制度。乙方的工资水平，应按照本单位的工资分配制度，结合乙方的劳动技能、劳动强度、劳动条件和劳动贡献等确定，实行同工同酬。

按本合同约定的乙方工作岗位（工种），甲方支付乙方的工资标准为______元 / 月（周）。

乙方在试用期的工资标准为______元 / 月（周）。（试用期的工资不得低于本单位相同岗位最低档工资的 80% 或者不得低于劳动合同约定工资的 80%，并不得低于用人单位所在地的最低工资标准。）

甲方应以法定货币形式于每月___日足额支付乙方工资。

甲方不得克扣或无故拖欠乙方工资。不得违反国家有关最低工资的规定。甲方安排乙方延长日工作时间，应支付不低于乙方工资 150% 的工资报酬；安排乙方在休息日工作又不能安排补休的，应支付不低于乙方工资 200% 的工资报酬；安排乙方在法定休假日工作的，应支付不低于乙方工资 300% 的工资报酬。

图 5-4　劳动合同示例

第五条 劳动保护和劳动条件

甲方要严格执行国家和地方有关劳动保护的法律、法规和规章，为乙方提供必要的劳动条件和劳动工具，制定操作规程、工作规范和劳动安全卫生制度及标准。

甲方有义务负责对乙方进行政治思想、职业道德、业务技术、劳动安全卫生及有关规章制度的教育和培训。

乙方有权拒绝甲方的违章指挥、强令冒险作业，对危害生命安全和身体健康的条件，有权对甲方提出批评、检举和控告。

甲方依法制定的规章制度应当公示或告知乙方，乙方应严格遵守规章制度，完成劳动任务，提高职业技能，执行劳动安全卫生规程，遵守劳动纪律和职业道德。

第六条 社会保险和福利待遇

甲方应按国家和地方有关社会保险的法律、法规和政策规定为乙方缴纳基本养老、基本医疗、失业、工伤、生育保险费，社会保险费个人缴纳部分，甲方可从乙方工资中代扣代缴。

乙方在孕期、产期、哺乳期等各项待遇，按国家和地方有关生育保险政策规定执行。

乙方患病或非因工负伤的医疗待遇按照国家和地方有关政策规定执行。

第七条 劳动合同的解除、终止和变更

劳动合同的解除、终止按国家和省有关政策规定执行。

甲乙双方解除、终止劳动合同时，甲方应为乙方出具解除或终止劳动合同的证明，并在十五日内为乙方办理档案和社会保险关系转移手续。

劳动合同解除、终止时乙方应办理工作交接，依据国家和省有关政策规定甲方应当支付乙方经济补偿的，在办理工作交接时支付。

甲乙双方经协商一致，可以变更劳动合同约定的内容。变更劳动合同应当采取书面形式，由甲乙双方各执一份。

第八条 劳动争议处理

甲乙双方因履行本合同发生争议的，任何一方有权向本单位劳动争议调解委员会申请调解，不愿或调解不成，任何一方应当自劳动争议发生之日起一年内向有管辖权的劳动争议仲裁委员会申请仲裁，对仲裁裁决不服的，可以向人民法院提起诉讼。

第九条 其他事项

甲乙双方可以就出资培训、保守商业秘密或与知识产权相关的保密事项等签订专项协议，作为本劳动合同附件。

本合同未尽事宜或条款，按国家和省、市的有关规定执行。

本合同经甲乙双方签字盖章生效后，由甲方负责到人力资源和社会保障行政部门办理劳动用工备案手续。

甲方（公章）：__________ 乙方（签字）：__________

法定代表人（签字或盖章）：__________

签订日期：_______年___月___日

图 5-4 劳动合同示例（续）

二、就业流程

（一）签就业协议形式就业签约流程

1. 收到用人单位接收证明

收到用人单位的接收函、录用通知或毕业生推荐表回执，经本人慎重考虑，同意到该单位工作，开始启动签约程序。

2. 申请就业协议书

本人在网上申请就业协议书。

3. 毕业生确认签字

毕业生本人完善就业协议书上要求由其填写的个人相关资料并签字确认。

4. 用人单位签字盖章

用人单位填写相关资料并签字盖章，如用人单位无人事权，还需该单位的上级单位（具有人事权）签字盖章。

5. 学院签字盖章

院系负责就业工作的老师审核、盖章。

6. 就业办公室签字盖章

到学校负责就业工作的办公室签字盖章。完毕后，学校、用人单位和毕业生三方各留存一份。

7. 移走户口、档案、关系

办理户口迁移手续，办理档案及党团组织关系转移手续。

8. 报到

毕业生根据用人单位的要求，持相关证件到用人单位报到。

（二）签劳动合同形式就业签约流程

1. 毕业生与用人单位签订劳动合同

经本人慎重考虑，同意到用人单位工作，开始启动劳动合同签约程序，由本人填写的个人相关资料并签字确认，再由用人单位填写相关资料并签字盖章。

2. 学院登记录入

院系负责就业工作的老师记录、录入就业系统。

3. 就业办公室审核

学校负责就业工作的办公室审核就业材料。

4. 移走户口、档案、关系

办理户口迁移手续，办理档案及党团组织关系转移手续。

5. 报到

毕业生根据用人单位的要求，持相关证件到签约单位报到。

（三）其他录用形式就业

1. 毕业生与用人单位达成就业意向

经本人慎重考虑，同意到该单位工作。

2. 学院登记录入

依据录用单位出具的录用文件或有关部门出具的接收证明，院系负责就业工作的老师将信息记录、录入就业系统。

3. 就业办公室审核

学校负责就业工作的办公室审核就业材料。

4. 移走户口、档案、关系

办理户口迁移手续，办理档案及党团组织关系转移手续。

5. 报到

毕业生根据用人单位的要求，持相关证件到用人单位报到。

（四）考研升学基本流程

1. 了解考研常识

考研常识包括培养目标、报考条件、研究生的分类、考研政策调整等。

2. 选择学校和专业

如果确定要考研，就需要选择报考的学校和专业。一般来说，有 4 种基本的报考模式：本专业本校报考、本专业跨校报考、跨专业本校报考、跨专业跨校报考。确定了要报考的学校和专业范围后，要及时获得最新的招生信息，以便更好地备考。获得招生信息的途径有以下几个：

（1）招生简章。一般在每年 7～8 月，各学校会公布本年度招生简章，一般包括招生单位名称、代码、通信地址、邮政编码、联系电话、招生的专业和人数、导师、考试科目、使用的参考书等信息。

（2）导师。提前和导师联系，通过导师获取相关信息。

（3）在读研究生。和导师相比，在读研究生能提供更详细的信息。

（4）媒体。通过各种传统媒体和新媒体获得丰富的考研信息。

（5）考研网站。有很多考研网站，能提供很多实用信息。

3. 报名

考研报名包括网上报名和现场确认两个阶段。网上报名一般在每年的 9 月或 10 月，网上报名结束后，所有考生（含推荐免试生）均须到报考点现场确认网上报名信息，并缴费和照相。

4. 初试

初试即全国硕士研究生入学统一考试。初试一般在 12 月，持续 2～3 天，进行 2～4 门考试，每门考试时间一般为 3 小时；建筑设计等特殊科目考试时间最长不超过 6 小时。详细考试科目及有关要求等由考点和招生单位予以公布。

5. 复试

复试是在通过初试的基础上，对考生业务水平和实际能力进行进一步考查。复试时间、地点、科目、方式由招生单位自定。

6. 调剂

在研究生招生工作中，由于招生计划的限制，部分考生虽然达到了分数线，但并不能被安排复试或复试后并不能被录取，对这些考生，招生单位将负责把其全部材料及时转至第二志愿单位，这个过程即称为考研调剂。只有参加全国统考并达到了国家线的考生，才有调剂机会。

7. 录取

通常情况下，各招生单位会在 5 月初左右公布录取结果，之后便进行调档工作。

（五）出国（出境）流程

1. 制订计划，准备语言考试

以英语为例。去英联邦国家像英国、澳大利亚等留学，通常需考雅思（IELTS）。而去北美国家像美国、加拿大等留学，通常需考托福（TOEFL）。

2. 联系申请国外（境外）大学

联系申请国外（境外）大学，取得国外（境外）大学的接收函或录取通知书后，经本人慎重考虑，申请出国（出境）留学，不参加就业派遣。

3. 了解档案政策

出国留学学生的档案可以转到教育部留学服务中心，也可以转到生源地人才服务机构。毕业生可以根据自己的实际情况做决定。

4. 落实档案去处

出国留学学生若需要将档案存放至教育部留学服务中心，需要到教育部留学服务中心开具调档函；否则，档案将被派遣至生源地人才服务机构。

5. 办理档案转出

出国留学学生在毕业离校前，到学校相关部门办理档案的转出手续。档案转到教育部留学服务中心的毕业生，将调档函提交至学校档案管理部门，由学校通过机要通道转递档案。档案放在生源地人才服务机构的毕业生，将向生源地人才服务机构申请的接收函提交至学校就业部门，由学校转递档案至指定机构。

6. 出国未成行时

出国未成行的毕业生需在学校规定日前，确定去向，重新落实档案去处。

（六）公务员、选调生及事业单位招考流程

1. 公务员招考

公务员，是指依法履行公职、纳入国家行政编制、由国家财政负担工资福利的工作人员。按《公务员范围规定》的界定，下列机关中除工勤人员以外的工作人员列入公务员范围：中国共产党各级机关；各级人民代表大会及其常务委员会机关；各级行政机关；中国人民政治协商会议各级委员会机关；各级监察机关；各级审判机关；各级检察机关；各民主党派和工商联的各级机关。

报考公务员应当满足下列条件：（1）具有中华人民共和国国籍；（2）年满18周岁；（3）拥护《中华人民共和国宪法》，拥护中国共产党领导和社会主义制度；（4）具有良好的政治素质和道德品行；（5）具有正常履行职责的身体条件和心理素质；（6）具有符合职位要求的文化程度和工作能力；（7）法律规定的其他条件。

具有下列情况之一的人员，不能报考公务员：现役军人；在读的非应届高校毕业生；在职公务员和参照《中华人民共和国公务员法》（以下简称《公务员

法》）管理的机关（单位）工作人员；因犯罪受过刑事处罚的人员；被开除中国共产党党籍的人员；被开除公职的人员；被依法列为失信联合惩戒对象的人员；在各级公务员招考中被认定有舞弊等严重违反录用纪律行为的人员；公务员和参照《公务员法》管理的机关（单位）工作人员被辞退未满 5 年的；法律法规规定不得录用为公务员的其他情形的人员。此外，报考者不得报考录用后即构成《公务员法》第七十四条第一款所列情形的职位，也不得报考与本人有夫妻关系、直系血亲关系、三代以内旁系血亲关系以及近姻亲关系的人员担任领导成员的用人单位的职位。

公务员招考的流程一般为：招考公告等发布→查询并选择职位→提交报名申请→招考单位审核→审核通过后考生上传照片 / 缴费确认→打印准考证→笔试→专业考试（部分职位）→面试→体检→政审→公示→录用。

2. 选调生招考

选调生是各省党委组织部门有计划地从高等院校选调品学兼优的应届毕业生（一般要求本科及以上学历，部分岗位限定研究生学历），到基层工作并作为党政领导干部后备人选进行重点培养的公务员。其特点是：属于公务员编制，但由组织部门专项管理；主要作为县级以上党政机关高素质工作人员和领导干部后备人选；招录条件更高，晋升渠道更优，管理更严格。

根据《公务员法》和中组部有关选调生工作的要求，报考人员需具备以下基本条件：拥护党的领导，政治立场坚定；品行端正，遵守纪律，在同学中威信较高；有吃苦奉献精神，志愿到基层工作，服从组织安排；组织协调能力和语言表达能力较强，有发展潜力；学习成绩优良，基础知识扎实，能够同时获得相应学制的毕业证书和学位证书；报考法院、检察院系统的硕士研究生须取得国家法律职业资格证书。

各省的要求在此基础上有所不同，以浙江省 2024 年选调生招考为例，其招考公告写明，报考者除符合《公务员录用规定》明确的报考资格条件外，还应符合以下条件：（1）政治素质良好，忠诚于党、爱国奉献、为民服务，有志于从事党政机关工作，服从组织分配。（2）2024 年全日制应届毕业生。选调高校的往届毕业生在毕业当年即参加团中央服务“西部计划”“欠发达地区计划”，且报名时仍在服务期间的，可按 2024 年应届毕业生身份报考。（3）截至 2023 年 10 月 9 日，年满 18 周岁，其中，大学本科生不超过 25 周岁（1997 年 10 月 9 日以后出生），硕士研究生不超过 28 周岁（1994 年 10 月 9 日以后出生），博士研究生不超过 30 周岁（1992 年 10 月 9 日以后出生）。具有参军入伍经历的，报考年龄可放宽 2 岁。（4）具备下列条件之一：中共党员（含预备党员）；在选调高校就读期间，担任班级委员、党（团）支部委员、院系级学生会（研究生会、团委）中层副职、院系级社团副职及以上职务，且任职时间满 1 个学年以上；在选调高校就读期间，获得“三好学生”“优秀毕业生”“优秀团员”等校级以上综合性表彰奖励（报考山区海岛县定向紧缺专业选调职位的考生，对该项资格条件不作要求）。（5）学习成绩优良，按照教育部学制有关规定，能够如期取得毕业证书和学位证书（2024年7月31日前）。报考常规选调的博士研究生、报考定向紧缺专业选调的研究生，经审核同意后可放宽取得学历学位期限，但最迟不超过2024年12月31日（以学历学位证书落款时间为准）。（6）具有正常履行职责的身体条件和心理素质。（7）具备选调职位要求的其他资格条件。凡因违法违纪受过刑事处罚、各类处分，或有《公务员法》及其他有关法律法规、规章政策明确不得录用为公务员情形的，不得报考。

选调生招考的流程一般为：招考公告等发布→学校推荐→网上报名→资格初审→笔试→面试→初定人选→体检 / 考察→公示→录用。

3. 事业单位招考

事业单位，是指由国家机关举办或者其他组织利用国有资产举办的，从事教育、科技、文化、卫生等活动的社会服务组织。与企业单位相比，事业单位主要有以下两个特征：不以营利为目的；财政及其他单位拨入的资金主要不以经济利益的获取为回报。事业单位参与社会事务管理，履行管理和服务职能，宗旨是为社会服务。

事业单位招考的流程一般为：招考公告等发布→网上报名→资格审查→笔试→面试→体检 / 考察→公示→录用。

（七）创业流程

1. 寻找创业灵感

观察市场、行业和社会趋势，寻找有潜力的商机。可以从你的兴趣、专业知识、技能或解决实际问题入手，思考如何将其转化为商机。

2. 进行市场调研

了解目标市场的需求、竞争情况和消费者行为，确定目标客户群体和市场规模。通过问卷调查、访谈、观察等方法收集数据，评估潜在市场的创业可行性。

3. 制订商业计划

根据市场调研结果，制订详细的商业计划。包括产品或服务定位、目标市场、竞争策略、营销渠道和财务预测等内容。商业计划可以帮助你清晰地了解自己的创业方向，并为未来的发展提供指导。

4. 寻找合作伙伴

创业过程中，对合作伙伴的选择至关重要。可以寻找具有相关经验或技能的合作伙伴，共同推动项目的发展。可以通过校内的创业社团、创业导师以及校友网络等渠道寻找合适的合作伙伴。

5. 学习和提升技能

创业需要具备多方面的技能，包括市场营销、财务管理、团队管理等。可以通过参加创业培训课程、读相关书籍、参加行业研讨会等方式提升自己的创业技能，增加自己的知识储备。

6. 筹集资金

创业需要一定的资金支持。可以通过自筹资金、向家人朋友借款、寻找投资者或者申请创业基金等途径筹集资金。需要进行详细的财务预测，向投资者展示项目的潜力和回报。

7. 注册公司和保护知识产权

根据创业项目的需要，选择合适的公司类型进行注册。同时，要保护自己的知识产权，如商标、专利等，避免他人抄袭或侵权。

8. 建立合作关系和供应链

与供应商、合作伙伴、客户等建立良好的合作关系，确保项目的顺利运营。同时，建立稳定的供应链，保证产品或服务的质量和供应能力。

9. 推广和营销

制定营销策略，利用线上线下渠道推广产品或服务。建立品牌形象，吸引目标客户群体，提高知名度和销售额。

10. 持续学习和调整

创业是一个不断学习和调整的过程。要保持对市场和行业的敏感度，及时调整经营策略，不断优化产品或服务，以适应不断变化的市场和客户需求。

（八）其他

1. 大学生应征入伍

（1）网上报名预征。有应征意向的高校毕业生可在征兵开始之前登录“全国征兵网”进行报名，填写、打印《应届毕业生预征对象登记表》和《高校学生应征入伍学费补偿国家助学贷款代偿申请表》(以下分别简称《登记表》《申请表》)，交所在高校征兵工作管理部门。

（2）初审、初检。毕业生离校前，在高校参加政治初审、身体初检，符合条件者确定为预征对象，高校协助兵役机关将《登记表》和《申请表》审核盖章发给毕业生本人，并完成网上信息确认。初审、初检工作最晚在 7 月 15 日前完成。

（3）实地应征。高校应届毕业生可在学校所在地应征入伍，也可在入学前户籍所在地应征入伍。

（4）组织高校应届毕业生在学校所在地征集的，结合初审、初检工作同步进行体格检查和政治审查，在毕业生离校前完成预定兵，9 月初学校所在地县（市、区）人民政府征兵办公室为其办理批准入伍手续。政治审查以本人现实表现为主，由其就读学校所在地的县（市、区）公安部门负责，学校分管部门具体承办，原则上不再对其入学前和就读返乡期间的现实表现情况进行调查。

（5）在入学前户籍所在地应征入伍的，高校应届毕业生7月30日前将户籍迁回入学前户籍地，持《登记表》和《申请表》到当地县级兵役机关参加实地应征，经体格检查、政治审查合格的，9月初由当地县（市、区）人民政府征兵办公室办理批准入伍手续。

2. 大学生志愿服务西部计划

（1）报名、笔试、面试。

一般每年4月开始报名，5月开始考察报名学生的政治思想素质、学习成绩、志愿服务经历等情况，并组织对报名的高校毕业生开展笔试面试工作，择优选拔志愿者。

（2）统一体检。

6月上旬，招募省项目办统一指定时间和医院，组织入选的报名者进行集中体检。体检不合格的，将不予录取。

（3）公示。

6月中旬，公布录取志愿者名单，并将公示结果报省项目办。

（4）录取志愿者。

6月中旬，根据面试、体检、公示情况，最后确认录取人员名单。由于各种原因不能赴西部参加志愿服务的，由各基层团委负责推荐递补人员入选。

（5）审定确认。

6月下旬，经全国领导小组审定后，向志愿者发《报到通知书》（标明服务岗位，培训报到时间、地点及联系方式）。9月上旬，全国项目办通过“大学生志愿服务西部计划信息系统”汇总到岗志愿者名单，并向社会公布。

3. “三支一扶”计划

（1）汇总计划。

每年4月底前，省级工作协调管理办公室要收集、汇总乡镇一级教育、卫生、扶贫等基层岗位需求信息，并上报全国“三支一扶”工作协调管理办公室，同时面向社会公开发布。

（2）组织招募。

每年5月底前，各地根据下达的招募计划和实际情况，采取考核或考试的方式进行招募。

（3）确定人选。

经审核、体检确定人选后，省级工作协调管理办公室要组织“三支一扶”大学生签署《高校毕业生“三支一扶”计划申请书》，并于每年6月底前将“三支一扶”大学生名单上报全国“三支一扶”工作协调管理办公室备案。

（4）培训上岗。

各地要组织“三支一扶”大学生进行上岗前的集中培训，培训内容主要是党和国家有关基层工作特别是农业、教育、卫生、扶贫方面的方针政策，本地区基层工作的现状，拟服务单位和岗位的基本情况，乡镇共青团有关工作业务，等等。每年 7 月底前派遣“三支一扶”大学生到服务单位报到。

4. 农村义务教育阶段学校教师特设岗位计划

招聘工作由省级教育、人力资源和社会保障、财政、编办等相关部门共同负责，遵循“公开、公平、自愿、择优”和“三定”（定县、定校、定岗）原则，按下列程序进行:（1）公布需求;（2）自愿报名;（3）资格审查;（4）考试考核;（5）集中培训;（6）资格认定;（7）签订合同;（8）上岗任教。

第二节 就业协议的签订

就业协议书是《全国普通高等学校毕业生就业协议书》或《全国毕业研究生就业协议书》的简称，俗称“三方协议”。它是明确毕业生、用人单位、学校三方在毕业生就业工作中权利和义务的书面文件，也是教育部门制订就业计划和办理毕业生就业派遣的依据。关于就业协议书的内容、作用等内容在本章第一节已有详细论述，此处不再赘述。本节主要关注与签订就业协议相关的问题。

一、签订就业协议的主要原则

（一）主体合法原则

签订就业协议的当事人必须具备合法的主体资格。

对毕业生而言，就是必须取得毕业资格，如果学生在派遣时未取得毕业资格，用人单位可以不予接收而无须承担法律责任。对用人单位而言，就是必须具有从事各项经营或管理活动的能力，应有录用毕业生计划和录用自主权，否则毕业生可解除协议而无须承担违约责任。对高校而言，就是应根据用人单位的要求如实介绍毕业生的在校表现，同时如实将所掌握的用人单位信息发布给毕业生。

（二）平等协商原则

毕业生、用人单位、学校三方在签订就业协议时的法律地位是平等的，任何一方都不得将自己的意志强加给另外两方。例如：学校不得采用行政手段要求毕业生到指定单位就业（不包括有特殊情况的毕业生），用人单位也不应在签订就业协议时要求毕业生缴纳过高数额的风险金、保证金。

二、签订就业协议的程序

（1）毕业生和用人单位达成协议，并在就业协议书上签字盖章，用人单位应在协议书上注明档案接收信息（名称、地址）。

（2）需审批的用人单位，提交上级主管部门批准盖章。

（3）用人单位必须在规定时间内将就业协议书送到学校。

（4）学校审核盖章后留存一份，另两份分别送至毕业生和用人单位处。

三、签订就业协议的注意事项

（1）要三思而后行。毕业生在与用人单位签订就业协议之前，要对用人单位的情况（诸如用工制度、工作条件、工作地点、薪酬待遇等）多了解，考虑清楚以后，再签订就业协议。

（2）要注意协议的有效性。就业协议书必须由三方签署才能生效。一般来说，学校和毕业生在这方面问题不大，关键是用人单位签章是否有效，手续是否齐全，也就是该用人单位是否有人事权。

比如，省属企事业单位签订就业协议时，除需加盖单位公章外，还需加盖上级主管部门公章；市属及以下单位签订就业协议时，需加盖单位公章并经当地人力资源和社会保障局备案。

（3）要核实用人单位信息准确无误。毕业生要认真核对就业协议书上的用人单位信息，如单位名称、档案转寄地址、户口迁移地址等。用人单位名称必须完整填写单位全称（与公章一致），不要简写、误写、写别名。档案转寄地址、户口迁移地址必须详细准确，一旦有误将导致毕业生档案和户口转出和接收困难，致使毕业生不能及时地落实各种关系。

（4）毕业生应如实介绍自己的情况。如已报考研究生入学考试或打算专升本，毕业生在签约时应向用人单位讲明情况，并在就业协议书中标注清楚，否则容易引起协议纠纷。

（5）特殊约定要写明。经毕业生、用人单位双方协商，如有达成一致意见的特殊要求或条件（就业协议书现有条款中未能包括），则可在补充协议中写明。

四、协议解除

为了维护就业协议书的严肃性和学校的声誉，签订就业协议书后，毕业生和用人单位都应认真履行协议。毕业生倘若因特殊原因要求违约，则应承担违约责任，并需办理解约手续。

（1）到原签就业协议书的单位办理书面同意的解约函（盖单位公章）。

（2）向学校就业指导部门提出书面申请（阐明解约理由）并附上解约函。

（3）学校就业指导部门根据有关规定审批换发新的就业协议书。

第二节 户口迁移和档案派遣

在当前就业创业新形势下，国家和地方对大学生户口迁移和档案派遣政策进行了一系列重要变革。其中，最为显著的是国务院办公厅于 2022 年发布《关于进一步做好高校毕业生等青年就业创业工作的通知》，规定从 2023 年起，不再发放《全国普通高等学校本专科毕业生就业报到证》和《全国毕业研究生就业报到证》（以下统称就业报到证），取消就业报到证补办、改派手续，不再将就业报到证作为办理高校毕业生招聘录用、落户、档案接收转递等手续的必需材料。这一变革极大地简化了毕业生就业相关手续，为毕业生求职就业提供了更多便利。

在户口迁移方面，高校毕业生既可在就业地办理落户手续（超大城市按现有规定执行），也可在原户籍地办理落户手续。户口迁入地公安机关会依据毕业生就业情况、本人意愿和迁入地落户政策要求，依法办理。例如，一些城市为吸引人才，针对高校毕业生实施了更为宽松的落户政策，像部分二线城市推出“零门槛”落户政策，毕业生只需提交相关材料即可申请落户，进一步促进了人才的流动和城市的发展。

在档案派遣方面，自 2023 年起，组织人事部门和档案管理服务机构在审核和管理人事档案时，就业报到证不再作为必需的存档材料，不过之前档案材料中的就业报到证仍应继续保存，缺失的无须补办。高校要及时将毕业生登记表、成绩单等重要材料归入学生档案，按照有关规定有序转递。到机关、国有企事业单位就业或定向招生就业的，转递至就业单位或定向单位；到非公单位就业的，转递至就业地或户籍地公共就业人才服务机构；暂未就业的，转递至户籍地公共就业人才服务机构。

一、户口迁移详解

（一）协议就业毕业生户口迁移

协议就业毕业生的户口既可以迁到就业地，也可以迁回原户籍地。但是，将户口迁移到就业地需要满足一定条件。一般来说，毕业生需与用人单位签订有效的就业协议或劳动合同，明确就业意向和相关权益。在办理流程上，通常是毕业生先与用人单位协商确定户口迁移事宜，随后向当地公安机关提交户口迁移申请，并附上身份证、户口簿、毕业证、就业协议/劳动合同等相关材料。公安机关会对提交的申请材料进行严格审核，若材料真实有效且符合当地的户口迁移政策要求，便会批准户口迁移。毕业生须在规定时间内办理户口迁移手续，完成户口的正式迁移。

不同城市的政策差异较为明显。例如，一些一线城市，像北京，由于城市资源紧张，因此对毕业生户口迁移设置了较高门槛。北京可能要求毕业生所在单位有进京指标，且毕业生需满足一定的学历、专业等要求，同时需在就业单位连续缴纳社会保险满一定期限，如6个月。而一些二线城市，如成都、杭州，为吸引人才，毕业生落户政策相对宽松。成都对符合条件的普通高校全日制大学本科及以上学历应届毕业生，提供“先落户后就业”政策，毕业生只需提供学历证明等材料即可申请落户；杭州则针对应届高校毕业生推出“零门槛”落户政策，只需提交相关材料便可申请，极大地简化了落户流程。

（二）其他毕业去向毕业生户口迁移

1. 未落实就业单位、灵活就业和待就业毕业生

这类毕业生的户口原则上迁回原籍。办理方式为毕业生向学校或学校所在地公安机关提出迁回原籍申请，提供身份证、户口簿、毕业证等材料，经审核通过后，由公安部门办理户口迁移手续，将户口迁回原籍。不过，毕业生也可根据个人意愿提出申请，在择业期（一般为2年）内将户口存留在学校。

2. 升学毕业生

升学毕业生需根据录取学校开具的调档函办理户口迁移。毕业生向原学校提供调档函，由原学校填写毕业生的政审材料后，连同户口迁移相关材料一并转递到录取学校。毕业生需在规定时间内到录取学校办理户口迁入手续。

3. 预征入伍毕业生

预征入伍毕业生的户口一般迁回原籍。办理时，毕业生向学校或当地征兵部门提交相关材料，如《应届毕业生预征对象登记表》、身份证、户口簿等，经审核通过后，由公安机关办理户口迁移手续。

4. 参与科研项目毕业生

参与科研项目毕业生的户口一般迁回原籍。办理时，毕业生向学校或当地公安机关提供参与科研项目的相关证明材料，如项目合同、单位证明等，经审核通过后，由公安机关办理户口迁移手续。

二、档案派遣全览

（一）协议就业毕业生档案派遣

1. 省直单位

毕业生与省直单位签订就业协议后，学校会在整理完毕业生档案（包括毕业生登记表、成绩单、党团组织材料、奖惩记录等）后，将档案直接寄送用人单位。

2. 市属单位

毕业生与市属单位签订就业协议后，同样是学校先整理档案，然后将档案寄送用人单位业务主管部门。

3. 县及县以下单位

当毕业生到县及县以下单位就业时，学校在整理完档案后，会将档案寄送单位所属地市人事局。

4. 私营企业、无主管企事业单位及采用聘用方式使用毕业生的单位

这类单位的毕业生档案会被寄送至其人事关系委托单位的县级以上人才交流中心。

（二）其他毕业去向毕业生档案派遣

1. 未落实就业单位、灵活就业和待就业毕业生

这类毕业生的档案原则上寄送生源地人事部门，通常是生源地的公共就业人才服务机构。毕业生在毕业前需向学校提供生源地人事部门的相关接收信息，学校在整理完档案后，会通过邮政 EMS 标准快递（高校档案专用通道）或机要通道寄送。不过，毕业生也可在毕业前向学校提出申请，在择业期（一般为 2 年）内将档案存留在学校。

2. 升学毕业生

升学毕业生的档案转递相对简单，原学校在整理完档案后，会根据录取学校的调档函，将档案转寄到录取学校。

3. 预征入伍毕业生

预征入伍毕业生的档案一般转寄入学前户籍所在地的县（区）级公共就业人才服务机构。办理时，毕业生需向学校提供相关入伍材料，学校审核后，会将档案转寄。

4. 参与科研项目毕业生

参与科研项目毕业生的档案可存放在项目承担单位所在地或入学前户籍所在地的人才交流中心。办理时，毕业生需向学校提交参与科研项目的证明材料，如项目合同、单位接收函等，学校会根据毕业生的选择，将档案转至相应的人才交流中心，方便档案管理和相关服务的提供。

三、办理关键要点与注意事项

无论是户口迁移还是档案派遣，在办理过程中都有诸多关键要点和注意事项。

户口迁移证是户口迁移的关键凭证，毕业生在领取到户口迁移证后，务必仔细核对证上的各项信息，如姓名、性别、身份证号码、出生日期、迁移地址等，确保信息准确无误。若发现信息有误，则应及时与学校保卫部门或当地公安机关联系，按要求申请更正，切勿自行涂改，以免导致迁移证作废。同时，要妥善保管户口迁移证，避免污损、丢失。若不慎丢失，需及时向原发证机关申请补办，补办过程可能涉及登报声明作废等程序，较为烦琐，会给毕业生带来麻烦。

档案在个人职业发展和社会生活中起着重要作用，是记录个人学习、工作经历和相关信息的重要文件。在档案派遣过程中，要确保档案材料的完整性。档案应包含毕业生登记表、成绩单、党团组织材料、奖惩记录等重要材料，如有缺失，应及时向学校相关部门申请补充。同时，要保证档案材料的真实性，不得篡改、伪造档案内容，否则将严重影响个人信用和未来发展。毕业生还需关注档案的转递进度，可通过学校提供的查询渠道或与档案接收单位联系，了解档案是否已顺利送达。若发现档案在转递过程中出现问题，如丢失、损坏等，应及时与学校和档案接收单位沟通协调，共同寻找解决办法。

四、常见问题与答疑

毕业生户口迁移和档案派遣过程中，常常会出现各种问题，以下为大家解答一些常见疑惑。

1. 户口迁移信息变更

毕业生在领取户口迁移证后若发现迁移地址等信息有误，需及时处理。若户口迁移地址在本省（自治区、直辖市）范围内变更，毕业生本人应与辅导员联系，将户口迁移证原件和《户口迁移证落户地址变更申请表》一同提交给辅导员；辅导员持相关材料交学院党总支书记签字盖章后，再将材料交保卫处负责户籍管理的老师前往派出所变更，最后由辅导员将变更后的户口迁移证返给毕业生本人。若是户口迁移地址跨省（自治区、直辖市）变更，毕业生本人需到学校，与辅导员联系，携带户口迁移证原件和已签字盖章的《户口迁移证落户地址变更申请表》，预约保卫处负责户籍管理的老师，一同到派出所办理变更手续。

2. 户口迁移证过期

户口迁移证的有效期通常为30天（部分省份为40天），毕业生应及时办理落户。若因特殊原因造成户口迁移证超过有效期限，一般情况下落户地派出所也是可以办理的。若落户地派出所不同意落户，需要办理延期手续，毕业生本人需与辅导员联系，将户口迁移证原件和《户口迁移证延期申请表》一同邮寄给辅导员；辅导员将材料交保卫处负责户籍管理的老师，由其到派出所办理延期后交回辅导员，最后由辅导员将延期后的户口迁移证原件寄给毕业生本人。

3. 户口迁移证丢失

若毕业生不慎丢失户口迁移证，且户口迁移地址无变化只需重新补办，那么有两种情况。若户口迁移地址在本省（市、区）且需重新补办户口迁移证，则毕业生本人需与辅导员联系，填写《户口迁移证丢失补办申请表》提交给辅导员；辅导员将申请表交学院领导签字盖章后，再交保卫处负责户籍管理的老师到派出所办理，办理完成后由辅导员将补办的户口迁移证原件寄给毕业生本人。若户口迁移地址跨省（自治区、直辖市）且需重新补办户口迁移证，则毕业生本人需到学校，与辅导员联系，按要求准备好相关补办材料，预约保卫处负责户籍管理的老师，一同到派出所办理补办手续。

4. 档案材料遗失补办

毕业生如果发现档案材料（如毕业生登记表、成绩单等）遗失，就应及时联系学校相关部门申请补办。

第四节 人事代理

在当前就业形势日益复杂多变的背景下，人事代理作为一种创新的人事管理模式，正逐渐成为大学生就业创业的重要支撑。随着市场经济的深入发展，各类用人单位的用人需求和管理方式不断变化，人事代理应运而生，为毕业生和用人单位提供了更加灵活、高效的人事服务，有效促进了人才的合理流动和优化配置。在国家鼓励创新创业、推动人才发展体制机制改革的政策引导下，人事代理的重要性愈发凸显。它不仅为毕业生解决了就业过程中的诸多后顾之忧，还为用人单位提供了专业的人事管理支持，助力用人单位专注于核心业务的发展。因此，深入了解人事代理，对于大学生顺利就业创业具有重要的现实意义。

人事代理，是指由政府人事部门所属的人才服务中心，依据国家相关人事政策法规，接受单位或个人的委托，在其服务项目范畴内，为多种所有制经济特别是非公有制经济单位以及各类人才，提供人事档案管理、职称评定、社会养老保险金收缴、出国政审等全方位服务的一种新型人事管理模式。它实现了人员使用与人事关系管理的分离，是我国人事制度改革的一项关键举措。

对于毕业生而言，人事代理具有多方面的积极意义。它有效解决了毕业生的落户难题，确保了毕业生无论在何种类型的单位就业，其合法权益、社会政治待遇以及应享有的人事服务（如保留干部身份、转正定级、工龄连续计算、档案工资调整、职称评定、党团关系管理、代办社会保险和住房公积金等）都能得到充分保障。

私营企业、股份制企业和民办科研机构等无主管部门和不具有人事管理权限的用人单位招聘的员工均需办理人事代理，一部分无编制的国有企事业单位招聘的员工也需要办理人事代理。

一、人事代理的服务范围

人事代理的服务范围广泛，涵盖基础服务和拓展服务，旨在为用人单位和个人提供全面、专业的人事管理解决方案。

（一）基础服务

1. 人事政策咨询

人事代理机构作为专业的人事服务提供者，深入研究并掌握国家和地方的各类人事政策法规，包括但不限于人才引进政策、薪酬福利政策、劳动法律法规等。它们能够为用人单位和个人提供及时、准确的政策解读，帮助用人单位和个人了解政策动态，把握政策机遇，规避政策风险。例如，当国家出台新的人才引进政策时，人事代理机构可以为用人单位详细讲解政策的适用范围、申请条件和办理流程，协助用人单位制订符合政策要求的人才引进计划。对于个人而言，人事代理机构可以为其解答关于社保缴纳、职称评定等方面的政策疑问，提供有针对性的建议和指导。

2. 人事档案管理

人事档案是对个人身份、学历、工作经历、奖惩情况等信息的重要记录，对于个人的职业发展和权益保障具有重要意义。人事代理机构按照国家相关规定，对用人单位和个人的人事档案进行规范管理，包括档案的接收、整理、保管、转递等环节：在档案接收过程中，严格审核档案材料的完整性和真实性，确保档案信息的准确无误；定期对档案进行整理，更新档案内容，保证档案的时效性；在档案保管方面，配备专业的档案保管设施，确保档案的安全；当用人单位或个人需要转递档案时，人事代理机构按照规定的程序和要求，及时、准确地办理档案转递手续，确保档案的顺利流转。

3. 社会保险代办

社会保险是保障劳动者基本权益的重要制度安排，包括养老保险、医疗保险、失业保险、工伤保险和生育保险。人事代理机构熟悉社会保险政策和办理流程，能够为用人单位和个人代办社会保险相关业务：为用人单位办理社保开户、员工社保参保登记、社保费用缴纳申报等手续，确保用人单位依法为员工缴纳社会保险；对于个人特别是灵活就业人员和自主创业人员来说，人事代理机构可以帮助他们办理社保参保手续，选择合适的社保缴费档次，确保个人能够享受到应有的社会保险待遇；同时，人事代理机构还会及时关注社保政策的调整，为用人单位和个人提供社保待遇调整的相关信息和服务。

（二）拓展服务

1. 党团组织关系接转

对于流动人员中的党员和团员，人事代理机构负责接转他们的党团组织关系，建立流动人员党团组织，开展各类党团组织活动。当毕业生或其他流动人员的工作单位没有建立党团组织，或者他们暂时未落实工作单位时，人事代理机构可以接收他们的党团组织关系，为他们提供参加党团组织活动的机会，确保他们能够继续履行党员和团员的义务，享受相应的权利。人事代理机构通过开展党团组织活动，还可以加强对流动人员中的党员和团员的教育和管理，提高他们的思想政治素质，增强党团组织的凝聚力和战斗力。

2. 人才招聘代办

人事代理机构可以根据用人单位的人才需求，代拟和多渠道代发人才招聘启事，吸引各类人才应聘；同时，组织报名、考试、考核等招聘环节，对应聘人员进行初步筛选和评估，为用人单位提供符合岗位要求的候选人名单。在人才招聘过程中，人事代理机构还可以根据用人单位的特殊需求，为其提供个性化的招聘解决方案，如开展校园招聘、提供猎头服务等，帮助用人单位快速、高效地招聘到合适的人才。

3. 培训与人才测评

为了帮助用人单位提升员工的专业素质和业务能力，人事代理机构可以根据用人单位的需求和员工的实际情况，制订个性化的培训计划。培训内容涵盖专业技能培训、职业素养培训、管理能力培训等多个方面，培训方式包括内部培训、外部培训、在线培训等多种形式，以满足不同用人单位和员工的培训需求。此外，人事代理机构还运用科学的人才测评工具和方法，对人才的知识、技能、能力、性格、职业兴趣等进行全面测评，为用人单位提供人才测评报告，帮助用人单位更好地了解人才的优势和不足，合理安排岗位，实现人才的优化配置。

二、人事代理对毕业生的作用

（一）权益保障

人事代理为毕业生提供了全方位的权益保障。在落户方面，它解决了毕业生的燃眉之急，使毕业生能够顺利在工作地或期望的城市落户，避免了由户口问题带来的诸多不便。例如，在一些大城市，户口与购房、子女教育、医疗等权益紧密相关，通过人事代理办理落户，毕业生能够享受到这些城市提供的优质公共服务资源，为自己和家人的生活奠定良好基础。

无论毕业生就职于何种类型的单位，人事代理都能确保其合法权益不受侵害。在社会保险方面，人事代理机构按照国家规定，为毕业生代办养老保险、医疗保险、失业保险、工伤保险和生育保险等，使毕业生在工作期间能够享受到应有的社会保障，免除后顾之忧。在劳动纠纷处理方面，人事代理机构凭借专业的法律知识和丰富的经验，为毕业生提供法律咨询和援助，帮助他们维护自己的合法权益，确保毕业生在就业过程中能够得到公平、公正的对待。

（二）职业发展支持

在工龄计算方面，人事代理具有重要意义。对于委托人事代理的毕业生，其工龄在代理期间连续计算。这意味着，即使毕业生在不同单位之间流动，或者暂时处于未就业状态，只要办理了人事代理，其工龄的连续性就能得到保障。工龄在很多情况下对个人的职业发展和福利待遇有着重要影响，如在机关事业单位，工龄是确定工资待遇、职务晋升的重要依据；在一些企业，工龄也与员工的年假、退休金等福利挂钩。通过人事代理，毕业生能够积累连续的工龄，为自己未来的职业发展和生活保障创造有利条件。

在工资调整和职称评定方面，人事代理同样为毕业生提供了有力支持。当涉及国家统一调整工资时，人事代理机构会根据国家及地方有关政策，按照自收自支事业单位同类人员工资水平为在人事代理机构托管档案的毕业生核定档案工资，确保他们的工资待遇能够随着政策的调整而得到合理调整。在职称评定方面，人事代理机构为毕业生提供专业的指导和服务，帮助他们了解职称评定的条件、流程和要求，协助他们准备相关材料。本科毕业生工作满1年、大中专毕业生工作满 3 年后，可通过人事代理机构申报初级职称，人事代理机构为毕业生在专业领域的发展提供了晋升的机会和平台。

三、办理人事代理的程序

人事代理可由单位集体委托代理，也可由个人委托代理，还可单项委托代理；可单位全员委托代理，也可部分人员委托代理。

对于离校时已落实工作单位的毕业生，其人事代理由毕业生的接收单位统一办理；对于离校时未就业、自主创业和灵活就业的毕业生，可以委托政府批准的人事代理机构协助管理。

（一）单位委托代理程序

（1）提交申请材料：单位首次办理人事代理时，需提供企业营业执照（副本）复印件或事业单位法人登记证复印件，以证明单位的合法身份。同时，还需提交单位介绍信，明确办理人事代理事项的具体委托人和委托权限。

（2）签订委托协议：单位与人事代理机构签订《单位委托人事代理协议书》，明确双方的权利和义务。协议书中详细规定了代理服务的内容、期限、费用等事项，确保双方在代理过程中的权责有明确的依据。

（3）提供人员材料：单位需提供拟委托代理人员的人事档案，确保档案材料的完整性和真实性。同时，提供劳动合同，以证明单位与员工之间的劳动关系；对于有工作变动的人员，还需提供离开原单位的材料，如离职证明、解除劳动合同协议等。

（4）审核与存档：人事代理机构对单位提交的材料进行审核，重点审核拟委托代理人员的档案是否符合存档要求、劳动合同是否规范等。对于符合条件的人员，人事代理机构出具调档函，办理转档及存档手续，将其人事档案纳入规范管理。

（二）个人委托代理程序

（1）准备申请材料：离校时未就业的毕业生，需提交委托人事代理申请，明确表达个人委托人事代理的意愿和需求；提供毕业证书复印件，证明个人的学历情况。自主创业的毕业生，除上述材料外，还需提供企业营业执照（副本）复印件，以证明个人的创业身份和经营情况；同时，提供就业失业登记证，记录个人的就业和失业状态，便于享受相关就业创业政策。灵活就业的毕业生，需提供灵活就业证明材料，如与雇主签订的劳务协议、工作收入证明等，以证明个人的就业形式和工作情况；此外，还需提供身份证复印件，作为个人身份的有效证明。

（2）填写申请表格：个人向人事代理机构领取并填写《委托人事代理申请表》，详细填写个人基本信息、委托代理事项等内容。确保填写的信息准确无误，以便人事代理机构能够及时、有效地为个人提供服务。

（3）签订代理合同：人事代理机构对个人提交的申请材料和填写的申请表进行审核，审核通过后，双方签订《人事代理委托合同书》。合同书中明确规定了代理服务的内容、期限、费用、双方的权利和义务等事项，保障个人在人事代理过程中的合法权益。

（4）办理存档手续：个人按照人事代理机构的要求，将人事档案转递至指定地点。人事代理机构对档案进行审核和整理，符合要求的予以存档，并为个人建立档案管理编号，便于后续的档案查询和管理。

四、常见问题与解答

（一）毕业生的常见问题

1. 档案能否自行保管？

毕业生不能自行保管档案。根据规定，人事档案必须通过机要通信转递或由学校密封后派专人送交人才服务中心。自行保管档案可能导致档案失效，影响后续的转正定级、职称评定等事宜。例如，小李毕业后自行保管档案，在办理入职手续时，因档案被认定为“死档”而无法正常入职，经过烦琐的手续才重新激活档案。

2. 办理人事代理后，会对考研、考公务员有影响吗？

完全没有影响。办理人事代理后，在研究生招生报名阶段，人才服务中心可为毕业生出具证明；在录取阶段，毕业生凭录取学校的调档函或录取通知书，可办理人事关系、工资关系及档案转递手续。考公务员时，人事代理机构也能提供相关的证明和材料，保障毕业生顺利报考和入职。

3. 如何办理转正定级？

委托人事代理的应届毕业生见习一年期满后，由本人向人才服务中心提出申请，人才服务中心可按国家规定为其办理转正定级手续。转正定级意味着干部身份的正式确定，若日后变动工作进入国有单位，转正定级将成为享受有关待遇的重要依据。

4. 人事代理的费用是多少？

各地人事代理费用标准不一，部分地区已经取消了人事档案保管费，实现了免费代理。毕业生在办理人事代理时，应向当地人事代理机构详细咨询费用情况，避免经济损失。

（二）用人单位的常见问题

1. 办理人事代理对用人单位有什么好处?

办理人事代理对用人单位益处多多。它能使用人单位从烦琐的人事管理事务中解脱出来，减轻管理负担，专注于核心业务的发展；它能为用人单位提供专业的人事服务，确保员工的人事档案管理、社保缴纳等工作规范有序，增强员工对用人单位的认同感和归属感，有助于吸引和留住人才；政府所属人才部门提供的权威服务，也能为用人单位及其员工提供保障，降低人事风险。

2. 用人单位如何选择合适的人事代理机构?

用人单位应优先选择具有合法资质、信誉良好的人事代理机构。可以通过查看机构的营业执照、人力资源服务许可证、劳务派遣经营许可证等资质证书，了解其是否具备合法经营的资格；通过咨询其他用人单位、查看网络评价等方式，了解机构的口碑和服务质量；综合比较不同机构的服务内容、收费标准等，选择最符合用人单位需求和预算的代理机构。

3. 人事代理机构能否为用人单位提供人才招聘服务? 具体流程是怎样的?

许多人事代理机构能够为用人单位提供人才招聘服务。具体流程通常为：用人单位向人事代理机构提出人才需求，包括岗位要求、招聘人数、薪资待遇等；人事代理机构根据用人单位需求，代拟和多渠道代发人才招聘启事；组织报名、考试、考核等招聘环节，对应聘人员进行初步筛选和评估；为用人单位提供符合岗位要求的候选人名单，用人单位做最终的面试和录用决策。

课后作业

1. 正式签订就业协议前有哪些注意事项?

第六章 角色转换与心理调适

学习目标

1. 了解角色认知
2. 了解角色转换中存在的问题
3. 了解影响职业适应的因素
4. 了解大学生职业适应期的心理调适方法

导入案例

随着国家对数字经济产业的持续扶持，互联网行业发展迅猛，对计算机专业人才需求旺盛，但竞争也异常激烈。小张是浙江某高校计算机专业的大四学生，在校期间成绩优异，多次获得校奖学金，专业技能扎实。受国家鼓励创新创业政策的影响，小张原本计划毕业后投身互联网创业领域，为此他积极参加各类创新创业大赛，积累项目经验。

然而，在筹备创业项目过程中，小张发现市场竞争远超预期，创业难度极大。经过深思熟虑，他决定先进入企业积累经验，再寻找合适的创业时机。不久后，小张成功入职一家颇具规模的互联网公司，担任软件开发工程师助理。

初入公司，小张满怀热情，渴望大展拳脚。但很快他就遭遇了诸多问题。公司的开发流程和技术架构与学校所学存在较大差异，小张一时难以适应，工作效率较低。同时，他发现团队协作模式也与学校项目小组截然不同，同事们更注重工作效率和结果，沟通方式较为直接。小张觉得同事们对他态度冷淡，领导分配的任务也琐碎繁杂，他似乎没有得到应有的重视。

在这种情况下，小张没有主动去了解公司的业务流程、团队文化，也没有积极与同事和领导沟通交流。他总是等待别人来指导自己，面对工作中的困难，选择独自默默承受，内心压力逐渐增大。随着时间推移，小张对工作越来越抵触，最终在入职三个月后选择了辞职。

分析：深入分析小张的经历，可以发现他在角色转换过程中存在明显不足。首先，小张对职场环境和公司需求缺乏充分了解，没有意识到从学生到职场人的转变不仅是身份的变化，更是思维方式、工作模式的全面转变。其次，在面对工作中的困难和不适应时，小张缺乏主动沟通和积极解决问题的能力，没有及时调整自己的心态和行为，以适应新的工作角色。

在当前就业形势下，大学生从校园步入职场，必然会面临角色转换的挑战。了解角色认知、掌握角色转换技巧、积极调适心理状态，是顺利度过职业适应期的关键。大学生应充分认识到职场与校园的差异，主动适应企业环境，提升自身的职业素养，才能在职业生涯中稳步前行。

第一节 角色适应

大学生在从校园走向职场的过程中，面对与校园生活截然不同的环境和角色定位，有很多东西需要去学习和适应。这一过程不仅涉及职业能力提升，还涉及角色转换与心理调适。

一、角色认知

职场上的角色认知指人们对自己工作职责的了解程度。正确的职场角色认知可以引导员工明确努力的方向，改善员工与同事、供应商和其他利益相关者的协作关系。

（一）社会角色认知

社会角色，简单地说是一个人的身份，是指由人们所处的特定社会地位和身份所决定的规范和行为模式，是人们对具有特定地位的人的行为的一种期望。它随着社会实践的发展而不断更新。

社会角色是社会赋予人的社会权利与义务，它反映了每个人在社会中的地位和在人际关系中的位置，代表了每个人的身份。个人在不同时间、不同环境、不同场合扮演不同的社会角色，并享有不同的社会权利，履行不同的社会义务，遵循不同的社会规范。

每个人扮演的主要角色，由其承担的主要任务来决定。如大学生的主要任务是学习，其主要角色是学生，他们对扮演“学生”这一角色十分熟悉，但对职业角色的要求却相对比较陌生。

（二）学生角色与职业角色的区别

1. 活动方式不同

学生以学习书本知识为主要活动。作为受教育者，其认识社会的途径是间接的，认识的内容主要也是理论性的；同时，由于在校期间，学生更多的是接受来自家庭和社会的供给和资助，一直处在一种接受外界给予的环境中，因此容易缺乏自主能力。

而职业角色则不同，它要求运用个人掌握的知识和能力，通过具体的工作向外界提供劳动，同时，在遵守法律法规和用人单位规章制度的前提下，职业角色在生活上也有较大的自由度。

2. 社会责任不同

学生角色的主要责任是学好科学文化知识，掌握社会生活基本技能，逐步完善自己，以便将来为社会服务，实现人生价值。

而职业角色的责任则是以特定的身份去履行职责，依靠所掌握的知识或技能去创造社会效益和经济效益。

两种不同角色责任的履行的影响也不同：

（1）学生角色责任的履行，主要关系到学生本人掌握知识的多少和能力培养的程度。

（2）职业角色责任的履行则影响非常大，不仅影响个人价值的实现，还会影响工作单位、行业的声誉。例如，作为一名医生，如果医术精湛、医德高尚，能充分履行自己的职责，则不仅能为医生行业树立风范，还会为所在的医院带来声誉；反之，则会损害医疗工作者和医院的形象。

由此可见，从学生到职场人的角色转变，角色所承担的社会责任增强，社会对职场人的责任心有着更高的要求。刚走出校门的大学生大多还没有认识到自己的角色已经发生了转变，更没有意识到自己所承担的社会责任增强，因此出现了不适应的现象。

3. 社会权利不同

学生角色的权利，主要是依法接受教育，并取得家庭或社会的经济资助。而职业角色的权利，则是在开展工作的过程中依法行使职权，并在履行义务的同时获取报酬和其他相应的社会福利待遇。

4. 社会规范不同

角色规范，是对角色扮演者的行为规定。对于不同的社会角色，会有不同的行为规范和要求。

（1）学生角色是从教育和培养的角度出发规范学生的行为的，如通过制定学籍管理条例、学生生活管理条例等规章制度，对学生的学习和生活提出相应的要求，以引导学生健康成长，使其成为对社会有用的人才。

（2）职业角色主要对职场人的行为模式进行规范，并且因职业不同而千差万别。这些规范既具体又严格，一旦违背就必须承担责任，甚至被追究法律责任。

5. 全面独立性要求不同

从学生到职场人的角色转换，对大学生的独立性也有了更高的要求。学生在经济上主要依靠家庭的资助，在生活上依赖家长的关照，在学业上习惯了老师的指导，他们始终处在被人扶助的环境之中。毕业后离开学校，对他们的全面独立的要求主要表现在以下 4 方面：

（1）由于有了工作报酬，经济上逐步成为独立者。

（2）工作上要求能够独当一面，不再依靠家庭和老师。

（3）学习上要会自我安排，在自己日常的工作、生活中通过自身的体验来了解和认知社会。

（4）生活上要学会自己照顾自己。

这种全面独立的要求，不仅对青年提出了依靠自身力量、加强自我管理的新课题，而且为青年自身的发展和完善提供了更广阔的空间和更高的自由度。

（三）从学生角色到职业角色的转换

随着人的成长，其角色也会不断发生变化。因此，角色转换是对作为个体的人在社会关系中的位置的变化的动态描述。

大学生告别校园，走上工作岗位，意味着他们已经脱离各方面的监护，开始独立自主地生活。大学生尽快地从学生角色转换到职业角色，对于其职业成功意义非凡。

1. 有利于尽快适应职业生活

在新的工作岗位上，当面对崭新的工作条件和生活环境、现实化的专业内容、复杂的人际关系时，谁能尽快实现角色转换，谁就能较快地适应职业生活，并掌握成功的主动权。

大多数大学生希望能较快地度过适应期，独立、愉快地开展工作。但部分人常常在一两年内都难以适应和胜任工作。为此，有些人变得迷惘消极、自暴自弃，甚至频繁地更换工作。此时，就需要他们正视自己、面对现实、脚踏实地，这也是度过适应期的关键。

2. 有利于在人才竞争中脱颖而出

竞争性是市场经济的一个基本特征。市场竞争是无情的，适者生存、优胜劣汰是不以人的意志为转移的客观规律。初为职场人时，必然会面临来自各方面的挑战和竞争，只有尽快将所学的理论知识应用于实践中，并不断提高自身素质和能力，快速熟悉职业角色，熟练开展工作，才能在激烈的人才竞争中脱颖而出。

3. 为今后的发展打下良好的基础

从学生角色到职业角色的转换，实质上是从理论落实到实践的过程。能否较快且顺利地实现角色转换，反映了大学生潜在素质和能力水平的高低。以积极的态度顺应工作的需要，主动适应岗位的要求，努力完善自己，将为今后的发展打下扎实的基础。

从学生角色到职业角色的转换，也是社会化过程，是新参加工作的大学生学会在组织中行事，逐步了解和认同组织价值观，具备组织所需的能力及社会知识，从而在组织中扮演某种角色，真正成为组织一员的过程。这个转换应达到的目标如下：

（1）通过学习，熟悉所从事的工作。

（2）与组织其他成员成功地建立起和谐关系。

（3）全面了解正式或非正式工作关系，以及组织内部权力结构。

（4）掌握组织独有的专业术语、行话等。

（5）了解特定的组织目标和价值观。

（6）理解和赞成组织的传统、习惯、仪式等，并熟悉组织重要成员或有影响力成员的个人背景和工作经历。

二、实现角色转换

大学生走向社会后会经历社会角色的转换，这是一生中一个新阶段的开始。顺利实现角色转换，有利于大学生尽快适应新的环境，缩短工作磨合期。

（一）从学生时代进入工作状态的心理准备

大学生承担的主要任务是学习，但职场人则不然。在社会角色转换的过程中，大学生首先应明确自己不再是受人关照的学生，不再是只接受他人帮助和照顾的“孩子”。

在毕业前，大学生应该提前思考和认清自己将来打算扮演的社会角色，预期未来的职业。在行动上，培养独立的意志，慢慢确认自己独立的身份，明确自己应该做什么和怎样去做，学会思考职业前景与所从事职业的关系，为将来的发展做准备。

刚参加工作的大学生，对工作岗位的性质了解不足。一般情况下，公司或部门负责人会向新员工介绍一些注意事项和与工作岗位相关的安全条例等，有时还会组织有针对性的培训，以使新员工较快地进入角色，更多地了解工作性质和岗位职责。

尽管如此，大学生也必须做好充分的心理准备，才能在未来的职业发展中更好地面对各种复杂情况与可能出现的问题，使自己占据主动地位。从学生时代步入职场，应做好以下 8 个方面的准备工作。

（1）克服依赖性，增强主动性。

（2）提高职业道德，增强职业责任感和义务感。

（3）敢于面对困难，具有克服困难和正确对待挫折的勇气。

（4）勇敢面对每一次考验。

（5）正确对待每一次选择。

（6）制定现实有效的职业生涯规划。

（7）克服性格上的不足。

（8）合理调适情绪。

（二）自我调整，尽快适应新的工作环境

新员工上岗之初，一定要充分认清自己的角色性质、位置、职责范围，明确自己的工作内容、工作特点及社会对这一角色的期望等。只有这样，才能明确自己在工作中应该怎样去做、应该做些什么、怎样才能做好。一般来说，用人单位会通过开展岗前培训来对新员工进行培训。除此以外，新员工还可以通过主动向老员工请教、阅读有关规定和岗位职责规范等方式，尽快熟悉自己的角色。

新员工走上工作岗位后，要积极进行自我调整，尽快适应新的工作环境，在竞争中生存、发展，从而实现自己的人生价值。具体来说，可以从以下几个方面做起：

（1）留下良好的第一印象。

（2）严格守时。

（3）立足现实，增强独立意识。

（4）主动勤快，积极参与工作。

（5）勤学好问，虚心请教。

（三）正确处理好与领导和同事的关系

职场人际关系，是一种基本的社会关系，也是一种复杂的关系。大学生如果能正确处理好自己与领导、同事的关系，就能尽早适应职场环境，实现自己角色的转换。良好的人际关系，可以成就一个人的事业，使其更有信心和力量。

1. 正确处理好与领导的关系

大学生进入职场后正确处理与领导的关系具体表现在以下两方面：

（1）尊重领导。对领导的尊重，主要体现在态度上，应做事周到、细致，展现良好的品质和风格。

（2）主动沟通。主动询问和汇报工作，可以让领导看到你的工作积极性，随时掌握你的工作情况，提升对你的印象分。

2. 正确处理好与同事的关系

人的工作和生活不是孤立的，经常要同其他人共处。从一定程度上说，良好的职场人际关系可以产生积极效应，帮助职场人摆脱职业工作中的困境。

在职场中，主动团结同事，与他们和睦相处，有助于自己工作的顺利开展。具体来讲，要处理好与同事的关系，应注意以下5点：

（1）平等相待。与同事相处，要亲切友善，不区分亲疏远近。对待同事应当一视同仁、不偏不倚。切勿在同事之中画圈子、搞宗派，这些做法最终只会损害同事之间的关系。

（2）搞好团结。平时与同事打交道时，既要讲究公事公办、开诚布公、敢于开展批评与自我批评，又要注意具体的方式方法，不借题发挥、挑拨离间、破坏团结。

（3）以诚相待。正常的同事关系，应当是君子之交，彼此之间豁达大度、以诚相待。人与人之间最大的信任来自诚实，同事之间的相互信任亦应以诚实为基础。

（4）相互支持。既然同事是自己工作上的伙伴，在工作之中就应当主动关心对方、帮助对方。当同事需要帮助时，应当挺身而出、鼎力相助。支持同事的工作，不仅会赢得对方的支持，也会有助于公司的发展。

（5）保持距离。不论是主动帮助、关心、支持同事，还是对方寻求帮助，都要注意就事论事、适可而止。处理自己与同事的关系时，一定要把握好分寸，要防止热情过度、强人所难、干涉对方的私生活，避免引起对方的反感。

（四）“自我充电”，加强综合素质

现在，社会和科技快速发展，知识更新的周期不断缩短，在这种环境下，大学生应为适应不同的职业需求打下坚实的“软硬件”基础。很多企业对人才的要求越来越高，为了适应不同工作的需求，大学生需要不断地学习，及时弥补业务知识上的不足。

一般来说，大学生刚到用人单位时，都会参加岗前培训。大学生应该借助该机会，调整学习态度，尽快熟悉用人单位的规章制度、用人理念、技术特点等，以便尽快适应新的工作环境，更好地融入团队。

（五）合理流动，促进角色转换

随着社会经济的快速发展、行业的不断变化，职业流动也越来越频繁。大学生在发现自己不适应原有职业的发展时，可以另辟蹊径，转换职业，找寻新的目标。

很多大学生在工作后都有跳槽的经历。跳槽并没有对错之分，但要注意不能盲目地跳槽，在跳槽前应该认真考虑：该不该跳槽？跳槽后自己能做什么？这样，才能让自己在就业方面少走弯路，更利于自己的职业发展。

第二节 角色转换中存在的问题

大学生在走上工作岗位之初，对职业角色难免会有些不适应。此时，大学生应对自己的职业角色有比较清晰的认识，这样有助于克服情绪波动，更好地提升自己。

刚走上工作岗位的大学生，在角色转换时主要受以下问题的影响。

一、依恋心理

一些大学生在角色转换过程中容易出现依恋学生角色的情况。大学生走上工作岗位后，来到一个全新的环境，很容易出现“怀旧”心态。

大学生进入职场后，常常会自觉或不自觉地以学生角色来要求自己和对待工作。比如，以学生角色的习惯方式观察和分析事物，以学生角色的社会义务和社会规范来要求自己，很难适应职场中较为复杂的人际关系，难以承受职业责任的压力。

二、对职业角色的畏惧

一些大学生在毕业后进入新的工作环境时，对职业角色存在畏惧心理：不知道工作应该从何做起、如何开展，而且在工作中怕承担责任，总是畏首畏尾，缺乏年轻人的朝气和锐气；工作上全靠领导安排，对自己的工作性质、工作范围等没有足够的认识。因此，在履行角色义务、遵守角色规范方面存在着一定的不足。进入职场后，大学生一定要调整心态，克服对职业角色的畏惧，尽快适应职业角色。

三、眼高手低的高傲心理

大学生要正视职场与校园的差异，调整过高期望，避免“理想化”落差。一些大学生常以毕业于名校而傲，轻视实践，只想从事高层次的工作，看不起基层工作，甚至认为大学毕业生从事基层工作是大材小用。这类大学生往往不能深入了解本职工作的性质、职责范围，在实际工作中往往表现出难以合作的态度，这会阻碍他们顺利适应新角色。

事实上，对刚步入工作岗位的大学生来说，仅有文化知识是远远不够的，重要的是要有脚踏实地、谦虚谨慎、乐于奉献的实干精神，不断提高自己的组织纪律性。若一个大学生不能摆正自己的位置，总是眼高手低，不能用自己的所学积极为社会、为集体做贡献，而是顶着大学生的“光环”自以为是，不踏实工作，那么被淘汰是迟早的事。

四、失望心理

一些大学生往往把毕业后的生活理想化，对职业角色的期望过高。一旦接触现实，就容易产生失落感，产生失望心理。失望心理是大学生步入工作岗位后的一种普遍的心理现象。一旦出现这种心理，就一定要及时调整自己，重新摆正心态，尽快摆脱失望情绪、适应新角色。

大学生可以在大学阶段多做社会调查，尽可能地熟悉和了解社会现实，减小理想与现实之间的差距，这样毕业后才能更快地投入工作。

五、消极退缩的自卑心理

一些大学生在面对新的工作环境和复杂的人际关系时，缺乏自信，在工作中放不开手脚，胆小畏缩、甘居人后，产生不求有功但求无过的消极退缩心理，这十分不利于才能的正常发挥。

六、浮躁心理

在从学生到职场人的角色转换过程中，部分大学生因受到短期利益的驱使，存在浮躁心理，难以踏实投入工作，甚至频繁跳槽。这种现象在开放的人事制度下尤为明显，一些大学生为了追求更高的薪资，不断更换工作，结果不仅影响个人职业成长，也对公司的稳定性和人才培养造成负面影响。

大学生在初入职场的角色转换过程中，心理状态极易多变和不稳定。因此，遇到问题时，要争取公司领导和同事的帮助，同时要善于调整自己的心理状态，以乐观豁达、勤奋好学、踏实肯干的作风赢得大家的肯定，使自己顺利适应新角色。

第三节 培养大学生的健康择业心理

择业是大学生就业工作中的重中之重，培养大学生的健康择业心理，可以使大学生走好自己的择业之路。

一、常见的不良择业心理的调适

（一）焦虑心理的调适

面对激烈的择业竞争，很多大学生容易出现不同程度的焦虑心理。大学生可以采取一些有效措施对焦虑心理进行调适。

1. 开阔视野

择业焦虑会使人的思维变得狭窄，好像进入一条“窄巷”之中，只能在其中习惯性、被动性地前行，而很难有回旋的余地或拓展的空间。这时，大学生需要“停下来，静一静”，看看自己是否“钻了牛角尖”或“进了死胡同”；需要“动起来，找一找”，不是一意孤行地寻找既定的工作，而是扩大工作选择范围，不是不停地盲目寻找工作，而是充分听取他人建设性的意见。大学生的择业视野开阔了，才能跳出“窄巷”走向广阔天地。

2. 增强自信心

自信心最主要的来源是平时一点一滴的积累。此外，每个人都有自己的独特性，寻找“自己适合做的工作”能有效提升自信心。同时，在求职面试前进行积极的自我暗示和想象成功的情景，也能增强自信心，减轻择业焦虑。

3. 学会放松

事实表明，精神高度紧张之时的有效放松，往往会产生意想不到的效果。大学生在择业焦虑面前要学会放松，如深呼吸、参加体育运动、静静聆听一段美妙的音乐……所有这些方法都是为了学会“放下”，只有“放下”了才能更加有力地“拿起”。

（二）功利心理的调适

针对择业过程中的功利心理，大学生可从如下方面进行调适。

1. 避免盲目攀比

功利心理的形成往往来自攀比心态，而其背后还涉及“面子”问题。但正如俗话所说，“这山望着那山高”，越攀比越没有尽头，越没有尽头就越功利，从而形成恶性循环。

大学生在择业过程中要客观地评价和判断自身的能力、兴趣、性格、发展方向以及外在环境等各方面因素，既不好高骛远也不妄自菲薄。同时，大学生在择业过程中既要考虑“面子”更要注重“里子”，避免表面光鲜亮丽，背后却充满辛酸苦辣。

2. 懂得知足者富

道家说：“知足者富”，“祸莫大于不知足”。俗话也说：“知足者，常乐。”这都是在告诫人们要懂得知足。较之外在的物质表现，人们的富有与贫乏更取决于其内心是否知足。知足者富，不知足者即使外在富有，其内心依然贫乏。

当然，这并不是让大学生在择业中不思进取、得过且过。相反，懂得知足的大学生能够更好地活在当下，而这恰恰有利于他们的身心健康，也使他们更有可能找到适合自己的工作。

3. 重视人生发展

有的大学生在顺利择业后悟道：“我看中了这家企业对人才的重视和培养，虽然它的待遇不是最高的，但是它却给员工提供了广阔的发展空间和详细的人才培训远景规划，这一点和我当初的职业生涯规划是相一致的。更重要的是，它的企业理念给我拼搏的脚步注入了新的动力！”“心有多大，舞台就有多大”，井底之蛙看到的只是巴掌大的一片天地，而鲲鹏展翅却能“水击三千里，抟扶摇而上者九万里”。

重视人生发展，这既是一种心态又是一种行动。大学生重视自己人生的整体发展，就不会被当前的功利蒙蔽双眼，而能够“风物长宜放眼量”。在此过程中，大学生的心胸也会随之而开阔。

（三）自卑心理的调适

有些大学生在择业过程中存在自卑心理，其原因各种各样，实质都是没有正确看待自己的不足和问题。因此，改变自卑心理，最为重要的是纠正过低的自我评价，正确认识自己，客观评价自己。

1. 关注自身优势，人职匹配

大学生要知道目标职业或岗位并不会对他们提出面面俱到的要求，如：软件开发岗位并不要求身高和口才，而是注重知识结构和能力；销售岗位未必看重专业，而或许更重视沟通能力和说服能力；等等。大学生在择业过程中要关注自身优势，并善于与职业或岗位契合。

2. 认清自身不足，勇于突破

戴尔·卡耐基在《人性的弱点》一书中说："大胆地去做自己害怕的事情，力争得到一个成功的记录。"大学生如果敢于去做自己畏惧的事情并获得成功，那么其他事情更敢去尝试了。因此，一个口才不好的大学生可以不断加强演讲训练，一个相貌平平的大学生可以不断涵养自己的内在气质。例如，因胆怯、害羞而自卑的大学生可在日常生活中勇敢与他人交流，强化自己的成功经验。

3. 乐观面对挫折，增强自信

大学生在择业过程中遇到挫折是很正常的事，一定不要因此而自卑。克服自卑就需要大学生乐观面对挫折、增强自信。常言道：世上无难事，只怕有心人。求职遇到挫折后，应放下心理包袱，仔细寻找原因（是主观努力不够还是客观要求太高？）。然后，调整好目标，脚踏实地前进，争取新的机会。

（四）自负心理的调适

面对择业过程中产生的自负心理，大学生可从以下几方面做好心理调适。

1. 认清形势，合理定位

当前，一些大学生对日益严峻的就业形势把握不清，对就业环境、就业政策等缺少全面的认识，存在"自以为是"的情况，觉得自己理应找到一份理想的工作。正是这种错误判断，导致一些大学生在择业中眼光过高，最后"高不成低不就"。在当前的就业形势下，大学生要学会合理定位自己，客观地认识自己的优点和缺点等。

2. 虚心请教，空杯心态

在择业过程中，有自负心理的大学生要学会虚心听取他人的意见和建议，如老师的教诲、家长的意见、同学的建议、用人单位的反馈等。"三人行，必有我师"，在择业过程中，有自负心理的大学生往往因为自以为是而找不到解决问题的方向和方法，这时要学会向他人请教；即使在工作以后，也要以"空杯心态"投入职场，虚心向他人学习。

3. 调整差距，努力争取

大学生的自我意识发展还不完善，强烈的自尊心以及过于理想化的追求，往往使他们把理想自我的标准定得太高，从而导致理想自我与现实自我或别人的评价存在一定差距。正确认识自我，合理定位职业，及时调整择业期望，抓住每一个机会并努力争取，将大大增加大学生找到理想工作的可能性。

（五）受挫心理的调适

面对择业过程中的挫折，大学生可做如下心理调适。

1. 反思挫折的原因

挫折既可以让人一蹶不振，也可以让人越挫越勇；既可以让人停滞甚至退缩，也可以让人成长与成熟。除了此种双重效应外，择业过程中的挫折还可以给人更多的反思：我是否足够了解用人单位的需要、自己的需要以及这两种需要的相符程度？在择业过程中，我是否使用着一成不变的策略，而这种策略往往容易造成挫折？在择业过程中，我是否一直在孤军作战而忽略了同学的鼓励、老师的耐心指导、家人的情感支持？正确认识择业过程中的挫折，需要我们冷静思考诸如此类的问题，并有效调整行动策略。这样，我们或许能从挫折中发现更多机会。

2. 改变不合理信念

引起大学生择业过程中的挫折感的，与其说是求职不成功，不如说是大学生面对这一事件时的看法、态度以及归因方式。典型的不合理信念有三种：绝对化、以偏概全和糟糕至极。如“我非要应聘这家公司不可”“这家公司拒绝了我，其他公司也不会录用我”“如果我应聘这家公司失败了，我以后的日子就没法过了”等，其实都是不合理信念，大学生要学会建立合理信念。

3. 增强挫折耐受力

增强挫折耐受力，关键在于主动培养自信乐观、自强不息、宽容豁达、开拓创新等良好的人格品质。当面对择业过程中的挫折时，自信乐观者能够积极改变现实、勇于克服困难，能够看到挫折背后的希望，能够立足于现实、相信明天会更好；自强不息者能够把挫折变成前进的动力，能够有力地应对挫折，越挫越勇；宽容豁达者能够用更加开放的心态看待挫折，能够用更加长远的职业生涯规划看待当前面临的困难和失利；开拓创新者则总是积极地寻找新的出路，能够灵活柔韧地应对挫折。

（六）从众心理的调适

在择业过程中，大学生从众心理比较普遍，从而缺乏在充分了解自我和所处环境基础上的独立而明确的职业生涯规划。

有些大学生没有认真思考未来，只是看到周围的同学都在忙着考研等，自己也就不自觉地随大流。适当的从众其实会使个人有安全感并起到自我保护的作用，但过分的从众则会消解自己的独立判断，使大学生的职业生涯变得盲目。要想在择业过程中避免盲目从众，大学生可从以下几点着手。

1. 提升战略思考能力

战略思考要求大学生从宏观上把握自己的人生方向、职业方向，这有赖于大学生在整个大学阶段不断提升其职业生涯规划的意识和能力。

大学生在进入大学后，要有意识地认识所学专业，锁定目标行业，了解目标行业的发展趋势以及与国家发展的契合度，看看国家政策中自己所学专业的优势和劣势，从而制定自己的职业生涯规划。大学生具备了战略思考能力，就能在大学的学习阶段合理地安排自己的时间，做好就业准备。

2. 培养独立自主意识

大学生要充分意识到自己的主体性和独特性，在择业过程中根据用人单位的具体情况并结合自身的价值观、兴趣爱好、优劣势等进行独立思考。在择业过程或职业生涯中也要敢于开拓，而这更需要培养自身的独立自主精神。独立自主精神并不代表刻意地标新立异，也不代表盲目地特立独行。具有独立自主精神的大学生往往更重视“兼听则明”，而盲目从众的大学生恰恰容易“偏信则暗”。

3. 了解时事把握趋势

大学生在择业过程中要了解时事，把握趋势。这就需要考研的大学生用动态发展的目光看待所考专业，择业的大学生用动态发展的目光看待应聘单位和目标行业。所谓“万物皆流，无物常驻”“时势造英雄”，在不断变化的环境中，唯有审时度势，才能做出正确的决策而不至于盲目从众。

以上是大学生的几种典型的不良择业心理，其实还有其他一些不良择业心理存在，如依赖心理、逃避心理、嫉妒心理、虚荣心理等，对所有不良心理都应该及时调适。以上所给出的调适方法，在具有针对性的同时又具有一定的相通性，如“增强自信心”“改变不合理信念”等方法几乎适用于调适所有不良择业心理。当然，每一种不良择业心理的调适方法也不局限于此，大学生要根据自己的实际情况，做到具体问题具体分析。

二、提升大学生择业心理素质

大学生除了要掌握一定的心理调适方法以有效克服不良择业心理外，更重要的是要提升择业心理素质。这样，不管遇到怎样的择业环境，他们都可以从容面对，有的放矢。

（一）树立正确职业价值观

树立正确的职业价值观，大学生需要特别处理好如下重要方面。

1. 职业与名利的关系

大学生应谨防因“工作就是为了赚钱”的观念而忽视自我成长和自我发展。儒家传统中著名的义利之辩——“君子喻于义，小人喻于利”——深刻地教导我们，在面临“义”“利”的价值取舍时，“义”重于“利”。当然，这并不等于说儒家不讲利、不求利，儒家提倡“君子爱财，取之有道”。

大学生以合理、合法、公正、公平的方式获取名利，在一定程度上对个人和社会都有益，但它需要有一定的度，该知足时则知足，该进取时则进取。

2. 职业与自身兴趣特长的关系

大学生在择业时，一定要考虑职业是否与自己的兴趣特长相适应。据调查，一个人如果长期从事自己不喜欢的工作，则不仅心情压抑，更难以获得职业上的成功；而如果选择了自己喜欢的工作，则可以充分调动潜能，获得职业发展的原动力。

3. 价值观的排序与取舍问题

职业价值观是一系列价值观的综合，而特定的职业往往只能实现一部分价值目标，正所谓“鱼和熊掌不可兼得”。这时就需要大学生做出理性选择，并且懂得有舍有得的道理，提醒自己不可能什么都得到，否则就会患得患失，甚至一无所得。

4. 个人与社会的关系

人不能离开社会而独立存在，个人只有在工作中为社会做出贡献才能实现自己的职业价值。当然这并不是说要忽略择业过程中的个人需求因素，只去承担社会责任，而是说大学生在职业生涯发展中不能仅仅考虑个人因素。“心底无私天地宽”，一个具有社会使命感的大学生在工作岗位上更可能获得更多、更大的成就。

（二）培养良好道德品质

大学生在整个职业生涯发展过程中，要注重培养自己良好的道德品质，因为这决定了他们“在这条正确的道路上能够走多远”。

良好的道德品质包括诚实正直、忠诚、责任心、进取心等，其培养需要大学生从日常生活中的点点滴滴做起，“勿以恶小而为之，勿以善小而不为”，做人诚实正直，做事诚信负责，做学问踏实严谨。我国传统文化中对良知的反躬内求、道德修养中的“慎独”等也非常有助于大学生培养良好的道德品质。

（三）保持学习心态

聪明的人大多是善于学习的人。社会学习论者更是提出“观察学习”的概念，意为在观察别人（榜样）行为的过程中学会某种行为。

大学生可以自觉地阅读有助于职业生涯规划的杂志、书籍，可以自觉地在互联网上搜索对职业生涯规划有所启示的人和事、政策和信息；大学生可以观察和体认那些善于进行职业生涯规划并有所成就者的成长历程，以及身边的有思想、有梦想、有规划、有行动力的优秀同学的学习生活轨迹。

大学生只要抱着谦虚、开放的态度，加上自己的进取心和行动力，便能处处主动寻求到职业生涯规划指导，提升择业心理素质，并在此过程中不断调整、完善自己的职业生涯规划，最终增强职业生涯规划能力。

（四）寻求社会支持

首先，要充分运用家庭支持系统。大学生在择业过程中虽然不应完全依赖家庭，但却可以充分运用家庭支持系统。当求职遇到挫折时，可向家人倾诉并获得情感支持；当进行职业生涯规划遇到困惑时，可向家人咨询以寻求参考意见；当谋求到某一称心如意的职位时，可与家人分享喜悦并增强前进的力量。

其次，要充分运用学校支持系统。很多高校都设有就业指导、职业生涯规划课程或者与之相关的心理健康课程、素质拓展类课程，大学生要积极踊跃地学习这些课程，以增强自己进行职业生涯规划的能力，提升自己进行职业生涯规划的行动力。很多高校都非常重视对大学生社会实践能力的培养，提供了很多实习岗位和机会，大学生要主动把握这些岗位和机会，在实习过程中思考、完善自己的职业生涯规划。

最后，要充分运用朋辈支持系统。朋辈之间的相互鼓励和支持，可以让大学生在求职过程中获得更多的心灵温暖和力量；朋辈之间的信息共享，可以让大学生在求职过程中有更多选择机会；朋辈之间的出谋划策和建议，可以让大学生在求职过程中有更多决策参考。

（五）注重生活实践

大学生进行职业生涯规划的过程其实就是更主动、更自觉地进行生活实践的过程。大学生若能活在当下，认认真真地过好每一天，细心观察生活、体验生活、建构生活，享受生活的乐趣，迎接生活的挑战，就可以在真真切切的生活之中灵动洒脱地规划自己的生涯。请认真对待学生生涯中的任何一次兼职、任何一次社会实践、任何一次工作实习，这些都将构成对未来职业的一次又一次准备。

（六）不断自我超越

需要指出的是，大学生进行职业生涯规划并不是一个直线前进的过程，而是一个不断自我超越的过程。所以，要做到：既要持续自我反思，定期反思自己的职业发展和心理状态，及时调整目标和策略，又要随着工作经验的积累，逐步明确自己的职业发展路径，做好长期规划；既要不断地进行自我探索，又要在其过程中不断修正、拓展和丰富对自我的认识，从认识自我到悦纳自我，进而走向实现自我；既要积极探索自身所处环境，又要在环境探索过程中能动地作用于环境；既要重视客观制约性的规定，又要发挥主观能动性的作用；既要学会生涯决策的“框架和流程”，又要在对每一件“大事”“小事”的决策过程中反思自己的决策风格、决策模式，进而提升生涯决策能力；既要学会合理设置目标、开展时间管理提升行动力，又要在“人与环境互动”的过程中反思目标设置，洞察时间抑或生命的意义。大学生要在整个职业生涯规划过程中将思想与行动相结合，做到知行合一，践行“读万卷书，行万里路”。

大学生在就业过程中，角色转换与心理调适是一个必经的过程。在日新月异的当今时代，大学生还可以整合应用 AI 技术，通过合理的职业规划、心理辅导和自我调适，系统性地完成从学生到职场人的转变。同时，保持积极的心态和持续学习的态度，发展健康的求职心理韧性，将有助于大学生在职业生涯中取得长足的发展。

知识加油站

打造个人品牌

品牌是一种识别标志、一种精神象征、一种价值理念，是品质优异的核心体现。个人品牌体现了个人在别人心目中的价值能力以及作用，是职业生涯中的第二个自我。个人品牌对个人职业生涯有着长远而深刻的影响。良好的个人品牌有助于把别人的看法变成职业发展的机会。

建立个人品牌，首先要进行“品牌定位”，弄清楚自己擅长什么，想要什么，价值在哪里。每个人都有他内蕴的精华，通过观察和分析，发现自我亮点，找出自己独有的个性、特长或优势等，然后把它们都融入品牌定位中。现在，试着给自己进行品牌定位：

个人品牌 = 我是谁 + 我的愿景 + 我的人才市场卖点

我是谁：________________

我的愿景：________________

人才市场卖点：________________

用几个词描述你的特色：

____

每个人都具备不同的特质，个人品牌就是要充分展示出个人独特内涵中最有价值、最有影响力的那一部分。你的竞争优势在哪里，你的个人品牌价值就在哪里。

用几个词描述你的独特竞争优势：

____

在建立个人品牌的过程中，要注意寻找一些可以强化自身品牌的识别标志。这些识别标志可以帮助别人更好地理解个人品牌所传达出来的信息，加强品牌信息的有效送达和有效接收。

最吸引人的形象或符号识别标志是：

____

在打造个人品牌的过程中，你可以借助各种手段来扩大自己的影响力。

你的个人公众号构想（微博、微信或QQ）：______________

你的个人简历构想（宣传页或宣传手册）：______________

关于你的新闻报道设计：______________

关于你的光辉故事设计：______________

关于你的社会交往规划：______________

需要注意：忽视人品修养，过分追求外在是无实质意义的。真正的个人品牌基于内在人品。

如何调整自己的紧张情绪

一、经常感到紧张要如何调节

做一些放松身心的活动。具体做法是：

（1）选择一个空气清新、四周安静、光线柔和、不受打扰、可活动自如的地方，采取一个自我感觉比较舒适的姿势，或站或坐或躺下等。

（2）活动一下身体的大关节和肌肉，活动的时候速度要均匀缓慢，动作不需要依循规定的程式，只要感到关节放开、肌肉松弛就行了。

（3）做深呼吸，慢慢吸气然后慢慢呼出，每当呼出的时候在心中默念“放松”。

（4）将注意力集中到一些日常物品上。比如，看着一朵花、一盏烛光或任何一件柔和美好的东西，细心观察它的细节。点燃一些香料，感受它散发的芳香。

（5）闭上眼睛，着意去想象一些恬静美好的景物，如辽阔的大海、金黄色的沙滩、朵朵白云、青翠的苍山等。

（6）做一些自己比较喜爱的活动，比如游泳、洗热水澡、逛街购物、听音乐、看电视等。

二、通过训练来帮助克服紧张情绪

第一步：把能引起你紧张情绪的各种场景分别写在卡片上，然后按紧张程度由轻到重把卡片排列好。

第二步：进行松弛训练。方法为坐在一个舒服的座位上，有规律地深呼吸，让全身放松。进入松弛状态后，拿出上述系列卡片中的第一张，想象上面的场景，想象得越逼真、越鲜明越好。

第三步：你如果觉得有点不安、紧张，就停下来，做深呼吸使自己再度松弛下来。完全松弛后，重新想象刚才的场景。若不安和紧张再次发生，就再停止然后放松，如此反复，直至卡片上的场景不会再使你不安和紧张为止。

第四步：按同样的方法继续想象下一个使你更紧张的场景（下一张卡片），直至想象让你最紧张的场景。注意，每想象下一个场景，都要以对上一个场景不再感到不安和紧张为标准。

课后作业

1. 角色转换过程中有哪些方面比较重要？
2. 制作一份个人品牌策划书。

第七章
就业权益与职场保障

学习目标

1. 了解大学生就业权益
2. 了解劳动合同的法律效用与签订原则
3. 了解劳动争议的解决办法
4. 了解求职过程中的陷阱与应对措施

导入案例

小吴是一名刚毕业的市场营销专业大学生，怀揣着对未来的憧憬积极投身于求职。在浏览某知名招聘网站时，他看到一家看似颇具规模的互联网营销公司发布的岗位，薪资待遇优厚，工作内容也与自己的专业高度契合。小吴投递简历后很快收到面试通知，面试过程十分顺利，面试官当场就表示对他很满意，让他尽快入职。

入职前，公司以办理入职手续为名，要求小吴提供身份证、学历证书等材料的原件进行“存档”，并告知他需交纳 3 000 元“岗位保证金”，承诺在工作满半年后全额退还。小吴虽心有疑虑，但想着难得找到工作，便按要求交了材料和钱。入职后，小吴发现公司业务模式存在诸多疑点，工作内容多是诱导客户购买价高却质量存疑的产品，且公司迟迟未与他签订正式劳动合同。他向公司提出签订劳动合同和退还“保证金”的要求，却遭到公司拒绝，甚至还被威胁若再提此事就立即将其辞退。

直到小吴偶然在网上看到该公司因涉嫌欺诈和非法经营被消费者举报的新闻，他才意识到自己陷入了求职陷阱。幸运的是，小吴此前保留了与公司沟通的聊天记录、转账凭证等证据，在向当地劳动监察部门投诉并寻求法律援助后，成功拿回了“保证金”，维护了自身的合法权益。

分析：在当下竞争激烈的就业市场中，大学生面临着复杂的就业环境和诸多潜在风险。了解国家关于大学生就业的方针政策、法律法规，明确自身的权利与义务，不仅能确保自身的就业行为合法合规，更能有效防范各类求职陷阱，保护自身权益不受侵害。本章将深入剖析大学生就业权益的具体内容、劳动合同的法律效用与签订原则，详细讲解劳动争议的解决途径，以及常见求职陷阱的识别与应对措施，助力大学生在职场中稳健前行。

第一节 大学生就业权益与义务

一、大学生就业权益

大学生的就业权益，作为劳动者基本权益的重要组成部分，是基于生存与发展需求所享有的权利，亦是人权的基本内容之一。从本质上讲，劳动就业权的核心聚焦于平等就业权与自由择业权，大学生就业权益自然也涵盖这两大关键方面。平等就业权赋予大学生在就业进程中平等获取机会、免受歧视的权利；自由择业权则保障大学生能够依据自身意愿，自主选择就业岗位，不受任何形式的胁迫。与此同时，大学生在就业过程中还依法享有职业保障权，即有权获取全面、准确的就业信息指导以及有效的就业推荐等服务。这一权利对应的义务主体主要为相关政府部门以及高校，具体体现在多个维度。

（一）平等就业权：打破职场歧视藩篱

平等就业权是大学生就业权益的基石，在我国多部重要法律中有着明确体现。《中华人民共和国宪法》作为我国的根本大法，明确规定中华人民共和国公民有劳动的权利和义务，这从根本上确立了公民在就业方面的平等地位。《中华人民共和国劳动法》规定，劳动者就业，不因民族、种族、性别、宗教信仰不同而受歧视，这进一步细化了平等就业的原则，保障了劳动者在就业过程中不会因这些因素受到不公平对待。《中华人民共和国就业促进法》更是强调，用人单位招用人员、职业中介机构从事职业中介活动，应当向劳动者提供平等的就业机会和公平的就业条件，不得实施就业歧视，这为保障平等就业权提供了更具操作性的法律依据。

然而，在现实的就业环境中，大学生就业歧视现象仍时有发生。就业歧视行为不仅伤害了大学生的自尊和自信，也违背了社会公平原则，破坏了正常的就业秩序。

（二）自由择业权：把握职业方向舵

自由择业权是劳动者依据自己的意愿自主选择职业的权利，它涵盖了劳动者对从事何种职业、何时从事职业劳动以及在何地从事职业劳动等多方面的自主选择权。这一权利是劳动者人格独立和意志自由的重要法律体现，充分尊重了劳动者的个人意愿和职业追求。

对于高校毕业生而言，只要其选择不违背国家的就业方针和政策，就完全有权自主地选择用人单位。《中华人民共和国劳动法》明确规定，劳动者享有平等就业和选择职业的权利，这为保障大学生的自由择业权提供了明确的法律依据。学校、其他单位和个人均不得干涉大学生的自主择业行为，任何对大学生自由择业权的侵犯都是违法的。例如，某高校在大学生就业过程中，以各种理由限制其自主选择企业，强制大学生参加某些指定企业的招聘活动，这种行为就严重侵犯了大学生的自由择业权。大学生可以依据相关法律规定，维护自己的合法权益，自由地选择符合自己职业规划和发展需求的工作岗位，开启自己的职业生涯。

（三）信息知情权：驱散求职迷雾

信息知情权是指劳动者享有对用人单位的主体资格、工作岗位、工作条件、工作环境、工作待遇等真实情况全面了解的权利。这一权利对于高校毕业生在求职过程中做出正确的决策至关重要，它确保高校毕业生能够在充分掌握信息的基础上，选择适合自己的工作岗位，避免因信息不对称而陷入求职陷阱。

信息知情权包含多方面的具体内容。信息公开要求所有用人信息须向全体高校毕业生公开，任何单位和个人不得隐瞒、截留用人需求信息，以保证每一名高校毕业生都能平等地获取就业信息。信息真实则强调向高校毕业生公开的用人信息必须是真实可靠的，用人单位有义务向高校毕业生和学校如实介绍实际情况，并提供相关资料，以供高校毕业生做出准确的判断和选择。信息全面意味着高校毕业生获取的信息应该是全面、完整的，涵盖工作的各个方面，包括工作内容、发展前景、薪资福利等等。信息及时要求高校毕业生获取的信息必须是及时的，而不是过期的，以确保高校毕业生能够把握最新的就业信息。

然而，在现实的就业环境中，存在不少侵犯高校毕业生信息知情权的案例。一些用人单位为了吸引大学生，会夸大规模、待遇等，回避某些职业危害。例如，某公司在招聘时声称能提供高额的薪资和广阔的职业发展空间，但毕业生入职后却发现实际工资远低于承诺，工作环境恶劣，且职业发展受限，这就严重侵犯了大学生的信息知情权，损害了他们的合法权益。

（四）劳动报酬权：守护回报

劳动报酬权是指劳动者有按照劳动的数量和质量获得相应报酬的权利。劳动报酬是对劳动者辛勤付出的合理回报，也是劳动者维持自身及家庭生活的重要经济来源。我国法律规定了最低工资和同工同酬制度，为保障劳动者的劳动报酬权提供了全面的法律保障。

然而，在现实的就业环境中，侵犯劳动者劳动报酬权的现象屡见不鲜。有些用人单位为了降低工资成本，在试用期即将届满时寻找各种不合理理由解聘劳动者，使劳动者无法获得应有的劳动报酬。

（五）休息休假权：平衡工作与生活

休息休假权是劳动者的一项基本权利。《中华人民共和国宪法》规定：中华人民共和国劳动者有休息的权利；国家通过各种途径，创造劳动就业条件，加强劳动保护，改善劳动条件，并在发展生产的基础上，提高劳动报酬和福利待遇。这从根本上保障了劳动者的休息权。《中华人民共和国劳动法》和《中华人民共和国劳动合同法》对工作时间和休息休假做了进一步明确规定，不但规定了工时制度、休息日最低保障、法定假日，还对工时延长做了严格限制，并明确了延长工时的报酬支付原则，从而确保劳动者在辛勤工作的同时，能够得到充分的休息和放松，实现工作与生活的平衡。

然而，在现实的就业环境中，用人单位无节制安排加班且不按规定支付加班费的现象十分普遍，严重侵犯了劳动者的休息休假权。这不仅违背了法律规定，破坏了正常的劳动秩序，也影响了劳动者的身体健康和生活质量。劳动者有权依据相关法律规定，维护自己的休息休假权，拒绝不合理的加班安排。

（六）经济补偿金：离职时的保障伞

经济补偿金，在解除或终止劳动关系时，对于保障劳动者的合法权益起着重要作用。其计算方式和适用情形在相关法律法规中有明确规定，并且随着社会经济的发展和劳动法律体系的完善有所调整。一般来说，经济补偿按劳动者在本单位工作的年限，每满一年支付一个月工资的标准向劳动者支付。六个月以上不满一年的，按一年计算；不满六个月的，向劳动者支付半个月工资的经济补偿。

特别是对于劳动者患病或者非因工负伤，在规定的医疗期满后不能从事原工作，也不能从事由用人单位另行安排的工作，且用人单位未提前三十日以书面形式通知劳动者本人解除劳动合同的，用人单位需要支付经济补偿金。这一规定充分考虑了劳动者的特殊情况，体现了法律对劳动者的关怀和保护。经济补偿金的存在有助于保障劳动者在离职时获得一定的经济支持，减少因劳动合同解除或终止而引发的纠纷，维护劳动者的合法权益和社会的稳定和谐。

（七）试用期权益：规范职场初体验

《中华人民共和国劳动合同法》对试用期的相关规定进行了明确和规范，旨在保护劳动者在试用期的合法权益。其规定：劳动合同期限三个月以上不满一年的，试用期不得超过一个月；劳动合同期限一年以上不满三年的，试用期不得超过两个月；三年以上固定期限和无固定期限的劳动合同，试用期不得超过六个月。同一用人单位与同一劳动者只能约定一次试用期。以完成一定工作任务为期限的劳动合同或者劳动合同期限不满三个月的，不得约定试用期。试用期包含在劳动合同期限内。劳动合同仅约定试用期的，试用期不成立，该期限为劳动合同期限。

关于试用期的工资，也有明确的法律规范：《中华人民共和国劳动合同法》规定，劳动者在试用期的工资不得低于本单位相同岗位最低档工资或者劳动合同约定工资的百分之八十，并不得低于用人单位所在地的最低工资标准。这确保了劳动者在试用期能够获得合理的劳动报酬，满足基本的生活需求。

然而，在现实的就业环境中，有些用人单位违法约定试用期，如某公司与员工签订了一年期限的劳动合同，却约定了三个月的试用期，这明显超出了法律规定的上限；还有公司在试用期给员工支付低于法定标准的工资；等等。这些行为都严重侵犯了劳动者在试用期的权益，劳动者可以通过法律途径维护自己的合法权益。

（八）法律法规规定的其他权利：权利的多元补充

高校毕业生在求职择业过程中，除了享受上述基本权利外，还享有众多其他权利。如：接受就业指导的权利和被推荐就业的权利，有助于毕业生更好地了解就业市场，获取更多的就业机会；签约后用人单位违约的求偿权利，保障了毕业生在就业协议被违反时能够获得相应的赔偿，弥补自己的损失；获得物质帮助的权利，使毕业生在遇到特殊困难时能够得到相应的物质支持，帮助他们渡过难关；社会保障权确保毕业生在就业后能够享受社会保险、住房公积金等社会保障待遇，为他们的生活提供基本保障；工作上的发展提升权利和参加技能培训的权利，为毕业生的职业发展提供了支持和保障，使他们能够不断提升自己的能力，满足职场的发展需求；发生劳动争议时提请处理的权利，以及人格尊严和隐私不受侵犯的权利，保护了毕业生在劳动过程中的合法权益和个人尊严；此外，一些相关法律法规还为高校毕业生提供了多种纠纷解决机制，当权益受到侵害时，他们有通过提起诉讼或仲裁等方式解决纠纷的权利。

这些权利共同构成了一个完整的权益保护体系，全方位地保障了高校毕业生在求职择业过程中的合法权益，使他们能够在公平、公正的环境中开启自己的职业生涯。

二、大学生就业义务

在就业过程中，权利与义务是相辅相成、不可分割的统一体。大学生在积极维护自己合法的就业权益的同时，也必须切实履行相应的义务，这不仅是对用人单位的尊重和负责，更是对自身职业素养的体现，关乎个人职业发展的长远前景。只有在权利与义务的平衡中，大学生才能在职场中稳步前行，实现自身价值与社会价值的统一。

（一）如实提供自身信息：诚信求职的基石

在当今竞争激烈的求职环境中，每名大学生都渴望通过精心包装简历来充分展示自己的才能，以获得心仪的工作机会。然而，在简历包装过程中，务必坚守真实原则，如实提供自身信息，这既是诚信求职的基石，也是大学生应尽的重要义务。

《中华人民共和国劳动合同法》第二十六条第一款第一项规定，以欺诈、胁迫的手段或者乘人之危，使对方在违背真实意思的情况下订立或者变更劳动合同的，劳动合同无效或者部分无效。第三十九条进一步明确，因本法第二十六条第一款第一项规定的情形致使劳动合同无效的，用人单位可以解除劳动合同。这意味着，用人单位在发现员工的求职资料存在虚假内容时，有权依据相关规定解除劳动合同，且无须支付赔偿。

例如，某高校毕业生在求职简历中虚构了实习经历和获奖情况，成功入职了一家公司。但在试用期，公司进行背景调查时发现了该毕业生造假，最终该毕业生被辞退，不仅失去了工作机会，还损害了职业信誉，给未来的求职之路带来了负面影响。因此，大学生应秉持诚实守信的原则，如实填写简历，提供真实准确的个人信息，为自己的职业生涯奠定坚实的诚信基础。

（二）履行就业协议：对职场契约的坚守

高校毕业生与用人单位签订的就业协议，属于民事法律调整的范畴，具有法律效力。它是双方在平等、自愿、协商一致的基础上达成的约定，体现了双方的意愿和承诺。在履行就业协议时，双方都应遵循诚实守信的原则，严格遵守协议条款，不得无故违约。只有当约定的解除条件成立或出现不可抗力等特殊情况时，方可单方解除协议。否则，单方擅自解除协议属于违约行为，解约方应承担相应的违约责任，包括支付违约金等。

但在现实中，有些毕业生同时与多家用人单位签订就业协议，然后再进行取舍。这种行为违反了就业协议的约定，损害了用人单位的利益，也破坏了就业市场的秩序。毕业生应充分认识到就业协议的严肃性和重要性，认真履行就业协议，维护自己的信誉和就业市场的公平公正。

（三）恪守职业道德：职场的道德准则

我国坚持法治与德治并重，在社会生活中，法律和道德共同发挥着规范行为、维护社会秩序的作用。当法律的调整在面对不断变化的社会新秩序存在一定的滞后性时，道德的辅助力量就显得尤为重要。在职业生涯中，恪守职业道德是每一名劳动者应尽的基本义务，对于即将走向社会、服务社会的高校毕业生来说，重视职业道德修养更是关键。

职业道德是指从事一定职业的人在职业活动中应遵循的行为准则和规范，涵盖了敬业精神、诚实守信、团队合作、责任感等多个方面。一个具有良好职业道德的员工，能够赢得同事的尊重、领导的信任，为自己的职业发展创造有利条件。相反，缺乏职业道德的人可能会在工作中做出敷衍塞责、泄露机密、损害公司利益等行为，不仅影响自己的职业声誉，还可能受到法律制裁。

例如在现实中，有些员工为了谋取私利，泄露公司的商业机密，给公司带来巨大损失，最终自己也受到了法律制裁。因此，高校毕业生在步入职场后，应时刻牢记职业道德规范，以高标准严格要求自己，树立正确的职业价值观，努力成为德才兼备的优秀劳动者。

第二节 劳动合同与就业协议

一、劳动合同的概念及内容

劳动合同的概念简明易懂。《中华人民共和国劳动法》第十六条指出：“劳动合同是劳动者与用人单位确立劳动关系、明确双方权利和义务的协议。”所有劳动者，只要与用人单位建立了劳动关系，就应当订立劳动合同。劳动合同由两部分组成：必备条款和约定条款。

（一）必备条款

必备条款就是劳动合同中必须具备的条款，如果缺少其中之一，劳动合同就将失效。《中华人民共和国劳动合同法》规定，劳动合同必须具备以下条款：（1）劳动合同期限；（2）工作内容；（3）劳动保护和劳动条件；（4）劳动报酬；（5）劳动纪律；（6）劳动合同终止的条件；（7）违反劳动合同的责任。

（二）约定条款

约定条款一般包括以下方面：

第一，试用期。法律规定，劳动合同可以约定试用期，而且试用期最长不得超过六个月。以完成一定工作任务为期限的劳动合同或者劳动合同期限不满三个月的，不得约定试用期。劳动合同仅约定试用期的，试用期不成立，该期限为劳动合同期限。

第二，保密义务和竞业限制。法律规定，用人单位与劳动者可以在劳动合同中约定保守用人单位的商业秘密和与知识产权相关的保密事项。两者有一定区别：所有劳动者均须保守商业秘密，不以签订保密协议为前提，保守商业秘密是每个劳动者的义务。而竞业限制的人员限于用人单位的高级管理人员、高级技术人员和其他负有保密义务的人员；竞业限制的范围、地域、期限由用人单位与劳动者约定，竞业限制的约定不得违反法律、法规的规定；竞业限制的期限，不得超过两年。还有一点必须给予说明：签订竞业限制协议后，若劳动合同终止，用人单位须在竞业限制期限内按月给予劳动者经济补偿；劳动者违反竞业限制约定的，应当按照约定向用人单位支付违约金。

二、就业协议与劳动合同的区别

就业协议与劳动合同的主要区别如下：

（一）适用法律法规不同

就业协议是受《中华人民共和国民法典》约束的民事合同，具有法律约束力。

劳动合同适用《中华人民共和国劳动法》《中华人民共和国劳动合同法》及劳动人事部门颁布的劳动人事方面的规章。

（二）适用主体不同

就业协议的适用主体包括毕业生、用人单位和学校三方。其中，学校作为见证方参与，主要起到监督和协调的作用。

劳动合同是劳动者与用人单位之间确立劳动关系的协议，只要双方协商一致，符合国家的法律、政策、法规，无欺诈、胁迫等情形，经双方签字盖章，合同即生效。

（三）内容不同

就业协议主要约定就业意向和基本条件，内容相对宽泛，通常包括毕业生情况及意见、用人单位情况及意见、学校意见等信息。此外，就业协议还可能涉及学校为毕业生提供的就业指导、就业推荐等服务内容。

劳动合同依据《中华人民共和国劳动合同法》，对劳动报酬、工作内容、工作时间、休息休假、社会保险等具体事项做出明确规定。劳动合同的内容更加详细和具体，旨在明确双方的权利和义务，保障劳动者的合法权益。

（四）适用人员不同

就业协议主要适用于高校毕业生，劳动合同适用于社会各类人员。

（五）签订时间不同

一般来说，就业协议签订在前（高校毕业生离校前签订），劳动合同签订在后（劳动者到用人单位报到后签订）。

第三节 劳动争议的解决

在当前“大众创业，万众创新”的时代浪潮下，有越来越多的高校毕业生勇敢地投身于创业，同时每年也有大量高校毕业生步入职场开启职业生涯。然而，无论是创业还是就业，大学生都可能面临各种劳动争议。这些劳动争议不仅会对他们的经济收入造成影响，还可能在精神层面给他们带来巨大的压力，甚至阻碍他们职业发展的道路。

从创业角度来看，大学生在与合作伙伴签订合作协议时，如果协议条款不够清晰明确，就容易引发争议。例如，关于股权分配、利润分成、风险承担等关键问题没有详细界定，当公司出现盈利或亏损时，就可能产生矛盾。再如，与供应商、客户签订合同时，如果合同对产品质量、交付时间、付款方式等方面约定不明确，那么也容易引发纠纷。

从就业角度来看，薪资争议是极为常见的一种劳动争议。在不少大学生求职时，用人单位口头承诺较高的薪资待遇，但实际发放时却大打折扣。例如，有企业以各种不合理的理由克扣工资，还有企业在试用期不按照法律规定支付工资，侵犯劳动者的合法权益。合同解除方面的劳动争议也屡见不鲜。有企业在大学生没有任何过错的情况下，随意解除劳动合同；还有种情况是，大学生在签订劳动合同时，由于缺乏经验，没有仔细审查合同条款，被一些不合理的解约条款（如高额违约金）束缚。

劳动争议是社会生活中经常发生的一类纠纷，《中华人民共和国劳动法》第七十七条规定："用人单位与劳动者发生劳动争议，当事人可以依法申请调解、仲裁、提起诉讼，也可以协商解决。调解原则适用于仲裁和诉讼程序。"具体来说，就是：劳动争议发生后，当事人可以向本单位劳动争议调解委员会申请调解；调解不成，当事人一方要求仲裁的，可以向劳动争议仲裁委员会申请仲裁。当事人一方也可以直接向劳动争议仲裁委员会申请仲裁。对仲裁裁决不服的，可以向人民法院提起诉讼。

一、协商程序

协商是指劳动者与用人单位就争议的问题直接进行协商，寻找解决纠纷的具体方案。与其他纠纷不同的是，劳动争议的当事人一方为用人单位，一方为职工，彼此已经有所了解。但是，协商程序不是处理劳动争议的必要程序。双方可以协商，也可以不协商，完全出于自愿，任何人都不能强迫。

（一）协商的优势

协商作为一般情况下解决劳动争议的首要选择，具有显著优势。

在时间成本上，协商无须像仲裁和诉讼那样遵循严格的程序和期限，双方可以根据实际情况灵活安排沟通时间，快速形成解决方案。

在维护关系方面，协商是在相对平和友好的氛围中进行的，双方能够充分表达自己的观点和诉求，增进理解，有助于维持双方的良好合作关系。

（二）协商的技巧

大学生在与用人单位协商时，掌握一定的技巧至关重要。

保持冷静、理性是基础。在面对争议时，不能被情绪左右，避免因冲动说出过激的话，使矛盾进一步激化。比如，大学生在认为自己的加班工资计算有误而与用人单位协商时，即使内心很气愤，也要以平和的语气阐述问题，这样才能让协商顺利进行。

明确、清晰地表达诉求很关键。大学生要清楚自己希望通过协商达到什么样的目的，将自己的要求有条理地向用人单位提出。例如，在协商解除劳动合同时，要明确提出自己在经济补偿、工作交接时间等方面的具体要求，不能含糊不清。

提出合理的解决方案能增加协商成功的概率。大学生可以站在双方角度思考问题，提出既维护自身权益又考虑用人单位实际情况的解决方案。比如，在与创业合作伙伴协商股权分配争议时，可以参考市场行情和公司发展阶段，提出一个公平合理的调整方案，促使双方达成共识。

二、调解程序

《中华人民共和国劳动法》规定：在用人单位内，可以设立劳动争议调解委员会；劳动争议调解委员会由职工代表、用人单位代表和工会代表组成；劳动争议调解委员会主任由工会代表担任；劳动争议经调解达成协议的，当事人应当履行。《中华人民共和国劳动争议调解仲裁法》规定，可调解的争议包括：（1）因确认劳动关系发生的争议；（2）因订立、履行、变更、解除和终止劳动合同发生的争议；（3）因除名、辞退和辞职、离职发生的争议；（4）因工作时间、休息休假、社会保险、福利、培训以及劳动保护发生的争议；（5）因劳动报酬、工伤医疗费、经济补偿或者赔偿金等发生的争议；（6）法律、法规规定的其他劳动争议。与协商程序一样，调解程序也由当事人自愿选择。

（一）调解组织的类型

在解决劳动争议的过程中，调解组织发挥着重要的作用，不同类型的调解组织各具特点。《中华人民共和国劳动争议调解仲裁法》规定，发生劳动争议，当事人可以到下列调解组织申请调解：（1）企业劳动争议调解委员会；（2）依法设立的基层人民调解组织；（3）在乡镇、街道设立的具有劳动争议调解职能的组织。

企业劳动争议调解委员会设立在企业内部，由职工代表和企业代表组成。通常情况下，职工代表由工会成员担任或者由全体职工推举产生，企业代表由企业负责人指定；企业劳动争议调解委员会主任由工会成员或者双方推举的人员担任。由于身处企业内部，它对企业的实际情况、运营模式以及员工的工作状态都非常熟悉，能够快速了解争议的背景和细节。

依法设立的基层人民调解组织分布广泛，在城市以居委会、在农村以村委会为单位设立。它具有扎根基层、深入群众的特点，与当地居民联系紧密，了解当地的风俗习惯、社情民意。当劳动争议涉及地方习俗或邻里关系等因素时，基层人民调解组织能够充分考虑这些因素，从更全面的角度进行调解。

在乡镇、街道设立的具有劳动争议调解职能的组织，整合了乡镇、街道的各类资源，能够协调多部门共同参与调解工作。当劳动争议较为复杂，涉及多个部门的职责范围时，这类调解组织可以发挥其资源整合的优势。

（二）调解的流程

调解的流程清晰明确，从申请到履行，每一个环节都有其特定的要求和作用。

大学生与用人单位发生劳动争议时，任何一方都可以向上述调解组织提出调解申请，申请内容应当包括申请人基本情况、调解请求、事实与理由，申请方式既可以是书面形式，也可以是口头形式，如果是口头申请，那么调解组织会当场记录申请人的基本情况、申请调解的争议事项、理由和时间等。

调解组织接到调解申请后，对属于劳动争议受理范围且双方当事人同意调解的，应当在 3 个工作日内受理。对不属于劳动争议受理范围或者一方当事人不同意调解的，应当做好记录，并书面通知申请人。

调解会议是调解的核心环节。在调解会议上，双方当事人有机会充分陈述自己的观点和诉求，并提交相关证据。调解员会引导双方当事人理性沟通，全面听取双方当事人对争议事实和理由的陈述，然后依据相关法律法规政策以及实际情况，提出调解意见，努力促使双方当事人自愿达成协议。

经调解达成调解协议的，由调解组织制作调解协议书。调解协议书应当写明双方当事人基本情况、调解请求事项、调解的结果和协议履行期限、协议履行方式等。调解协议书由双方当事人签名或者盖章，经调解员签名并加盖调解组织印章后生效。调解协议书一式三份，双方当事人和调解组织各执一份。生效的调解协议对双方当事人具有约束力，当事人应当履行。双方当事人可以自调解协议生效之日起 15 日内共同向仲裁委员会提出仲裁审查申请。仲裁委员会受理后，应当对调解协议进行审查，并根据《劳动人事争议仲裁办案规则》第五十四条规定，对程序和内容合法有效的调解协议，出具调解书。双方当事人未提出仲裁审查申请，一方当事人在约定的期限内不履行调解协议的，另一方当事人可以依法申请仲裁。

调解组织调解劳动争议，应当自受理调解申请之日起 15 日内结束。但是，双方当事人同意延期的可以延长。在规定期限内未达成调解协议的，视为调解不成。当事人不愿调解、调解不成或者达成调解协议后，一方当事人在约定的期限内不履行调解协议的，调解组织应当做好记录，由双方当事人签名或者盖章，并书面告知当事人可以向仲裁委员会申请仲裁。

三、仲裁程序

仲裁程序是劳动纠纷的一方当事人将纠纷提交劳动争议仲裁委员会进行处理的程序。劳动争议仲裁委员会是国家授权、依法独立处理劳动争议的专门机构。申请劳动仲裁是解决劳动争议的选择性程序之一，也是提起诉讼的前置程序。

（一）仲裁的重要性

仲裁在劳动争议解决体系中占据着举足轻重的地位，是解决劳动争议的核心手段之一。它不仅融合了劳动争议调解所具备的灵活、快捷特性，能够在相对较短的时间内处理纠纷，避免纠纷的长期存在，还拥有强大的强制执行效力。这意味着一旦仲裁裁决生效，当事人就必须严格履行裁决内容，若一方拒不履行，则另一方有权向法院申请强制执行，借助国家强制力来保障自身权益的实现。

（二）仲裁的申请与受理

申请仲裁须满足一定条件。申请人必须是与劳动争议有直接利害关系的劳动者或用人单位，且争议事项属于劳动争议仲裁委员会的受理范围，如与确认劳动关系、订立和履行劳动合同、工作时间与休息休假、社会保险与福利等相关的争议。在申请时，须提交一系列材料，包括：仲裁申请书，申请书应详细写明双方当事人的基本信息、仲裁请求、事实与理由等；申请人的身份证明，若是劳动者，须提供本人身份证原件及复印件，若是用人单位，则须提交营业执照副本及复印件、法定代表人身份证明等；能够证明与被申请人之间存在劳动关系的相关材料，像劳动合同、工资条、社保缴费证明等；此外，若劳动争议仲裁委员会要求，则还须提交证明被诉人身份的有关材料。

劳动争议仲裁委员会收到仲裁申请之日起 5 日内，认为符合受理条件的，应当受理，并通知申请人；认为不符合受理条件的，应当书面通知申请人不予受理，并说明理由。对劳动争议仲裁委员会不予受理或者逾期未做出决定的，申请人可以就该劳动争议事项向人民法院提起诉讼。

（三）仲裁的裁决与执行

仲裁裁决的做出须遵循严谨的程序。仲裁庭会在全面审理案件的基础上，依据相关法律法规、政策以及证据情况进行裁决。一般情况下，仲裁庭应自受理仲裁申请之日起 45 日内结束案件审理并做出裁决；若案情复杂，经劳动争议仲裁委员会主任批准，可延期不超过 15 日，并书面通知当事人。仲裁裁决书出具后，对于一裁终局的案件，裁决书自出具之日起即发生法律效力；对于非一裁终局的案件，当事人若在收到仲裁裁决书之日起 15 日内未向人民法院提起诉讼，裁决书也将发生法律效力。

一旦仲裁裁决生效，当事人就应当按照规定的期限履行裁决义务。若一方当事人逾期不履行，另一方当事人可依照民事诉讼法的相关规定，向人民法院申请执行。人民法院受理申请后，会依法对被执行人的财产采取查封、扣押、冻结等强制执行措施，以确保仲裁裁决得以有效执行。

四、诉讼程序

《中华人民共和国劳动法》第八十三条规定："劳动争议当事人对仲裁裁决不服的，可以自收到仲裁裁决书之日起十五日内向人民法院提起诉讼。一方当事人在法定期限内不起诉又不履行仲裁裁决的，另一方当事人可以申请人民法院强制执行。"诉讼即我们平常所说的打官司，诉讼程序是在不服劳动争议仲裁委员会决定的一方当事人向人民法院提起诉讼后启动的。诉讼程序具有较强的法律性、程序性，做出的判决也具有强制执行力。

（一）诉讼的适用情况

当大学生对劳动争议仲裁裁决不服时，可选择向人民法院提起诉讼。例如，大学生小李就加班工资问题申请仲裁后，对仲裁裁决不服，认为仲裁裁决未充分考虑其实际加班时长和应得报酬，便可以在 15 日内依法向人民法院提起诉讼，寻求更公正的裁决。

在一些特殊情况下，即便未经仲裁，大学生也能直接向人民法院提起诉讼。比如，当劳动者以用人单位出具的工资欠条为证据，且诉讼请求仅涉及追索劳动报酬，不涉及劳动关系其他争议时，其可按照普通民事纠纷，直接向有管辖权的人民法院起诉。这是因为此类纠纷本质上更接近普通的债权债务纠纷。

（二）诉讼的流程

诉讼的第一步是立案。大学生须向有管辖权的人民法院提交起诉状及相关证据材料。起诉状应清晰写明原告（大学生）和被告（用人单位）的基本信息，包括姓名、性别、年龄、住址、联系方式等；明确具体的诉讼请求，如要求用人单位支付拖欠的工资、经济补偿金、加班费等，并注明具体金额；详细阐述事实与理由，即说明劳动争议发生的经过、争议焦点以及支持自己诉求的法律依据；同时，要附上能证明自己主张的证据，如劳动合同、工资条、考勤记录、加班申请单、与用人单位沟通的聊天记录或邮件等。法院在收到起诉材料后，会在 7 日内进行审查，判断是否符合立案条件。若符合，将予以立案并通知当事人；若不符合，会裁定不予受理，并说明理由，原告对裁定不服的，可以提起上诉。

立案后进入审理前的准备阶段。法院会向被告送达起诉状副本，被告须在规定时间内提交答辩状，阐述自己的观点和理由。法院还会组成合议庭，明确审判人员的职责分工，并开展调查收集证据工作，对于当事人因客观原因无法自行收集的证据，法院可依职权进行调查。此外，法院会通知当事人和其他诉讼参与人参加诉讼，告知他们诉讼的时间、地点和相关权利义务。

开庭审理是诉讼的关键环节，包括法庭调查、法庭辩论和最后陈述等阶段。在法庭调查阶段，先由原告陈述诉讼请求和事实依据，再由被告进行答辩。双方依次出示证据，对证据的真实性、合法性和关联性进行质证，也就是对对方提交的证据发表意见，说明该证据是否真实可靠、是否符合法律规定以及与本案争议是否相关。在法庭辩论阶段，双方当事人及诉讼代理人围绕案件的争议焦点，如劳动关系的认定、工资计算方式、合同解除的合法性等问题，依据法律规定和事实证据展开激烈辩论，充分阐述自己的观点，反驳对方的主张。在最后陈述阶段，双方当事人可以简要总结自己的观点和诉求。

经过审理，法院会依法做出判决。如果在判决前能够调解，法院会组织双方当事人进行调解。若调解成功，会制作调解书，调解书与判决书具有同等法律效力；若调解不成，法院会及时做出判决。判决书会写明对案件事实的认定、适用的法律条款以及判决结果，如判决用人单位支付大学生相应的工资、经济补偿等。若当事人对一审判决不服，可在判决书送达之日起 15 日内向上一级人民法院提起上诉，进入二审程序。二审法院的判决为终审判决，具有最终的法律效力，当事人必须履行。

五、特殊规定与注意事项

（一）举证责任倒置

在劳动争议领域，举证责任倒置是一项极为重要的规则。通常情况下，民事诉讼遵循“谁主张，谁举证”原则，但由于劳动者与用人单位在实际地位和证据掌控能力上存在差异，为平衡双方利益，法律对劳动争议案件中的部分事项实行举证责任倒置。

《最高人民法院关于审理劳动争议案件适用法律问题的解释（一）》第四十四条规定：“因用人单位作出的开除、除名、辞退、解除劳动合同、减少劳动报酬、计算劳动者工作年限等决定而发生的劳动争议，用人单位负举证责任。”另外，《中华人民共和国劳动争议调解仲裁法》第六条规定：“发生劳动争议，当事人对自己提出的主张，有责任提供证据。与争议事项有关的证据属于用人单位掌握管理的，用人单位应当提供；用人单位不提供的，应当承担不利后果。”

大学生在面对劳动争议时，要充分了解举证责任倒置规则，善于运用它来维护自身权益。当用人单位做出对大学生不利的决定时，大学生要明确要求用人单位提供相关证据，若用人单位无法提供，大学生可据此在仲裁或诉讼中争取有利的裁决结果。同时，大学生自身也要注意收集和保存与劳动争议相关的其他证据，如劳动合同、工作证、与用人单位沟通的邮件或聊天记录等，以增强自己维权的底气。

（二）申请支付令

当大学生因支付拖欠劳动报酬、工伤医疗费、经济补偿或者赔偿金事项与用人单位达成调解协议后，如果用人单位在协议约定期限内不履行，大学生便可以依据《中华人民共和国劳动争议调解仲裁法》第十六条规定，持调解协议书依法向人民法院申请支付令。这一规定为大学生快速解决劳动争议提供了便捷途径。

（三）先予执行

在劳动争议仲裁中，先予执行制度旨在满足当事人的迫切需求，解决其燃眉之急。根据《中华人民共和国劳动争议调解仲裁法》和《中华人民共和国民事诉讼法》的相关规定，对于追索劳动报酬、工伤医疗费、经济补偿或者赔偿金的案件，在当事人之间权利义务关系明确，且不先予执行将严重影响申请人生活的情况下，仲裁庭可以根据当事人的申请，裁决先予执行。

（四）仲裁时效

劳动争议申请仲裁的时效期间为一年，这是《中华人民共和国劳动争议调解仲裁法》第二十七条明确规定的。仲裁时效期间从当事人知道或者应当知道其权利被侵害之日起计算。

然而，劳动关系存续期间因拖欠劳动报酬发生争议的，劳动者申请仲裁不受一年仲裁时效期间的限制。这主要是考虑到一些劳动者为了维持劳动关系，可能在劳动关系存续期间不敢对用人单位拖欠劳动报酬等行为主张权利。但需要注意的是，一旦劳动关系终止，劳动者应当自劳动关系终止之日起一年内提出仲裁申请。

大学生在面对劳动争议时，一定要牢记仲裁时效规定，及时行使自己的权利。如果对仲裁时效的计算或相关规定存在疑问，可以向劳动争议仲裁委员会、法律援助机构等咨询，避免因超过仲裁时效而无法有效维护自己的合法权益。

六、案例分析与启示

案例一 薪资争议仲裁案

大学生小李毕业后入职了一家互联网公司，劳动合同约定月薪 8 000 元，其中包含基本工资 6 000 元与绩效工资 2 000 元。然而，在实际发放工资时，小李却发现连续三个月绩效工资都被克扣，实际税前工资仅为 6 000 元。公司给出的理由是小李的工作成果未达到绩效发放标准，但却无法提供明确的考核依据和具体标准。小李多次与公司沟通无果后，决定申请劳动仲裁。

在仲裁过程中，小李提供了劳动合同、工资条以及与公司领导沟通绩效工资问题的聊天记录作为证据。根据相关法律规定，用人单位应对劳动者的绩效情况进行明确考核并提供相应证据。由于公司无法提供有效的考核依据，仲裁庭最终裁决公司按照合同约定支付小李被克扣的绩效工资，并承担仲裁费用。

这个案例启示大学生，在面对薪资争议时，要注意收集和保留相关证据，如劳动合同、工资条、考勤记录、与用人单位沟通的记录等，这些证据将在维权过程中起到关键作用。同时，要了解自己的合法权益，当用人单位出现不合理的薪资克扣行为时，应勇敢地通过合法途径维护自己的权益。

案例二 合同解除诉讼案

大学生小王在一家教育培训公司工作，劳动合同期限为三年。工作一年后，公司以业务调整为由，突然通知小王解除劳动合同，并表示只愿意支付半个月工资作为补偿。小王认为公司的解约行为违法，且补偿标准不符合法律规定，于是向法院提起诉讼。

在诉讼中，小王指出公司并未提前 30 天通知他解除劳动合同，且业务调整并非合法的解除劳动合同理由。根据《中华人民共和国劳动合同法》，用人单位违法解除劳动合同的，应按照经济补偿标准的二倍向劳动者支付赔偿金。经济补偿按劳动者在本单位工作的年限，每满一年支付一个月工资的标准向劳动者支付。小王在公司工作一年，应获得两个月工资的经济补偿，而公司仅愿意支付其半个月工资，明显违法。

最终，法院判决公司解除劳动合同的行为违法，需支付小王两个月工资的赔偿金，并补足未提前通知的一个月工资。

这一案例提醒大学生，在签订劳动合同时，要仔细阅读合同条款，特别是关于合同解除的条件和补偿标准，明确双方的权利义务。当用人单位提出解除劳动合同时，要判断其行为是否符合法律规定，若认为用人单位违法，应及时通过法律途径维护自己的权益。

第四节 求职陷阱与应对措施

在求职的道路上，高校毕业生怀揣着对未来的憧憬与期待，然而，一些不法分子和不良单位却利用毕业生求职心切、社会经验不足等弱点，设下重重陷阱，给毕业生带来经济损失、时间浪费，甚至危及人身安全。了解常见的求职陷阱及其应对措施，是毕业生踏入社会前的重要一课。

一、求职陷阱

（一）利用招聘骗取财物

近年来，此类诈骗手段愈发猖獗。在上海浦东警方破获的一起案件中，犯罪嫌疑人严某在社交软件上虚构航空公司招聘信息，以“疏通费”“定金”等名义，让求职者支付各种费用，还虚设面试骗取更多资金，一旦得手便拉黑求职者。还有诈骗团伙谎称快递公司直招，用高薪吸引求职者，收取体检费、押金，再故意安排不合理工作迫使求职者放弃，从而骗取费用，涉案金额高达190万元。正规用人单位在招聘过程中不会以任何名义向求职者收取费用，如报名费、面试费、上岗培训费、服装费、合同保证金等。凡是要求先交钱的招聘，基本可被判定为诈骗陷阱，毕业生务必保持警惕，切勿因急于求成而落入圈套。

（二）无偿占有劳动成果

部分用人单位以实习、试用为名，让毕业生承担大量正式员工的工作，却在期限届满时以各种理由拒绝签订正式合同。例如，一些企业长期招聘实习生，让他们从事核心业务工作，只给予微薄补贴，实习结束便找借口辞退，不断循环利用廉价劳动力。毕业生在求职时，应仔细了解用人单位的用人需求和招聘目的，查看用人单位过往的招聘记录和口碑。如果用人单位频繁招聘实习生，且人员流动性很大，就要提高警惕。同时，要明确实习或试用期的工作内容、考核标准、薪资待遇等，并以书面形式确定下来，避免口头承诺带来的风险。

（三）招聘后待遇缩水

就业协议是毕业生、用人单位和学校三方签订的初步就业意向协议，而劳动合同则是明确劳动者、用人单位双方权利义务的正式合同。一些用人单位在签订就业协议时，以优厚的条件吸引毕业生，如高工资、高福利、晋升机会多等，但到了签订劳动合同时，却降低待遇，工作岗位、薪资报酬与之前承诺的相差甚远。毕业生在签订就业协议时，应尽可能将用人单位许诺的工作岗位、薪资报酬、福利等条件以附件形式详细附在协议上，并要求用人单位盖章确认。这样，若签订劳动合同时内容不符，毕业生可依据就业协议维护自身权益，拒绝签约且无须承担违约责任。

（四）中介陷阱与新变种

传统的中介陷阱依然存在，如虚构职位、提供虚假信息、与小公司串谋等。而近年来，“付费内推”成为新的骗局。不法分子声称与各大企业有内部关系，能将求职者内推到心仪岗位，收取高额费用后却无法兑现承诺，甚至直接失联。辨别正规中介，可查看其是否有合法营业执照、人力资源服务许可证等资质，了解其口碑和信誉。对于“付费内推”等承诺，切勿轻信，正规企业招聘有严格流程，不会通过付费内推来招聘员工。

（五）非法传销新动向

随着互联网的发展，新型网络传销层出不穷。它们打着“投资理财”“虚拟货币”“电商创业”等旗号，通过网络平台进行宣传推广，以高额回报为诱饵，吸引毕业生参与。如一些传销组织以“消费返利”为幌子，让参与者购买高价商品，承诺未来可数倍返利，诱导参与者发展下线。公安部打击传销的案例显示，不少毕业生因轻信此类骗局，陷入传销组织，不仅经济受损，还遭受人身控制和精神洗脑。毕业生要牢记，天上不会掉馅饼，对于那些承诺超高收益、轻松赚钱的项目，务必保持高度警惕，不轻易接受陌生人的邀请，不随意加入不明来源的网络群组或投资项目。

二、应对措施

面对求职过程中的重重陷阱，大学生需掌握有效的应对策略，才能在求职之路上披荆斩棘，保护自身权益。

（一）增强防范意识

参加学校的就业指导和安全教育课程是增强防范意识的关键一步。这些课程能让大学生深入了解求职陷阱的常见类型和操作手法，培养大学生敏锐的警惕性，从而在面对“高薪低门槛”“轻松月入数万”等极具诱惑性的招聘信息时，能保持清醒的头脑，不被轻易迷惑。大学生还应主动关注社会上的求职诈骗案例，从他人的经历中吸取教训，时刻提醒自己在求职之路上需谨慎前行。

（二）使用正规求职渠道

在选择求职渠道时，应优先考虑国家大学生就业服务平台，该平台由教育部主管，汇聚了大量经过严格审核的优质企业和岗位信息，为大学生提供了安全可靠的求职渠道。高校就业网站也是重要的求职渠道，学校会对来校招聘的企业进行资质审查，确保招聘信息真实有效。像智联招聘、前程无忧等知名的大型招聘网站，也有较为完善的信息审核机制和安全保障措施。要避免使用来源不明的小网站、论坛或社交媒体上的招聘信息，这些渠道往往缺乏审核，其中充斥着虚假和诈骗信息。

（三）学会甄别信息

通过国家企业信用信息公示系统、天眼查、企查查等查询平台，可查询企业的注册信息、经营范围、注册资本、经营状态、行政处罚记录等，了解企业是否真实存在、是否合法经营。若招聘信息上的联系电话与企业官方网站公布的不一致，则应拨打官方电话核实招聘信息的真实性。也可以通过网络搜索企业的口碑和评价，查看是否有求职者曝光该企业的不良行为，从侧面了解企业的可信度。

（四）保护个人信息

在求职过程中，务必不轻易交付身份证、毕业证、学位证等证件的原件，如确需提供复印件，则应在复印件上注明“仅供求职使用，再次复印无效”等字样，并注明日期，防止证件被滥用。此外，务必不随意在不可信的网站或平台上泄露银行卡卡号、密码等重要信息。在填写简历时，对于一些非必要的敏感信息，如家庭详细住址、家庭成员信息等，可选择不填或模糊处理，避免个人信息过度暴露。

（五）运用法律武器维权

大学生要主动学习《中华人民共和国劳动合同法》《中华人民共和国就业促进法》等相关法律法规，了解自己在求职和就业过程中的权利和义务。遇到用人单位收取不合理费用、不签订劳动合同、随意变更工作待遇等侵权行为时，要及时收集和保留相关证据，如聊天记录、邮件、短信、录音、书面文件等，这些证据将在维权过程中起到关键作用。可向学校的就业指导中心或学生工作处寻求帮助，学校会提供专业的指导和支持。也可以向当地的人力资源和社会保障部门举报投诉，或向劳动争议仲裁机构申请仲裁，对仲裁结果不满意的，还可以向人民法院提起诉讼。

三、典型案例深度剖析

案例一 “付费内推”陷阱

2024 年毕业季，某高校的应届毕业生小李，一直梦想着进入一家知名互联网企业工作。在求职过程中，他看到网上有中介机构声称与该企业有内部合作，只需支付 8 万元，就能通过“付费内推”获得该企业的实习机会，并保证实习结束后可直接转正。小李求职心切，又担心自己的简历在众多求职者中没有优势，便轻信了中介的承诺，向家人借钱支付了这笔费用。然而，付款后，中介只给他发送了一些普通的面试技巧资料，安排的所谓“内推面试”，也只是普通的校招面试。最终，小李并未通过面试，但当他要求中介退款时，中介却以各种理由推脱，甚至失联。

小李受骗的主要原因在于求职过于急切，渴望走捷径，对“付费内推”这种不合理的承诺缺乏理性判断。同时，他对正规企业的招聘流程和“内推”机制的了解不足，没有意识到企业招聘更注重求职者的能力和素质，而非金钱交易。为防范落入此类陷阱，大学生要明确正规企业招聘流程，了解企业内推通常是员工基于对候选人能力的认可，免费进行推荐，不会收取任何费用。面对“付费内推”等诱惑，要保持清醒，不轻易相信，不随意转账。在求职过程中，大学生应通过提升自身能力，如参加实习、培训、项目实践等，来增加自己的竞争力。

案例二 非法传销案例

2023年9月，晋城市女大学生芳芳在兼职群看到陕西省咸阳市“冰雪奇缘”儿童剧招聘舞蹈演员的信息，内容详细逼真，与她之前的兼职经历相似。芳芳和同学商议后，决定与好友丽丽一同前往。到达咸阳后，她们被带到一个偏僻的“培训班”，随后便被限制人身自由。意识到自己陷入传销组织后，芳芳趁工作人员吃饭的间隙，悄悄给父母发消息求救。芳芳父母当晚赶到咸阳，却联系不上芳芳，只好报警求助。晋城市公安局民警接到报警后，迅速前往咸阳展开解救工作。由于线索有限，民警通过芳芳到达咸阳时留下的一段视频中隐约出现的“××台球厅”，确定了她最后出现的位置——“××街区”小吃城。民警兵分两路，一路围绕该区域搜寻线索，一路请求当地警方协助。经过四天地毯式搜索，最终在一个城中村的破旧楼房内成功解救出芳芳。

大学生被诱骗进入传销组织，多是因为社会经验不足，容易轻信他人，对传销组织的认识不够深刻。这个案例警示大学生，要充分认识传销组织的危害，了解传销的常见手段和特征，不被高回报、轻松赚钱等虚假承诺迷惑。在求职和社交过程中，要保持警惕，不轻易接受陌生人的邀请，不随意前往陌生、偏僻的地方。若发现自己或他人可能陷入了传销组织，应立即报警求助，确保自身安全。

求职陷阱纷繁复杂，从骗取财物到无偿占有劳动成果，再到虚假承诺、中介欺诈、非法传销等，每一种陷阱都可能给大学生的求职之路带来巨大阻碍。但大学生只要增强防范意识，掌握有效的应对方法，就能最大限度地避免落入求职陷阱。

在求职过程中，大学生要始终保持警惕，不被虚假承诺所迷惑；积极参加学校组织的就业指导和安全教育活动，主动学习求职陷阱相关知识，不断提升自己的辨别能力和防范意识；同时，充分利用正规求职渠道，确保获取的招聘信息真实可靠；在与用人单位沟通和签订协议时，仔细甄别信息，保护好个人信息，遇到侵权行为时及时运用法律武器维护自身权益。

求职之路虽充满挑战，但大学生只要保持理性和冷静，积极应对，就一定能够顺利避开求职陷阱，找到适合自己的工作，开启美好的职业生涯。

课后作业

1. 思考就业协议与劳动合同的区别。

课后学习资料

《中华人民共和国劳动合同法》《中华人民共和国就业促进法》《中华人民共和国劳动法》

第八章
创业基本知识与实践

学习目标

1. 了解大学生创业的现状
2. 了解大学生创业的政策和特点
3. 掌握大学生创业的方法与技巧
4. 了解大学生创业的风险与防范措施

导入案例

小周是一名计算机科学专业的大三学生。身处数字化浪潮蓬勃发展、国家大力鼓励大学生创新创业的时代，他在校园生活中敏锐察觉到，随着线上课程和无纸化学习的普及，同学们在电子资料整理、格式转换以及便捷打印等方面存在诸多不便。

小周与几名志同道合、专业互补的同学组建了创业团队。他们深入调研了校园内各年级、各专业学生的具体需求，发现不同学科对文档格式、打印样式要求各异，且现有打印服务在时间、地点上存在诸多限制。基于此，团队决定开发一个集文档智能处理、云端存储与非接触式校园打印于一体的综合服务平台——“智印校园”。

在创业过程中，团队积极利用国家和学校出台的大学生创业扶持政策。他们申请到了学校的创业孵化基地免费工位，入驻后获得了场地、设备及基础网络服务支持。同时，他们凭借精心准备的商业计划书，成功申请到了当地政府提供的大学生创业专项补贴资金，用于技术研发和市场推广。此外，他们还参加了学校组织的创业培训课程，学习到了市场分析、财务管理、营销策略等关键知识与技巧。

团队运用所学专业知识，投入紧张的技术研发。经过数月努力，“智印校园”平台初步上线。这一平台在学校部分区域试点运行时，受到了同学们的广泛关注。但它也遇到了一些问题，如部分功能操作复杂、打印速度有待提升，以及由前期宣传不足导致知名度不高。面对这些问题，团队迅速调整策略，一方面优化平台功能，简化操作流程；另一方面加大市场推广力度，通过举办校园宣讲会、线上互动活动等方式，提高平台知名度。

随着平台的不断完善与推广，到小周大四时，“智印校园”已在近 20 所高校成功部署，服务学生数超过 5 万人，平台累计订单量突破 100 万单，实现营业额超过 300 万元。然而，创业之路并非一帆风顺。在业务拓展过程中，他们面临着激烈的市场竞争，部分传统打印企业也开始涉足线上业务；同时，随着用户规模的扩大，服务器维护成本、数据安全风险也日益增加。

小周及其团队并未退缩，他们持续关注行业动态，不断优化平台功能，提升服务质量，以应对竞争。在数据安全方面，他们投入资金加强技术防护，与专业安全机构合作，保障用户的数据安全。

回顾创业历程，小周感慨道：“创业不仅需要敏锐的市场洞察力和扎实的专业技能，更要善于借助政策支持，灵活应对各种风险与挑战。客户需求是我们前进的动力，‘创新、高效、服务’是我们的理念，我们希望通过努力，让更多学生享受到便捷、智能的打印服务。”

分析：实际上，创业是一场充满挑战的冒险，其成功与否，既取决于创业者自身的综合素质（如创新思维、团队协作能力、抗压能力等），也与外部环境（如大学生创业的整体现状、政策扶持力度、市场竞争态势等）紧密相关。了解这些因素，并掌握有效的创业方法与技巧，做好风险防范，是大学生在创业道路上稳步前行的关键。

第一节 大学生创业概述

在当今时代，大学生创业正处于一个前所未有的重要历史节点，被赋予了极为关键的使命与意义。尤其是随着全球经济格局的深度调整以及科技的飞速进步，数字经济、绿色经济等新兴经济形态正蓬勃发展，大学生创业与之紧密相联，成为推动时代前进的重要力量。

数字经济以数字化、网络化和智能化为显著特征，已成为现代经济的关键支柱。在数字经济时代，互联网和大数据技术的广泛应用，使得信息的获取与传播变得前所未有地便捷，这不仅打破了地域和行业的限制，还极大地降低了市场信息的不对称性。对大学生创业者而言，他们能够更迅速、精准地把握市场需求和竞争态势，从而为创新创业活动提供高效、准确的决策依据。例如，云计算、物联网等技术让大学生在创新创业过程中，可以更加灵活地获取和运用各类所需资源，如技术、人才、资金等。同时，数字经济促进了资源的跨界整合，不同行业、领域之间的资源和信息得以相互融通，为大学生创业开辟了更为广阔的资源空间。在融资渠道方面，数字经济时代催生出众筹、在线融资等新兴模式，这些模式突破了传统融资方式在地域、时间上的限制，为大学生创业者缓解了资金压力，有力地推动了众多优秀创新创业项目的实施与落地。

与此同时，绿色经济的崛起也为大学生创业提供了广阔的舞台。随着全球对环境保护和可持续发展的关注度日益提高，绿色经济成为未来经济发展的重要方向。大学生作为社会中最具活力和创新精神的群体之一，在绿色经济领域大有可为。在2023年KAB大学生微创业行动绿色发展主题微创营项目路演中，来自多所高校的创业团队展示了一系列绿色创业项目，内容涉及数字化治沙、农村分散式生活污水处理、绿色有机肥料研发等多个领域。这些项目不仅体现了大学生对绿色发展理念的深刻理解和积极践行，也展现出他们敏锐的市场洞察力和创新能力。从实际市场需求来看，消费者环保意识不断增强，对环保产品和服务的需求日益增长，为大学生在绿色经济领域创业创造了良好的市场条件。比如开发可降解材料、环保包装、节能设备等环保产品，以及为企业提供碳足迹计算、碳中和解决方案等碳中和服务，都具有广阔的市场前景。

对大学生自身而言，创业是实现自我价值和社会价值的重要途径。通过将自己的创新构想转化为实际的商业项目，大学生不仅能够实现自己的创业梦想，还能在这个过程中培养创新精神、开拓进取精神以及团队协作能力，提升自身综合素质。从社会层面来看，大学生创业以创业带动就业，有效缓解了就业压力。据相关统计，每名大学生创业者平均可创造3～5个就业岗位，为社会稳定和经济发展做出了积极贡献。同时，大学生创业所带来的创新成果和新兴业态，推动了产业升级和经济结构调整，为社会发展注入了新的活力。从国家战略角度出发，大学生创业是推动创新驱动发展战略、培育新兴产业的关键力量。比如在数字经济和绿色经济等新兴领域，大学生凭借其创新思维和专业知识，能够为国家的科技进步和可持续发展提供有力支撑，助力国家在全球经济竞争中占据有利地位。

一、大学生创业的多元内涵和关键使命

（一）创业的核心驱动力

创业，是一种以创新为核心驱动力的创造性活动。在当今瞬息万变的市场环境中，创新是创业的灵魂所在，是使企业在激烈竞争中脱颖而出的关键因素。这种创新并非仅仅局限于技术层面，还涵盖了商业模式、管理理念、营销策略等多个维度。以苹果公司为例，其推出的 iPhone 系列智能手机，凭借着多点触控技术、简洁易用的操作系统以及独特的设计理念，彻底颠覆了传统手机行业的格局，开创了智能手机的新时代。这种创新不仅为苹果公司带来了巨大的商业成功，也改变了人们的生活方式和通信方式。除了技术创新，商业模式创新同样至关重要。例如，共享经济模式的出现，通过整合闲置资源，以共享的方式满足人们的需求，创造了全新的商业价值。像共享单车、共享汽车、共享办公空间等共享经济项目，不仅解决了人们出行、办公等方面的痛点，还催生了新的消费模式和市场需求。

创业包含多种类型。一是开创新事业、新企业的机会型创业。这类创业往往基于创业者对市场趋势的敏锐洞察和对新技术、新需求的把握，旨在开拓全新的市场领域，创造新的商业价值。以字节跳动为例，它在短视频领域创新和拓展，抓住了移动互联网时代人们对碎片化娱乐和信息传播的需求，推出了抖音、今日头条等多款具有广泛影响力的产品，迅速崛起为全球知名的科技公司。字节跳动通过算法推荐技术，实现了个性化的信息推送，为用户提供了精准、高效的内容服务，同时也为广告商和创作者搭建了良好的商业合作平台，开创了全新的内容创作和传播生态。二是生存型创业。这类创业主要是为了满足基本生存需求，例如许多个体经营者在传统的餐饮、零售等行业开展创业活动，通过提供人们日常生活所需的产品和服务，维持生计并谋求一定的发展。在城市的大街小巷，我们可以看到众多的小餐馆、便利店、理发店等，这些小本经营的生意虽然规模不大，但却满足了人们日常生活的基本需求，为社会提供了便利，也为创业者提供了生存和发展的机会。

（二）大学生创业的独特界定

大学生创业具有独特的界定，主要指的是在校生或毕业五年内的青年群体进行的创业活动。这一群体正处于人生的关键转型期，既拥有在高校中积累的专业知识、技术能力，又具备活跃的思维和对市场的敏锐洞察力。他们凭借这些优势，积极投身于创业实践。

在专业知识方面，不同学科背景的大学生能够将所学知识应用到创业项目中。例如，计算机专业的大学生可以利用编程技术开发软件、应用程序，为企业

提供数字化解决方案；生物科学专业的大学生则可以基于对生物知识的深入理解，开展生物制药、生态农业等领域的创业项目。这些基于专业知识的创业项目，不仅能够实现对知识的转化和应用，还具有较高的技术含量和创新性。

市场洞察能力也是大学生创业的重要优势之一。他们作为年轻一代，对新兴事物和潮流趋势有着天然的敏感度，能够快速捕捉到市场的潜在需求。以社交电商领域为例，一些大学生创业者敏锐地察觉到社交媒体与电商结合的趋势，通过构建社交电商平台，利用社交媒体的传播优势，实现商品的推广和销售。他们了解年轻消费者的消费习惯和心理需求，通过创新的营销方式和个性化的服务，吸引了大量用户，取得了良好的市场反响。

在创业过程中，大学生还需要整合各种资源，组建高效的团队，并勇敢地承担风险。他们通过与同学、老师、校友以及社会各界人士的合作，获取资金、技术、设备等创业所需的资源，同时，组建一支志同道合、优势互补的团队，共同应对创业过程中的各种挑战。在承担风险方面，虽然大学生缺乏丰富的社会经验，但他们勇于尝试、敢于创新的精神，使他们能够在面对风险时保持积极的态度，不断调整策略，努力实现创业目标。

（三）大学生创业的重要使命

1. 创造经济价值

在数字经济加速发展、绿色经济崛起的时代背景下，大学生创业在经济领域发挥着举足轻重的作用。通过转化科技成果，大学生能够将高校的科研成果推向市场，实现科技与经济的紧密结合。例如，一些高校在人工智能、新能源等领域取得了一系列科研成果，大学生创业者凭借对市场的了解和创业热情，将这些成果转化为实际的产品和服务。他们创办的企业专注于人工智能算法研发、新能源设备制造等领域，为产业升级提供了技术支持和创新动力。在新兴业态孵化方面，大学生创业表现得同样出色。以绿色能源领域为例，随着全球对环境保护和可持续发展的关注度不断提高，绿色能源成为未来能源发展的重要方向。大学生创业者抓住这一机遇，积极投身于对太阳能、风能、氢能等绿色能源项目的创业中。他们通过技术创新和商业模式创新，推动了绿色能源产业的发展，为能源结构的优化和可持续发展做出了贡献。此外，在健康产业领域，大学生创业也呈现出蓬勃发展的态势。随着健康意识的提高，人们对健康产品和服务的需求不断增加。大学生创业者利用互联网、大数据等技术，开发出一系列健康管理应用程序、远程医疗服务平台等，为人们提供便捷、高效的健康服务，促进了健康产业的创新发展。

2. 创造社会价值

大学生创业以创业带动就业，对缓解就业压力起到了积极的作用。据统计，每名大学生创业者平均可创造 3～5 个就业岗位。这一数据充分说明了大学生创业在增加就业机会方面的重要性。大学生创业项目往往处于新兴行业或领域，这些行业或领域的发展需要大量的专业人才和创新型人才。例如，在互联网科技领域，大学生创办的科技公司需要软件开发工程师、数据分析师、产品经理等各类专业人才；在文化创意产业领域，大学生创办的公司需要设计、文案策划、市场营销等方面的人才。这些创业项目的发展，为不同专业背景的人才提供了就业机会，促进了人才的合理流动和优化配置。此外，大学生创业还能够促进社会的创新和进步。他们的创新思维和创业实践，为社会带来了新的理念、技术和产品，推动了社会的发展和变革。例如，一些大学生创业项目致力于解决社会问题，如环境污染、教育不公平、医疗资源分配不均等。这些项目通过创新的解决方案，为这些问题的解决提供了新的思路和方法，为社会的和谐发展做出了贡献。

3. 创造教育价值

大学生创业作为高等教育改革的重要实践载体，对推动人才培养模式的转型具有重要意义。传统的高等教育模式注重知识传授和理论学习，而大学生创业则强调实践能力的培养和综合素质的提升。通过创业实践，大学生能够将所学的理论知识应用到实践中，提高自己的问题解决能力和创新能力。例如，在创业过程中，大学生需要进行市场调研、产品研发、营销策略制定、财务管理等一系列工作，这些工作涉及多个学科的知识和技能，需要大学生具备跨学科的综合能力。通过参与这些实践活动，大学生能够更好地理解和掌握所学知识，提高自己的实践能力和创新能力。同时，创业过程还能够强化大学生的团队协作能力和社会责任感。在创业团队中，成员需要相互协作、相互支持，共同完成创业目标。通过团队合作，大学生能够学会如何与他人沟通、协调，提高自己的团队协作能力。此外，大学生创业项目往往关注社会需求和社会问题，进行创业实践能够增强大学生的社会责任感，培养大学生为社会服务的意识。

总之，大学生创业在经济、社会和教育等方面都具有重要的使命和价值，对于推动社会的发展和进步具有不可替代的作用。

二、推动大学生创业的策略

在数字经济深化发展、绿色经济加速转型及“双创”战略持续升级的背景下，推动大学生创业需构建“政策赋能—教育支撑—生态培育”三位一体的协同机制，以激发大学生创新活力、服务国家战略需求。具体策略如下。

（一）政府支持：构建全周期政策扶持体系

政府通过立法保障、财税激励、资金支持等多元化政策，为大学生创业提供制度性保障。

1. 法律保护与准入便利化

完善知识产权保护机制，明确大学生创业成果转化权益分配规则，保障其技术专利、商标等无形资产方面的权益；放宽市场准入，支持以知识产权、科技成果等非货币资产出资，简化工商注册流程（如“绿色通道”服务），并支持将家庭住宅、共享办公空间等作为注册地址。

2. 财税减免与资金扶持

税收优惠：例如从事技术服务业、绿色能源等新兴产业的企业，可享受企业所得税减免；个体经营销售额未达起征点的免征增值税。补贴与奖励：例如首次创业并正常经营 3 个月以上者，可获得一定的经济补贴；成功创业且带动就业的，再给予补充奖励。贷款支持：提供小额创业贷款，允许分期到位，并给予贴息支持。

3. 孵化服务与资源对接

建设省级创业孵化基地，提供免费场地、融资对接、导师指导等“一站式”服务。联合高校与产业园区，推动“产学研创”融合，例如杭州市对落地创业大赛项目直接资助 5 万～100 万元，加速科技成果转化。

（二）高校服务：打造“教育—实践—孵化”生态链

高校需突破传统教育模式，构建专业化、全流程的创业支持体系。

1. 机构独立化与资源整合

成立创新创业学院，独立运营创业指导服务，整合科研资源（如实验室、专利库）与市场资源（如企业合作基地）；建设大学生创业园。

2. 课程改革与实践赋能

将创新创业课程纳入必修课程，开设技术转化、商业模式设计等实务课程，强化案例教学与模拟路演；搭建校企合作平台，组织创业大赛、训练营等活动，优秀项目可获得资助。

3. 导师团队与个性化指导

引入企业家、行业专家组建“创业导师工作室”，提供从项目孵化到市场拓展的全程辅导，如湖南省通过“基地 + 导师”模式降低了大学生的创业试错成本。

（三）社会氛围：培育包容创新的创业文化

1. 舆论引导与榜样激励

通过媒体宣传、校友分享会等树立创业典型，破除“求稳怕败”观念，倡导“试错即成长”的价值导向；举办区域性创业竞赛，对优胜项目提供品牌授权、销售渠道支持等资源支持，激发参与热情。

2. 校园与社会联动

利用高校 BBS、社交媒体等建立创业社群，提供政策解读、项目对接等在线服务；联合地方政府开展“创业嘉年华”“创新周”等活动，促进大学生创业项目与产业链、资本链对接，如湖南省定期组织项目路演、创业沙龙。

三、大学生创业的帮扶政策

近年来，政府对创业给予了非常多的关注，出台了许多政策，涉及税收、创业培训、创业指导等诸多方面，大力推进创业，以创业带动就业。对打算创业的大学生来说，了解最新的创业政策，能更好地走好创业的第一步。

（一）国家政策

早在 2014 年 9 月，时任国务院总理李克强就在夏季达沃斯论坛上提出，要通过改革创新掀起“大众创业、草根创业”新浪潮，形成“万众创新、人人创新”新态势。到了 2015 年，《政府工作报告》正式将“大众创业、万众创新”上升为国家战略，明确了其作为经济增长“双引擎”之一的地位。

2021 年 9 月，国务院办公厅发布《关于进一步支持大学生创新创业的指导意见》，旨在提升大学生创新创业能力、增强创新活力，进一步支持大学生创新创业。文件提出 8 个方面共 18 条指导意见：在提升大学生创新创业能力方面，将创新创业教育贯穿人才培养全过程，提升教师创新创业教育教学能力，加强大学生创新创业培训；在优化大学生创新创业环境方面，降低大学生创新创业门槛，便利化服务大学生创新创业，落实大学生创新创业保障政策；在加强大学生创新创业服务平台建设方面，建强高校创新创业实践平台，提升大众创业万众创新示范基地带动作用；在推动落实大学生创新创业财税扶持政策方面，继续加大对高校创新创业教育的支持力度，落实落细减税降费政策；在加强对大学生创新创业的金融政策支持方面，落实普惠金融政策，引导社会资本支持大学生创新创业；在促进大学生创新创业成果转化方面，完善成果转化机制，强化成果转化服务；在办好中国国际“互联网＋”大学生创新创业大赛方面，完善大赛可持续发展机制，打造创新创业大赛品牌；在加强大学生创新创业信息服务方面，建立大学生创新创业信息服务平台，加强宣传引导。该文件为构建“教育—孵化—产业”生态闭环提供了政策框架，助力大学生创业服务国家创新驱动发展战略。

2024 年 5 月，人力资源和社会保障部、教育部、财政部发布《关于做好高校毕业生等青年就业创业工作的通知》，强调支持自主创业和灵活就业：强化青年创业支持，构建创业信息发布、政策咨询、流程办理、孵化服务等全周期服务机制，推进创业服务集成办理；对符合条件的高校毕业生创业项目，按规定给予一次性创业补贴；落实灵活就业社保补贴政策，扩大新就业形态就业人员职业伤害保障试点，保障青年灵活就业合法权益。

2024年9月，中共中央、国务院发布《关于实施就业优先战略促进高质量充分就业的意见》，强调优化自主创业灵活就业保障制度：健全创业培训、创业服务、创业孵化、创业活动支持体系，优化创业促进就业政策环境，提升创业质量；支持灵活就业健康发展，建设区域性行业性零工市场、功能化便捷化零工驿站；支持和规范发展新就业形态，扩大新就业形态劳动者职业伤害保障试点，保障新就业形态劳动者对平台劳动规则的知情权、参与权，畅通劳动者维权渠道；对就业困难人员、离校2年内未就业高校毕业生灵活就业的，按照规定给予一定的社会保险补贴。

2024年11月，《教育部关于做好2025届全国普通高校毕业生就业创业工作的通知》发布，强调支持灵活就业和自主创业：各地各高校要充分挖掘新产业、新业态、新模式带动就业潜力，引导毕业生发挥专业所长，在数字经济、绿色经济、银发经济、创意经济、低空经济等多领域灵活就业；配合有关部门落实灵活就业社会保障政策；充分发挥创业带动就业作用，落实创业支持和减税降费政策，在资金、场地等方面向高校毕业生创业者倾斜，为高校毕业生创新创业孵化、成果转化等提供服务。

（二）地方政策示例

按照相关文件指示，各级地方政府也纷纷出台了许多大学生创业优惠政策，下面以杭州市为例。

根据杭州市人民政府办公厅印发的《杭向未来·大学生创新创业三年行动计划（2023—2025年）》，杭州市2023—2025年的大学生创新创业目标是："到2025年，全市集聚100万名35岁以下大学生来杭就业创业，力争达到120万名；推动新创办大学生创业企业1万家以上，带动就业2万人以上。完善大学生创新创业体系，打造一批具有全国影响力的大学生创新创业平台和'新锐杭商'，推动我市大学生就业创业高质量发展。"其主要举措如下：

1. 拓宽聚才引才渠道

通过举办海外招才引智活动、高层次人才招聘会、重点高校校园招聘会和线上大型云聘会，提供涵盖各行业、各专业领域的招聘岗位，全力搭建高校毕业生与用人单位供需对接平台。利用新媒体平台，推广直播带岗、名企推介等模式，多渠道提升招才引智成效。

2. 鼓励大学生来杭实习见习

实施"万朵浪花"杭州大学生实习计划。深入开展大学生就业见习工作，给予就业见习生活补贴、就业见习指导管理费补贴等相应补助。优化就业见习基地认定程序，完善就业见习工作机制，鼓励和吸引长三角地区建立杭州市大学生就业创业指导站的高校中浙江籍毕业学年大学生来杭实习见习。

3. 提供专项补贴支持

对来杭工作符合条件的全球本科及以上学历应届毕业生（含毕业 5 年内的回国留学人员、外国人才，下同）发放生活补贴，其中本科 1 万元、硕士 3 万元、博士 10 万元；生活补贴分两笔发放，每笔发放 50%，连续参保满 6 个月（不含补缴）发放第一笔，连续参保满 12 个月（不含补缴）发放第二笔。其中，对在富阳区、临安区、桐庐县、淳安县、建德市［以下简称西部区、县（市）］工作满 3 年后的毕业生，再次发放相同额度的生活补贴。对来杭工作符合条件的全球本科及以上学历应届毕业生发放租房补贴，每户每年发放 1 万元，可发放 3 年，期满后收入低于城镇居民人均可支配收入的，可继续享受租房补贴，最长不超过 3 年；租房补贴每年度分两笔发放，每笔发放 50%。符合条件的大专及以上学历大学毕业生可申请人才专项租赁住房，本科及以上学历大学毕业生可申请公共租赁住房。

4. 落实大学毕业生来杭落户新政

全日制普通高校大专及以上学历毕业生（大专 35 周岁以下，本科 45 周岁以下，硕士 50 周岁以下；以下不含本数，下同）在杭落实工作可以落户杭州市区；55 周岁以下博士研究生、45 周岁以下硕士研究生、毕业两年内的本科毕业生可以享受“先落户、后就业”政策。

5. 办好各类创新创业大赛

提升“创客天下 · 杭州市海外高层次人才创新创业大赛”水平，大力推动项目落地，对符合条件的获奖落地项目给予 20 万～500 万元资助。面向在校及毕业 5 年内或 35 周岁以下大学生举办“中国杭州大学生创业大赛”，入围大赛 400 强项目并在杭落地转化的，可免于评审，直接申请 5 万～100 万元资助。对于在“创青春”“互联网 +”“挑战杯”“中国创翼”“中国研究生创新实践系列大赛”等全国性大学生创新创业大赛中获金、银、铜奖（或相当于前三等奖项）的项目，且符合“中国杭州大学生创业大赛”落地项目资助条件的，可免于评审，分别直接申请 50 万元、30 万元、20 万元的项目资助。

6. 实施博士后倍增计划

支持博士后工作站建设，分别给予新设立的国家级和省级博士后流动站、工作站 100 万元、50 万元资助，对设在西部区、县（市）的流动站、工作站的资助额度上浮 20%。获博士后独立招收资格的单位，给予一次性 50 万元奖励。给予博士后用人单位每人两年 20 万元日常经费和 5 万元科研资助经费。给予在杭入站博士后每人每年 12 万元生活补贴，国（境）外博士后再增加 5 万元。对获得中国博士后科学基金和省科研项目资助的，市财政按 1 : 1 比例给予配套资助。

对出站留杭（来杭）工作的博士后，给予 40 万元补助。为杭州市获取博士后招收名额并完成进站的中介机构，每进站 1 名博士后给予 3 万元引才奖励。

7. 实施农创客培育项目

将农创客培育列入杭州市高质量推进现代农业发展项目指导性任务，支持区、县（市）设置和实施农创客培育项目，根据市级下达的目标任务和完成情况等因素，市级通过“以奖代补”形式给予适当补助。

8. 实施杰出创业人才培育计划

每年选拔 20 名杰出创业人才培育对象，给予每人 50 万元培育扶持资金，其中 40 万元为资助资金，10 万元为进行境外高端参访和培训的资金。

9. 高质量办好大学生创业学院

联合专业机构（高校）办好杭州大学生创业学院，依托在杭高校和社会组织举办杭州大学生创业训练营和大学生创业实践营。

10. 大力培养大学生工匠

支持举办“振兴杯”全国青年职业技能大赛（学生组）决赛等赛事活动。鼓励职业院校学生在获得学历证书的同时，积极取得多类职业技能等级证书。加强数字经济等重点产业领域的大学生技能人才培养，大力培养大学生“数字工匠”。

11. 深化推进“导师带徒计划”

健全创业导师机制，拓宽创业导师聘任范围，建立全市统一的大学生创业导师库，深化实施“师友计划”。创业导师每结对 1 名大学生或对 1 个大学生创业团队进行创业辅导的，可享受 2 000 元综合性补贴；指导大学生或大学生创业团队新办企业、领取营业证照且稳定经营 12 个月（含）以上的，可申领 8 000 元绩效性补贴。创业导师参加就业创业宣讲咨询、赛事评审、职业指导等专项服务活动，可按线上 300 元 / 次、线下 1 000 元 / 次的标准申领补贴。

12. 加大高层次留学回国人员项目扶持力度

高层次留学回国人员在杭创新创业项目，可申请 3 万～ 100 万元资助；特别项目可采取综合评审的办法，给予最高 500 万元资助。

13. 加大创业项目扶持力度

毕业 5 年内的高校毕业生或在杭高校在校大学生，在杭州范围内新创办企业，经评审通过后可获得 5 万～ 20 万元资助。优秀项目可采取综合评审的办法，给予最高 50 万元的资助。对上述大学生创业项目在上城区、拱墅区、西湖区、滨江区、钱塘区、杭州西湖风景名胜区及富阳区范围内的，市、区两级财政按 1∶1 比例共同承担资助资金；在其他区、县（市）符合条件的，先由当地财政承担，市财政再按当地资助额 50% 的标准予以资助。

14. 加大金融扶持力度

符合条件的大学生创业者，可申请最高50万元的个人创业担保贷款。发挥区、县（市）财政资金的示范效应，鼓励市创业投资引导基金、市天使投资引导基金等对大学生创业企业进行投资扶持。实施大学生创业“风险池”基金项目，鼓励金融机构按照市场化、商业可持续原则对符合条件的大学生创业企业给予贷款利率优惠，担保费率不高于每年1%。支持民间投资基金助力大学生创业企业成长。

15. 支持和鼓励大学生科技创新

提升大学生创业企业的科技含量，鼓励符合条件的大学生创业企业申请科技型中小企业，对入库的国家科技型中小企业，落实研发费用100%加计扣除政策。

16. 提供创业经营场地扶持

毕业5年内的高校毕业生或在杭高校在校大学生在杭新创办企业租赁办公用房的，可申请3年内最高10万元的经营场所房租补贴。

17. 加大创业带动就业扶持力度

符合条件的在校大学生和毕业5年内高校毕业生，可享受3 000元的一次性创业补贴和5 000元的一次性创业社保补贴。带动3人就业且符合相关条件的，可享受每年2000元的创业带动就业补贴；在带动3人就业基础上，每增加1人可再享受每人每年1 000元补贴；每年补贴总额不超过2万元，补贴期限自符合补贴条件并享受补贴的首月起计算，最长不超过3年。

18. 优化大学生创业园功能

经认定的市级大学生创业园，给予每家100万元的一次性建园资助。每两年对市级大学生创业园进行考核，按考核优秀、良好、合格3个等次分别给予30万元、20万元、10万元资助。推进国家社会管理和公共服务综合标准化试点项目（浙江杭州大学生创业园服务标准化试点）建设，完善大学生创业园的创业公共服务体系。

19. 优化留学人员创业园功能

经认定的市级留学人员创业园，给予每家100万元的一次性建园资助；认定为省级留学人员创业园的，再给予50万元一次性资助；成功创建国家级留学人员创业园的，再给予100万元一次性资助。每两年对留学人员创业园进行考核，按考核优秀、良好、合格3个等次分别给予30万元、20万元、10万元资助。

20. 加强众创空间建设

进一步加强众创空间、孵化器的生态体系建设，在数字经济、生命健康等重点产业领域，着力引导众创空间向专业化和国际化方向发展，构建“众创空间+孵化器+特色园区”的孵化链条，提升对创新创业人才的吸引力和聚集力。

21. 支持创业陪跑空间发展

持续推动创业陪跑空间品牌化运营。在校大学生和毕业5年以内的高校毕业生创办经营实体入驻创业陪跑空间，符合条件的可申领50平方米以内的场地租金补贴，补贴标准最高每天3元/平方米，期限不超过3年。

22. 加强对创业孵化示范基地支持

对成功创建国家级创业孵化示范基地的，再给予100万元的一次性补助。市、区两级财政按1∶1比例分担，县（市）自行承担。

23. 落实落细减税降费政策

高校毕业生在毕业年度从事个体经营，符合条件的，在3年内按一定限额依次扣减其当年实际应缴纳的增值税、城市维护建设税、教育费附加、地方教育附加和个人所得税。对创业投资企业、天使投资人投资未上市的中小高新技术企业以及种子期、初创期科技型企业的投资额，按规定抵扣所得税应纳税所得额。对国家级、省级科技企业孵化器、大学科技园和国家备案的众创空间按规定免征增值税、房产税、城镇土地使用税。

24. 支持杭州城西科创大走廊创新生态建设

支持杭州城西科创大走廊大学生创业孵化基地创建国家级、省级创业孵化示范基地，推荐优秀项目在大走廊落地，引领留学生创业园、大学生创业园、创业陪跑空间、众创空间等创业孵化基地高质量发展。

25. 支持西部区、县（市）创业共富发展

实施人才聚力促进西部区、县（市）创富行动，推动大学生返乡创业，提高就业创业质量，助力共同富裕。

26. 加强与高校就业创业指导合作

推动高校就业创业指导站向长三角区域重点高校拓展，宣传杭州市创新创业政策，联合开展大学生招引、就业见习等活动。对新建的大学生就业创业指导站，给予每站15万元的一次性建站补贴，鼓励采取政府购买服务的方式支持其持续开展活动。

27. 推进大学生创新创业数字化建设

建设大学生就业创业数智服务平台，提升数字化辅助决策能力，加快构建数字赋能的大学生创新创业服务体系。

28. 建立大学生创新创业资源对接平台

充分运用大数据共享手段，强化大学生创业数据统计工作。积极搭建大学生创新创业资源对接交流平台，促进产业园区、投资机构、创业孵化器、服务机构与大学生创业人才的互动。

29. 支持人力资源服务机构助力大学生创新创业

发挥各地人力资源服务产业园的辐射引领作用，将助力大学生创新创业情况作为入选杭州人力资源服务机构招才引智群英榜的重要参考。

30. 引导社会力量支持大学生创新创业

发挥大学生创业服务机构等团体组织作用，开展大学生创业未来之星培养计划、“优秀学子杭州行”、国际众创大会、国际创业马拉松等活动，服务和推动大学生创新创业。

四、大学生创业现状

在数字经济深化发展、绿色经济加速转型及“双创”政策持续升级的背景下，大学生创业呈现新特点、新趋势，同时也面临结构性挑战。

（一）大学生创业的特点

在西方发达国家，大学生创业非常普遍。我国大学生创业的发展相对滞后，目前表现出以下特点。

1. 创业领域多元化与科技化

在我国，当前大学生创业领域已从传统服务业向科技与文化融合领域拓展。除商贸、物流等低门槛行业外，人工智能、绿色能源、文化创意、基因技术等新兴产业成为创业热点。例如，《夺金 2025》创业竞赛中涌现的“AI 赋能儿童陪伴”“基因纪念钻石”等项目，体现了技术与人文相结合的创新方向。同时，高校科研资源加速向创业转化，如湖南省 2025 年建成 20 家省级创业孵化基地，推动“产学研创”深度融合。

2. 创业心态理性化与社会责任感增强

目前，大学生创业从“理想主义驱动”向“价值驱动”转变。调查显示，60% 的大学生创业者的创业行动以“解决社会痛点”为动机（如在乡村振兴、碳中和领域创业），而非单纯追求经济收益。此外，创业失败容忍度提升，近 40% 的大学生创业者认为“试错即成长”，反映出创业心态更趋务实。

3. 政策赋能下的创业行动力提升

随着政策支持体系完善，大学生创业行动率显著提高。2025 年的数据显示，创业实践人数较 2020 年增长 50%，其中科技类项目占比提升至 35%。但仍有 30% 的意向创业者因经验不足或风险评估保守而止步。

4. 科技转化率局部突破与整体不足并存

在人工智能、生物医药等领域，大学生创业的科技转化率显著提升（如中南大学“球秀”项目覆盖全国 2 000 家篮球场馆）。然而，整体科技转化率仍不足 15%，多数项目停留在商业模式创新层面，核心技术突破较少。

（二）大学生创业的现存问题与对策建议

1. 创业服务体系的精准性不足

问题：现有政策聚焦税费减免与融资支持，但对市场对接、法律咨询等“软服务”覆盖不足。

对策建议：推广湖南省“基地＋基金＋导师”模式，提供从注册到产业落地的全周期服务；建设科技成果转化平台，推动高校专利库与企业需求对接。

2. 融资渠道单一与持续性风险

问题：60% 的创业资金依赖家庭支持，抗风险能力弱。

对策建议：优化“财政＋金融”协同机制，如湖南省大学生创业投资基金通过股权代持降低融资门槛，杭州市对大赛优胜项目直接资助 5 万～ 100 万元。

3. 创业教育与实践脱节

问题：高校课程仍以理论为主，50% 的大学生创业者未接受过系统培训。

对策建议：将创新创业课程纳入必修学分，引入企业家导师（如“创业导师工作室”），强化模拟路演与案例教学；推广杭州市校企合作基地模式，提供真实商业场景训练。

4. 心理韧性与管理能力短板

问题：40% 的大学生创业者因抗压能力不足而中途放弃。

对策建议：高校增设“创业心理辅导”模块，联合孵化基地开展压力测试与团队管理实训；通过创业竞赛（如《夺金 2025》）强化实战经验积累。

（三）大学生创业的未来趋势与战略建议

1. 聚焦国家战略领域

引导创业项目向碳中和、乡村振兴、智能制造等方向倾斜。

2. 构建“教育—孵化—产业”生态链

推动高校与产业园协同，如杭州市对落地项目进行直接资助，加速技术市场化。

3. 强化社会责任导向

将社会效益纳入创业评价体系，鼓励创业项目兼顾商业价值与公共价值（如社区服务、文化传承）。

第二节 大学生创业的准备

创业是一项复杂的活动，不仅要求创业者具备广泛的知识、丰富的经验，更要求创业者本身必须具备一些特点和品质。有创业潜质的大学生更要明确在创业过程中个人素质、能力对创业成败的重要影响。要想成为一个成功的创业者，在创业准备期就必须对照这些要求不断地完善自己、锻炼自己。

一、创业必备的基本素质

创业是极具挑战性的社会活动，是对创业者自身的智慧、能力、气魄、胆识的全方位考验。一个人要想获得创业成功，就必须具备基本的创业素质，如创业意识、创业精神、创业心理品质、创业能力等。

（一）强烈的创业意识

创业意识是人对客观世界的创业活动自觉、能动的反映，是指创业者在创业过程中起着动力作用的个性倾向，包括需要、动机、兴趣、思想以及世界观等心理成分。创业意识支配着创业者的态度和行为，规定着其态度和行为的方向、力度，具有强大的选择性和能动性，是创业素质的重要组成部分。

要想取得创业成功，首先要有企业家意识，其次应具备独立意识，再次要树立风险意识和问题意识。

创业者树立了正确的创业意识之后，还要认识到创业是一种精神，更是一种素质。创业者还需要明确创业目标，努力使自己具备发现机遇、凝聚梦想、不懈追求、学习新知、进取提升、敢于担当、直面挑战、居安思危、自省自警的意识。

（二）顽强的创业精神

创业精神是由现实的创业意识、创业思维、创业志趣和创业人格升华而成的一种精神境界，并高度浓缩成对创业实践的反思、检讨和批判。创业精神是激发大学生创业冲动的源泉，是支撑大学生创业活动的灵魂。拥有顽强的创业精神，可以使大学生在创业过程中信念坚定、目标明确、意志顽强，一步一步走向成功。

（三）好的创业心理品质

心理品质是指创业者的心理条件，包括自我意识、性格、气质、情感等心理构成要素。作为创业者，应该具有非常强的心理调控能力，能够持续保持一种积极、沉稳的心态。

创业的成功与否在很大程度上取决于创业者的创业心理品质。创业之路不是一帆风顺的，如果不具备良好的心理素质、坚韧的意志，一遇挫折就垂头丧气、一蹶不振，那么，在创业的道路上是走不远的。只有具备处变不惊的良好心理素质和越挫越勇的顽强意志，才能在创业的道路上自强不息、顽强拼搏，打拼出属于自己的一番事业。

（四）全面的创业能力

创业能力是一种特殊的能力，由决策能力、经营管理能力、专业技术能力与交往协调能力等组成。一个想创业并打算创业的大学生，必须培养和提高自身的综合能力。特别是要注意锻炼自己的用人能力、沟通交流能力、组织策划能力、管理能力、自我控制能力等。

二、创业的知识储备

创业对大学生提出了更高的专业知识要求：即便不能做到面面俱到，也要做到“博览群书”。

在平时的学习过程中，大学生既要学好自己的专业知识，还要利用业余时间多了解一些企业管理方面的知识，多参加一些有关创业的培训，多了解一些成功企业的管理模式。

大学期间，有创业意识的大学生需要提前储备的创业知识包括管理知识、营销知识和财务知识等。

（一）管理知识

一家管理有序的企业应该先保证企业“做正确的事”，然后才是努力地“把事做正确”。创业初期，创业者要以独到的眼光与一往无前的勇气排除万难，积极投身于创业实践，而一旦企业步入正轨，创业者就需要具有一定的管理能力，而这种管理能力往往来源于创业者的知识储备。

作为在校大学生，除了学好本专业知识，还应该多学习一些管理知识。在校园学习生活中，大学生不妨积极参加班委会竞选、参加各类学生会和社团组织、到辅导员办公室从事学生助理工作等等，这些都可以让大学生得到锻炼，学习不同层面上的管理知识。

（二）营销知识

营销知识是创业过程中经常用到的知识之一，大学生在创业前就要认真学习和运用。在校大学生在日常的学习过程中不会过多地接触营销知识，但是他们可以通过以下方式进行学习：

（1）多去图书馆阅读有关营销案例的书籍，这些成功的营销案例具有很强的实用性。

（2）由于大学的教室是开放式的，因此大学生可以选择性地去听一些管理专业的营销课程。

（3）多参加校内外的促销活动。虽然促销只是营销的一个方面，但是促销活动可以让大学生明白谁是自己的顾客、顾客需要什么，以及怎样满足顾客的要求。这其实就是在培养以顾客为中心的营销意识。

（4）利用寒暑假到企业从事兼职营销工作，参与企业的市场调研、产品渠道开发、公关促销等一系列活动，通过这些工作，不断积累营销知识。

（三）财务知识

创业需要创业者具备一定的财务知识，如做启动资金预算、成本核算等等。不少准备创业的在校大学生比较缺乏财务知识，最终导致启动资金预算不准确，成本核算不全面，企业账目混乱。

因此，预先了解和学习一些基本的财务知识是非常有必要的。建议大学生多参加一些与财务相关的管理知识培训（如财政系统提供的会计从业职业资格培训），从而获得较多的财务知识。

三、创业的能力培养

大学生如果想在创业方面取得一定的成功，就至少要具备五大能力：学习能力、领导能力、协作能力、社交能力以及规划能力。

（一）学习能力

学习型人才是当今社会需要的主流群体之一。在这样一个日新月异的时代，创业时要想做好，就必须有好学与善学的精神。学习不是读死书，而是跟上时代的潮流，跟上经济发展的变化；既要见贤思齐，又要注重吸取经验教训。

大学生在校期间，要勤思考、勤动手，要时刻关注国家关于创业扶持的政策，特别是关注学校就业指导部门针对大学生创业进行的政策解读，以便为日后的创业积累政策参考依据。

（二）领导能力

创业者作为事业起步的“领头羊”，必须具备一定的领导能力。有领导能力的创业者本身就具有一种感召力和吸引力，每一个出色的创业团队，一般都有优秀的领导者。

领导能力的培养主要与行业知识、人际关系、行业技能、信誉以及进取精神等多个方面相关。在校大学生不能单一地注重学习成绩，还应该注重对综合素质能力的培养。一名优秀的大学毕业生应在学习与社会实践两个方面都表现得很出色。大学生在校期间，除了学好专业知识，还应该多参加社会实践活动（如学生会组织、班委会组织、大型比赛等），来锻炼自己的领导能力。

（三）协作能力

俗话说“一个好汉三个帮”，创业是极具挑战和压力的，仅仅靠一个人很难成功，需要有一个出色的团队来支撑。

因此，大学生在创业时可以试图联络周边与自己有共同理想和追求的同学，形成合力，共同面对挑战。如果说成功等于知识加人脉，那么人脉的重要性可能占 80%。人脉关系的好与坏关系到团队能否顺利组建和能否团结一致。“团结就是力量”，协作能力是每个创业者都应该具备的能力。

（四）社交能力

社交能力是指能觉察他人的情绪、意向，有效地理解他人和善于同他人交往的能力，包括与周围环境建立广泛联系的能力、对外界信息的吸收转化能力，以及正确处理上下左右关系的能力等等。

对大学生创业者来说，利用人脉关系扩大社交圈，通过朋友掌握更多的信息、寻求更好的发展，将成为成功创业的捷径。尤其是随着互联网时代的到来，创业者的社交能力变得越来越重要。

（五）规划能力

没有任何创业经验的大学生，首先应该学会按照自己的创业规划撰写创业计划书，然后再根据实际情况审视创业规划的可行性。

四、创业的资金筹备

想创业，资金是保障。那么，大学生自主创业所需的资金如何获得呢？创业资金的获得一般有政府扶持、自筹资金和金融借贷三种途径。

（一）政府扶持

我国各级政府为支持大学生创业提供了多项资金扶持政策，涵盖补贴、贷款、税收减免等多个方面，如个人最高 30 万元（部分省市提至 50 万元）的创业担保贷款，财政全额或部分贴息，5 000 ～ 2 0000 元的一次性创业补贴，行业专项扶持，等等。

（二）自筹资金

一般情况下，大学生在创业之初没有足够的资金，此时可以选择寻求家长、亲戚、朋友和同学等的帮助。刚刚走出校门的应届大学毕业生，也可以先找一份工作进行创业前的原始资本积累，缓冲一段时间，待资金充足后再选择自主创业。

（三）金融借贷

企业在资金紧张时难免会和金融机构打交道，金融机构其实十分乐意将钱贷给有良好信誉和偿还能力的企业。要想获得金融机构的贷款，创业企业需要准备完备的创业计划书，要让金融机构看到企业的发展前景和盈利点。

当前，国家还专门针对应届大中专毕业生提供一系列配套的小额贷款政策，创业者应对其准确理解并加以充分利用。

第二节 大学生创业指导

大学生自主创业是一个动态发展的运作过程，其最终的结果就是把创业者的理想变成现实的事业。创业的实施是整个创业活动的中心环节，其他创业活动都是围绕创业实施展开的，它的得失决定着创业的成败。

一、大学生创业步骤

创业步骤是对创业过程的大致概括。对于实践经验尚不丰富的大学生创业者而言，可以通过以下六步来实现自己的创业之路。

（一）选择创业项目

在创业之前，大学生创业者首要做的准备工作就是，选择一个既能使自己发挥所长又具有远大发展前途的创业项目。创业项目可以是有形的，也可以是无形的；可以是生产某种产品，也可以是提供某种服务。

只有选择好了创业项目，其他工作才能依次进行。项目选择对于创业活动来说意义重大，是创业能否成功的关键，也是大学生创业的内在动力。

（二）慎选公司名称

最佳的公司名称，要能够充分反映产品或服务与众不同的特色及单一性。具有创意的公司名称不仅有助于建立品牌形象，同时也能激发顾客的购买欲望。

在选择公司名称时应该具有前瞻性，所选的公司名称要尽可能地将自己的产品或服务推荐给消费者。最后，在注册公司名称前要核实，确定所选的名称还未被登记或未在公司商标法的保护中。

（三）组建团队

创业者不可能万事皆通，他可能是管理方面的专家，但对技术却一窍不通。因此，建立一个由各方面的专家组成的团队是十分必要的。

一个平衡且有能力的团队，应当包括有管理和技术经验的经理，以及财务、销售、产品设计等领域的专家。为了建立一个精诚合作、具有献身精神的团队，创业者必须使团队成员有共同的奋斗目标。

（四）制作创业计划书

创业计划书，既是创立一家新公司的发展计划，也是风险资本猎头评估一家新公司的主要依据。由于创业计划书要求创业者描述公司的创业机会，阐述创立公司、把握创业机会的进程，然后说明所需的资源，揭示风险和预期回报，最终提出行动建议，因此，它是对创业者创业可行性的一次全面考验。

（五）募集资金

资金是大学生创业过程中不可缺少的资源，一定要先将资金募集充足。换言之，大学生必须明白公司在创立早期很可能无法赚到钱甚至会亏损，因而要有所警觉，以渡过难关。大学生在筹集创业资金时，应该以能支付企业创业第一年内所有的运营开销为最低目标。

大学生募集创业资金的渠道有很多，但必须谨记在心的是，一个成功的创业者总是知道如何善用各种渠道去募集充足的资金来作为创业的坚强后盾，千万不可只从单一渠道获取资金，以免资金周转出现困难时找不到救急的办法。

（六）了解公司注册相关法规

在公司开始营业之前，大学生创业者必须了解所有与公司成立和运营等有关的法规。需要注意的是，区域不同，与公司有关的规定可能有差异，因此要了解自己的公司所在的县市区域有哪些应该特别注意的法律规范。

通常，大学生创业者可以从各地的中小企业协会或商会获得相关信息，同时，还要留意营业执照的申请规定。

二、大学生创业计划书

对于初创企业来说，创业计划书尤为重要。创业计划书是创业项目可行性分析的成果，是创业者计划创立的业务的书面摘要。它以与拟创办企业相关的内外环境条件和要素特点为业务的发展指南，是衡量业务进展的标准。通常，创业计划书是市场营销、财务、生产、人力资源等职能计划的综合。

（一）创业计划书的作用

创业计划书是商业模式的书面体现。拥有一份好的创业计划书，就好像有了一张业务发展的指示图。它会时刻提醒创业者应该注意什么问题，应该规避什么风险，并最大限度地帮助创业者获得来自外界的帮助。

1. 指导创业者的创业行动

编写创业计划书的过程，是调研与思考的过程，创业者可以在这个过程中清楚地看到自己所拥有的资源、已知的市场情况和初步的竞争策略等，进一步明确自己的创业思路和经营理念。

2. 帮助创业者凝聚人心

一份完美的创业计划书可以增强创业者的自信。创业计划书通过描绘企业的发展前景和成长潜力，使管理层和普通员工对企业及个人的未来都充满信心；它明确了要从事的项目，使所有员工有准确的角色定位。因此，创业计划书对于创业者吸引所需要的人力资源、凝聚人心，具有重要意义。

3. 协助创业者获得融资

创业计划书作为一份全方位的项目计划，在对即将开展的创业项目进行可行性分析的同时，也在向风险投资商、银行和客户等宣传拟创办企业的各个方面（产品、营销、制度、管理等）。在一定程度上，创业计划书也是拟创办企业对外进行宣传和包装的文件。

（二）创业计划书的编写原则

创业计划书必须充分展现创业者对于企业内外环境的熟悉以及实现创业计划的信心。同时，它还要体现重要的经营功能，以及对环境变化的假设与预测的一致性。要做到这些，创业者在编写创业计划书时应遵循以下原则。

1. 坚持以市场为导向

任何一家企业的利润都来自市场对产品与服务的需求，因此，创业计划书的编写必须坚持以市场为导向的原则，通过市场调查，充分展示创业者对市场现状的掌握能力和预测未来发展的能力。

2. 真实明确

创业计划书的内容不能靠凭空想象，而必须通过调查得来，尽量做到客观、真实。创业者一般容易关注投资回报而低估经营成本和风险，因此，创业者要尽量列出可供参考的数据与文献资料，明确指出企业的市场机会与竞争威胁，并以具体的数据与文献资料来证明。

此外，创业计划书还要明确说明财务预测方法、各种分析所采用的假设条件、市场需求分析所使用的调查方法与所依据的事实等信息。

3. 展现优势与投资者利益

创业计划书不仅要将经营、管理方面的资料完全展示出来，而且要充分展现创业者所具备的竞争优势。除此之外，还有重要的一点，那就是要明确指出投资者的利益所在，并显示出创业者创造利润的强烈愿望。

4. 展现经营能力

创业计划书的“管理团队”部分，要充分展现创业团队的经营能力与丰富的经验背景，并显示创业团队对于该产业、市场、产品以及未来运营策略的信心和对成功创业的把握。

5. 内部逻辑一致

创业计划书要做到前后的基本假设或预测相互呼应，保持前后逻辑一致。比如，人员的配备要依据经营规模的变化而变化。

6. 完整性

创业计划书一般包括封面、计划摘要、产品介绍等许多内容，但其表述要以简单明了为原则，做到文字流畅、表达准确、排版规范，尽量不罗列非相关资料。

（三）创业计划书的主要内容

一份完整的创业计划书，应该由封面、计划摘要、产品介绍、人员和组织架构、行业分析、市场预测、营销策略、生产制造规划、财务规划与报酬分析、风险评估等主要部分构成。

1. 封面

封面的设计要美观和有艺术感。一个好的封面会使阅读者产生好感，形成良好的第一印象。

2. 计划摘要

计划摘要涵盖了计划的要点，是创业计划书的精华。在编写计划摘要时，要以一目了然为原则，方便阅读者在最短的时间内评审计划并做出判断。计划摘要必须认真书写，保证内容全面，以吸引投资者关注。它一般应包括以下内容：

（1）公司介绍。
（2）管理者及其组织介绍。
（3）主要产品和业务范围。
（4）市场概貌。
（5）营销策略。
（6）销售计划。
（7）生产管理计划。
（8）财务计划。
（9）资金需求情况。

3. 产品介绍

在进行投资项目评估时，投资者最关心的问题之一就是企业的产品、技术或服务是否具有独特性，能否尽快占领市场。因此，产品介绍是创业计划书中必不可少的部分。通常，产品介绍应包括以下内容：

（1）产品的概念、性能及特性。
（2）产品的研究和开发过程。
（3）产品的市场竞争力。
（4）产品的市场前景预测。
（5）发展新产品的计划和成本分析。
（6）产品的品牌和专利。

在产品介绍部分，创业者要用通俗易懂的语言，做出详细、准确的说明，让非专业人员都能看明白。一般情况下，产品介绍应附上产品原型、照片或其他介绍。

4. 人员和组织架构

一个企业除了拥有产品外，人员也是不可缺少的。企业管理层人员素质的高低和组织架构的合理程度，直接决定了企业经营风险的大小。因此，投资者会特别注重对管理队伍的评估。

在创业计划书中，必须对重要人物进行介绍，包括他们所具有的能力、他们的职务和工作经验、他们的详细经历及背景等。除此之外，在这部分，还应对公司组织架构做简要的介绍，包括公司的组织结构图、各部门的负责人及主要成员、公司的董事会成员等。

5. 行业分析

在行业分析部分，应该正确评估所选行业的基本特点、竞争状况以及未来发展趋势等。以下问题是应该被仔细思考并回答的：

（1）该行业的发展程度如何？现在的发展动态如何？
（2）创新和技术进步在该行业扮演着怎样的角色？

（3）该行业的总销售额有多少？总收入有多少？发展趋势怎样？

（4）经济发展对该行业的影响程度如何？政府是如何影响该行业的？

（5）该行业竞争的本质是什么？你将采取什么样的战略？

（6）进入该行业的障碍是什么？你将如何克服？该行业典型的回报率有多少？

6. 市场预测

在创业计划书中，市场预测应包括需求预测、市场现状综述、竞争厂商概览、目标顾客和目标市场，以及本企业产品的市场地位等内容。

创业者在进行市场预测时，首先要对需求进行预测，了解市场是否存在需求以及需求程度如何、市场规模有多大、影响需求的关键因素是什么等等。其次，要对市场竞争情况进行分析，如主要竞争对手有哪些、本企业预计的市场占有率是多少、本企业进入市场会引起竞争者怎样的反应等等。

在创业计划书中，创业者还应阐明竞争者给本企业带来的风险以及本企业采取的策略。投资风险描述得越详细，就越容易引起投资者的兴趣。

7. 营销策略

营销是企业经营中最富挑战性的环节。在创业计划书中，营销策略应包括以下内容：

（1）市场机构和营销渠道的选择。

（2）营销队伍的管理。

（3）促销计划和广告策略。

（4）价格策略。

对初创企业来说，企业及其产品基本无知名度，很难使用其他企业已经稳定的销售渠道。因此，初创企业不得不暂时采取高成本低效益的营销策略，如：广告策略，大打商品广告；价格策略，向批发商和零售商让利；等等。

8. 生产制造规划

创业计划书中的生产制造规划应包括产品制造和技术设备现状、新产品投产计划、技术提升和设备更新要求、产品各项固定成本与变动成本说明，以及详细生产成本预估、质量控制和质量改进计划等内容。

在寻求资金的过程中，为了增加企业在投资前的评估价值，创业者应尽可能地使生产制造规划更加详细、可靠。一般来说，创业者在编写生产制造规划前应回答以下问题：

（1）企业生产制造所需的厂房、设备情况如何？

（2）生产线的设计与产品组装是怎样的？

（3）生产周期标准的制定以及生产作业计划的编制是怎样的？

（4）设备的引进和安装情况如何？谁是供应商？

（5）供货者的前置期和资源的需求量如何？

（6）物料需求计划及其保障措施是怎样的？

（7）质量控制的方法是怎样的？

（8）怎样保证新产品在进入规模生产时的稳定性和可靠性？

9. 财务规划与报酬分析

财务规划一般应包括条件假设、预计的资产负债表、预计的损益表、现金收支分析以及资金的来源和使用等。财务规划的重点是对资产负债表、损益表、现金流量表的编制。

财务规划与企业的生产计划、人力资源计划、营销计划等是密不可分的。要完成财务规划，必须明确以下问题：

（1）每件产品的生产费用是多少？

（2）每件产品的定价是多少？

（3）从什么时候开始扩张产品线？

（4）使用什么分销渠道？所预期的成本和利润是多少？

（5）雇佣从何时开始？工资预算是多少？

此外，报酬分析的主要内容包括：未来五年的损益平衡分析、投资报酬率预估，未来的融资计划，投资者回收资金的可能方式、时机及获利情况，等等。

10. 风险评估

风险评估旨在详细说明公司在运作过程中可能遇到的各种风险，并估计其严重性和发生概率，然后提出相应的解决方法。风险评估是为了确认投资计划可能伴随的风险，并以数据方式衡量风险对投资计划的影响，目的是向投资者说明对风险的应对策略。

常见的风险包括以下内容：

（1）资源限制带来的风险。

（2）市场不确定性带来的风险。

（3）管理经验限制带来的风险。

（4）关键管理者带来的风险。

（5）不可抗力带来的风险。

（四）创业计划书的编写流程

创业计划书是在对行业、市场进行充分研究的基础上编写的，它的最终目的是获得投资。因此，创业计划书的设计应重点关注投资者的角度。在编写创业计划书时，要注意措辞准确、行文条理清晰、内容简明扼要，并围绕投资者的关注点去思考、调查和分析。创业计划书的编写可以分为以下 6 步。

1. 学习经验

大多数创业者没有编写创业计划书的经验，此时，他们可以先搜集国内外较为成功的创业计划书，借鉴其内容、结构和写作手法，取其精华，然后整理自己的写作思路。

2. 细化创业构想

创业者要对自己即将开创的事业给予非常具体、细致的思考，并细化创业构想，制定明确的时间进度表和工作进程表。如果构想不完整，企业在后期就很可能经营困难，甚至破产倒闭。因此，成熟的创业者应具有较为完整的创业构想，并在编写创业计划书前，思考下面几个问题：

（1）我为什么要创业？是有创业条件与机会，还是被逼无奈？

（2）自己的优点是什么？缺点又是什么？

（3）适合自己创业的领域是什么？

（4）企业具体的经营范围是什么？对市场机会与市场前景有多大的把握？

3. 调研市场

调研市场就是市场需求调查，即运用科学的方法，有目的有计划地收集、整理、分析有关供求和资源的各种情报、信息和资料。在调研市场的过程中，创业者要同潜在顾客展开接触，收集顾客购买此类产品的时间周期、由谁决定是否购买、自己的产品凭借什么吸引目标市场中的消费者等信息，以便制定销售策略。

此外，调研市场还包括对竞争对手的调查，例如：竞争对手有哪些？竞争对手的产品与本企业的产品相比，有哪些相同点和不同点？竞争对手采用的营销策略是什么？等等。

4. 起草计划书

在收集到足够的信息后，创业者即可开始起草创业计划书。由于创业计划书中包含的内容较多，因此，创业者在计划时要明确各个部分的作用，做到有的放矢。同时，在撰写创业计划书的过程中，创业者还需咨询律师或顾问的意见，确保计划书中的文字和内容没有歧义，不会引发误解。

5. 完善计划书

首先，根据撰写的创业计划书，把其中最重要的内容摘出来，做成一个 1 ～ 2 页的计划摘要，放在前面。其次，认真检查一遍创业计划书，千万不要有错别字，否则会让人觉得计划书不够严谨。最后，设计一个漂亮的封面（要简洁、有新意，包含项目或企业名称、地址、联系方式等内容），编写目录与页码，然后打印、装订成册（要按照资料的顺序进行排列，最后还要附上计划书中支持材料的复印件）。

在撰写创业计划书时，要注意控制篇幅。简洁的创业计划书一般为 4 ～ 10

页，全面翔实的创业计划书一般控制在 40 页以内。另外，封面的纸质要坚硬耐磨，尽量使用彩色纸张，以增加计划书的外观吸引力，但颜色不要过于耀眼。

6. 检查计划书

对创业计划书进行检查，以保证内容准确、形式美观。创业计划书的检查内容包括以下几个方面：

（1）创业计划书是否体现出具有管理公司的经验？

（2）创业计划书是否显示出公司的偿还能力？

（3）创业计划书是否显示出已经进行过完整的市场调研？

（4）创业计划书是否容易被投资者领会？

（5）创业计划书是否有计划摘要并放在前面？

（6）创业计划书是否在文法上全部正确？

三、大学生创业的方法

俗话说："好的开始是成功的一半。"对于初涉商海的大学生创业者来说，成功地迈出创业的第一步，并获得"第一桶金"至关重要。一般来说，大学生可以通过以下 4 种方法成功启动创业：

（一）先就业再创业

首先，选择自己喜欢的工作，最好选择颇具规模、有明显优势的企业。其次，有目的地学习和积累经验，如学习所在企业的管理模式、产品知识和营销知识。最后，充分利用现有的资源平台打好基础，待时机成熟后，再努力开创自己的事业。

（二）"捆绑"成功人士进行创业

创业成功的一个有效秘诀是"捆绑"成功人士。大学生有了创业计划后，可以寻找一位成功人士作为自己的标杆，有目的、有准备地用心学习该成功人士的思考方式、做事方法、处事原则等，如有可能，与该成功人士成为朋友，以获得他的帮助与指导。

（三）"摸着石头过河"式创业

"摸着石头过河"式创业，是指一边创业一边修正创业失误，并不断克服创业困难的创业方法。这种方法能满足一些大学生创业者快速实现梦想的渴望，但在创业过程中可能会出现较多的挫折和失败。

（四）有效利用网络进行创业

网络创业不同于传统创业，无须“白手起家”，而是可以利用现有的网络资源。网络创业准入门槛低、成本少、风险小，方式也很灵活，特别适合初涉商海的大学生创业者。

目前，网络创业主要包括网上开店和网上加盟两种形式。例如，京东、淘宝等知名电子商务平台都具备较完善的交易系统、交易规则以及成熟的客户群，这些网站每年还会投入大量的费用进行宣传推广。因此，大学生创业者可在投资较少的情况下，加盟这些网站，依托电子商务平台来发展业务。

四、捕捉商机的技巧

市场需求创造商机，在创业者寻找商机的同时，商机也在寻找创业者。因此，掌握捕捉商机的技巧能帮助大学生创业者在竞争中脱颖而出。

（一）分析创业环境，寻找商机

一般来说，创业环境可分为创业的一般环境和创业的具体环境。

（1）创业的一般环境。它通常是指创业者所处的宏观环境，可以从政治、经济、社会和技术 4 个方面进行划分。

（2）创业的具体环境。它通常是指创业者所处的微观环境，一般可以从供应商、顾客、竞争者、政府以及公众压力 5 个方面进行分析。

环境既蕴藏着无限的商机，也隐藏着一定的威胁。大学生创业者要充分利用环境变化提供的机会，小心规避环境中的威胁，并从分析环境的机会与威胁中发现创业商机。假设要开办一家食品厂，当得知“食品安全问题”成为国家当前关注的问题时，生态食品、绿色食品就将成为商机和卖点。

（二）调查研究，寻找商机

调查研究是发现商机的前提与基础。没有深入的市场调查和社会调查，就不会发现与环境相容并且能够满足顾客需求的商机。大学生创业者既要对市场需求进行调查研究，又要对社会进行调查研究，从而得出与产品设计、生产规模和财务核算等有关的信息，进而研究出相应的经营对策。

通过调查研究，寻找创业商机的方法如下：

（1）观察。即对事物进行仔细察看和了解。创业者可以通过观察消费者的状况、竞争者的状况、街区环境的状况等，发现商机并记录下来，从而整理创业思路。

（2）体验。即通过亲身实践来认识周围的事物。许多创业者选择了一些看似简单、容易成功的项目，但真正实践后才发现事情不像想象的那么简单，最终以失败收场。正所谓“出水才见两脚泥”，只有亲身实践，才能发现事物的本质和内涵。例如，只有亲自去饭店体验服务，才能知道招聘和培训服务员的重要性；只有亲自去参与促销活动，才能掌握促销活动的实际作用和效果。

（3）询问。即打听或征求意见。询问不是自己直接去看或体验，而是了解他人的看法和感受。因此，大学生创业者还要向有创业经验的亲朋好友请教、向相关顾客征求意见……询问对象的经验、意见与建议，能帮助大学生创业者评判自己所找到的商机是否正确，少走弯路。

（4）换位。即转换自己的位置，从项目关系人（包括顾客、竞争者、供应商等）的角度和利益出发，对商机进行调查研究。创业项目是否具有商机，需要外部认定。因此，在寻找创业商机时，不能一厢情愿，而应站在项目关系人的位置，从他们的角度和利益出发，运用观察、体验和询问去调查和收集第一手资料。

（三）挖掘热点，寻找商机

从产品市场的发展规律来看，由潜在的市场变为现实的产业化市场，大致有以下 5 个发展阶段。

（1）种子市场阶段。在这一阶段，消费者对尚未面世的产品具有的需求和欲望，催生出种子市场。

（2）市场具体化阶段。在这一阶段，适合潜在市场的产品出现，导致市场的具体化。例如，月嫂的出现。

（3）市场扩展化阶段。在这一阶段，跟进者的行为，使市场得以扩展。例如，月嫂培训班的出现。

（4）市场独立化阶段。在这一阶段，市场被跟进者占满以后，新产品就需要高度独特化，市场出现分裂。例如，满足不同业主需求的不同等级的月嫂的出现。

（5）市场再结合阶段。在这一阶段，市场走向再结合。

从创业实践的角度看，市场具体化阶段和市场再结合阶段是最易成功的切入点。这两个阶段市场变化最为剧烈，而剧烈的变化往往蕴含大量商机与新的需求，因此成为创业的热点领域。

第四节 大学生创业的风险与防范

在创业道路上机遇与挑战同在，成功与挫折并存。了解创业过程中可能存在的风险，寻找防范措施，避免陷入创业误区，对于大学生创业者来说，具有积极的意义。

一、大学生创业的风险

做任何一件事情都会有风险，创业更是如此，那么大学生创业一般会遇到哪些风险呢?

（一）缺乏市场调研

缺乏对市场的了解是目前大学生创业中普遍存在的现象，不少大学生创业者没有对其产品或项目做市场调查的意识，而只是进行理想化的推断，甚至做决定仅凭一时心血来潮。大学生在创业之前一定要做好市场调研，只有在了解市场的基础上创业，才能长久。

（二）缺乏创业技能

很多大学生创业者眼高手低，当创业计划转变为实际操作时，才发现自己根本不具备解决问题的能力，这样的创业无异于纸上谈兵。

（三）社会资源贫乏

企业创建、市场开拓、产品推介等工作都需要调动社会资源，大学生在这方面一般会感到非常吃力。因此，大学生平时要多参加各种社会实践活动，扩大自己人际交往的范围。

（四）缺乏承受挫折的能力

很多大学生在创业之前是一帆风顺的，没有经历过挫折与失败，所以抗挫折能力较差，加上没有做好迎接困难、面对挑战的心理准备，当遇到问题时，很容易心灰意冷，停滞不前。

（五）盲目扩张

一些大学生创业者在初尝甜头后，往往急于求成，想更快地收回成本、创造盈利，从而盲目扩张，导致企业不能与自身能力、市场需求相协调，这样是极其危险的。此时，稍有意外，就可能造成巨大的损失，最终导致功亏一篑。

（六）管理风险

企业管理，是一家企业存活的关键。大学生创业初期的合作伙伴往往是亲朋挚友。他们初涉商海，知识单一，又缺乏实践经验，很容易出现决策随意、信息不通、患得患失、用人不当、急功近利、盲目跟风、忽略企业管理等现象。长此以往，导致企业的秩序混乱不堪，最后企业的存活也就越来越艰难。

（七）竞争风险

任何企业都会面临竞争，初创企业也不例外。创业者如果选择的是竞争非常激烈的行业，那么在创业之初很有可能受到同行的排挤。

一些大企业为了把小企业吞并或挤垮，常常会采用低价销售的手段。对于大企业而言，由于其实力雄厚且已形成规模效益，短时间的降价并不会对其造成致命的伤害，而对于初创企业来说，这种竞争则可能带来倒闭的危险。因此，考虑好如何应对来自同行的残酷竞争是初创企业生存的必要准备。

（八）团队分歧

现代企业越来越重视团队的力量。初创企业在诞生或成长过程中最主要的力量来源一般是创业团队，一个优秀的创业团队能使初创企业迅速地成长起来。但与此同时，风险也蕴藏其中，团队的力量越大，产生的风险也就越大。一旦创业团队的核心成员在某些问题上产生大的分歧，就极有可能对企业造成强烈的冲击。

事实上，做好团队的协作工作并非易事。很多创业团队因为股权和利益最终分崩离析。

二、创业风险的防范措施

虽然创业过程中的各种风险是难以预测的，但是通过科学的方法，针对不同风险制定不同的防范措施，仍可以未雨绸缪，最大限度地降低风险的发生概率，甚至化风险为机遇。

（一）应对竞争对手

所有企业都不可避免地会面对竞争对手，那么该如何保证自己处于竞争优势状态呢？下面将根据实战经验给出一些面对竞争对手的应对策略。

（1）控制技术，限制竞争。如果创业依托的技术有专利权，那么将在很大程度上排除同类竞争项目出现的可能性，降低投资成本和投资风险。

（2）密切关注同行的动向。在研发阶段，应密切关注同类企业类似工作的进展情况（如同类产品的功能设计），从中找出自己产品的优势。

（3）选择高技术项目。如果项目的技术含量足够高，那么其他企业想要通过完全破解技术配方或关键内核来仿制是不可能的，其自行研制开发也需要很长的时间。因而，高技术项目能够有效地延长其他企业跟进的时间。

（4）重视产品的更新换代。在第一代产品还在酝酿过程中时，就要制订后续系列产品的开发计划，并在生产规划中详细论证以确保开发计划的顺利实施。因此，企业一方面要抓住时机，生产出升级换代产品，更好地满足顾客的需求；另一方面还要优化生产工艺和销售渠道，在成本和价格方面适应市场竞争的需要。

（5）注重产品的多样性。在当今市场竞争日益激烈的情况下，创业企业在推出主打产品的同时一定要采取产品多样化的战略，以扩大市场占有率。此外，多样化的产品也能有效地减少竞争者的模仿。

（二）应对市场变化

不管是企业还是企业的产品，都需要面对变幻莫测的市场，作为创业者应该采取哪些措施来应对呢？

（1）有效的市场调查。只有进行有效的市场调查，才能了解顾客的需求。市场调查不仅包括项目创意调查，而且要贯穿产品研发和生产过程的始终，产生可依赖的标准，切实指导产品的开发和改进。

（2）扎实高效的组织。仅有好的创意、好的机会还不足以真正成就一家企业，新产品、新技术的实现和推广，还要依靠扎实高效的组织的努力。因此，只有建立高素质、善于学习和能够主动适应市场的组织，才能将研发、营销推广策略真正落到实处。

（3）新领域的先锋。新技术、新产品不仅应能满足顾客需要，还应能发掘并引起新的市场需求，动态地改变顾客的偏好，成为新领域的先锋。

（三）应对管理危机

由于初创企业的管理团队成员一般都很年轻，彼此间缺乏默契，再加上管理经验不足，又要在短时间为完成新技术、新产品的研发和推广，因而可能出现很多管理问题，必须积极采取措施进行应对。

1. 借用外脑

对于初创企业管理团队年轻化的问题，在公司起步这个比较关键的发展阶段，可以考虑与风投公司或是孵化公司合作，邀请有经验的人士参与经营管理；

也可以邀请各方面的专业人才加盟，这样可以利用有经验的专业人士带动整个组织的成长和进步。

2. 培养团队精神

团队精神是企业抵达成功彼岸的基石。在社会分工越来越细的今天，企业之间的竞争，已经不是个人赛，而是团体赛。因此，面对竞争日益激烈的市场，企业更应该注意自己团队人才的培养，塑造符合自身发展目标的企业文化。

3. 控制人员流失

初创企业由于很容易遇到各方面的风险和阻力，因此常常要面对管理、技术、销售和服务等人员的流失。要留住人才，就要根据不同类型人员的特点，采取不同的措施。

（1）管理、技术人员。明确利益关系，对于高素质的管理、技术人员可考虑分配一定数额的公司股份；制定有效的激励机制，研发适用不同岗位的绩效考评机制，还要用企业文化所形成的强大凝聚力留住人才。

（2）销售、服务人员。根据业绩评估，及时提高工资和福利待遇；建立完善的晋升制度，做到奖惩分明；加强并提高对服务人员从业素质的培训，使其感到在公司中的个人价值。

防止专业人才及业务骨干流失是创业者应当时刻注意的问题，在那些依靠某种技术或专利创业的企业中，拥有或掌握这一关键技术的业务骨干的流失是创业失败的最主要风险源。

（四）应对财务危机

企业在创立初期很可能会遭遇财务危机，只要度过这个危机，企业就可能迎来发展的春天。面对这些财务危机时，创业者应采取相应的措施。

1. 完善财务管理体系

初创企业要建立一套严格的财务管理制度，包括财务报表制度、投融资制度、赊销制度以及审核制度等，真正把财务管理工作提高到企业管理的高度上来，而不是仅仅把它当作记账手段。

此外，初创企业一般初始资金都不富余，这就需要科学、合理地配置这有限的资源，以发挥最大效用。一般来说，在创业初期，资金应“专款专用”，不能拆东墙补西墙，更不能把短期资金用作长期投资，否则容易导致企业的资金链断裂。

2. 适时调整财务结构

初创企业在发展过程中应适时调整财务结构。事实证明，如果销售额增长，新企业的成长速度就会快于资本结构的成长速度。因此，新企业的每一次成长，都需要一个新财务结构。

公司在运营一定年限后，会力求更多的资金来源，主要途径有寻找合伙人或与其他公司联合经营等。在选择资金来源时，必须充分了解合作伙伴的信誉、经营互补性及发展前景等信息。

3. 拓宽融资渠道

资金是决定初创企业生存和发展的关键性问题。面对创业过程中的财务危机，大学生创业者可以通过以下方式来缓解。

（1）大学生创业者要充分了解并利用国家、省市各级政府提供的创业优惠政策。一般来说，这些优惠政策主要包括：创业企业注册资金允许分期支付，享受国家相应的税费减免，创业贷款政府贴息，对大学生创业企业录用应届毕业生就业给予奖励，等等。

（2）创业企业可以利用商业信用保持适度负债，例如，企业采购原料时尽量避免使用现金支付，力争延长信用期限，从而有利于资金的融通。

（3）创业企业可以开展股份融资，通过设立企业股份，吸纳资金充裕的个体投资，这样不仅可以解决融资难的问题，还能够分散经营风险。

（4）对于初创企业而言，筹集资金除了依靠开源以外，也要注重节流。企业的经营管理，应本着节约的原则。除此以外，初创企业本身也要更注重产品质量和服务水平，本着诚信经营的原则，树立良好的商业信用，从而增加金融机构授信的砝码，提高企业自身的融资能力。

4. 增加成本意识

在企业创立初期，创业者往往会选择开辟新市场、扩大销售量，而忽略了成本控制这一环节。甚至有部分创业者在没有摸清市场状况的情况下，就贸然购买原料、设备等投入生产，结果导致产品滞销。产品滞销又会导致当期生产成本增加，进而造成企业的流动资金短缺，甚至出现现金流断裂。

一般而言，创业者在创业初期所要投入的成本主要有：场地租金、生产经营设备投入、员工工资、开办企业所缴纳的各种税费等。在创业初始阶段，创业者要严格核算企业的可控变动成本和可控固定成本，根据企业的经营目标和产品市场状况，合理确定可控成本的范围。

知识加油站

创业计划书框架

1. 项目概述

1.1 项目简介

1.2 产品及服务
1.3 股权结构
1.4 盈利模式
1.5 项目优势
2. 市场分析
2.1 行业背景分析（PEST分析）
2.2 市场容量
2.3 行业现状
2.3.1 行业沿革
2.3.2 行业市场现状
2.3.3 行业波特五力模型分析
2.4 （潜在）消费者分析
2.5 竞争分析：行业的主要竞争者分析
3. 产品/服务介绍：具体产品/服务介绍及SWOT分析
4. 市场营销
4.1 客户定位
4.2 营销策略
4.2.1 产品/服务策略
4.2.2 价格策略
4.2.3 渠道策略
4.2.4 促销及公关策略
5. 运营管理
5.1 项目团队
5.2 组织机构图
5.3 产品/服务利润链分析
6. 财务计划与管理
6.1 股本规模与结构
6.2 五年预测收益表
6.3 融资计划
6.4 投资退出机制
7. 风险管理
7.1 安全风险分析及防控
7.2 法律风险分析及防控
7.3 经营风险分析及防控

7.4 竞争风险分析及防控

7.5 人才风险分析及防控

7.6 融资风险分析及防控

7.7 其他风险分析及防控

8. 结论

课后作业

1. 收集学校所在地以及生源地的创业政策。
2. 找一份创业计划书来阅读并尝试自己撰写一份。

课后学习资料

1. 共青团中央，中华全国青年联合会，国际劳工组织．大学生KAB创业基础：学生用书［M］．2版（修订本）．北京：高等教育出版社，2015.

附录一

《高校毕业生等青年就业创业政策汇编（2024 年）》

《高校毕业生等青年就业创业
政策汇编（2024 年）》

附录二

《中华人民共和国劳动合同法》

《中华人民共和国劳动合同法》

参考文献

［1］习近平．促进高质量充分就业［J］．求是，2024（21）：4-8.

［2］新青年 新机遇：新职业发展趋势 白皮书［EB/OL］．（2023-07-04）［2025-05-05］．https://max.book118.com/html/2023/0704/6053200125005154.shtm.

［3］汪雯，陈玉洁．我国就业补贴政策的量化评价研究［J］．中国劳动，2024（4）：34-50.

［4］钟云华，刘姗．新中国成立以来高校毕业生基层就业政策变迁逻辑与发展理路：基于1949—2020年政策文本的分析［J］．高校教育管理，2021，14（2）：114-124.

［5］国家职业分类大典修订工作委员会．中华人民共和国职业分类大典（2022年版）［M］．北京：中国劳动社会保障出版社，2022.

［6］尹刚，张海军．大学生就业指导与创业教育［M］．北京：现代教育出版社，2016.

［7］新职业在线学习平台发展报告［EB/OL］．（2020-07-27）［2025-05-05］．https://tech.sina.com.cn/roll/2020-07-27/doc-iivhuipn5332752.shtml.

［8］第九次全国职工队伍状况调查综述［EB/OL］．（2023-03-01）［2025-05-05］．http://acftu.people.com.cn/n1/2023/0301/c67502-32633839.html.

［9］德鲁克．管理的实践［M］．北京：机械工业出版社，2018.

［10］普通高等学校本科专业目录（2024年）［EB/OL］．（2024-09-03）［2025-05-05］．https://jwc.hncu.edu.cn/info/1268/4557.htm.

［11］国家统计局．中国统计年鉴2024［M］．北京：中国统计出版社，2024.

［12］通识教育规划教材编写组．大学生就业指导：慕课版［M］．北京：人民邮电出版社，2018.

［13］苏文平. 职业生涯规划与就业创业指导［M］. 北京：中国人民大学出版社，2023.

［14］端木奕祺，杨碧霞，郝勇. 大学生职业发展与就业指导［M］. 北京：国防大学出版社，2018.

［15］甘萍，吴丹. 大学生职业发展与就业指导［M］. 北京：人民邮电出版社，2019.

［16］孙鑫，李华. 大学生职业生涯规划与就业指导［M］. 北京：中国电力出版社，2019.

［17］金海燕. 大学生就业指导［M］. 杭州：浙江科学技术出版社，2012.

［18］马建青. 大学生心理健康教程［M］. 杭州：浙江大学出版社，2023.

［19］钟谷兰，杨开. 大学生职业生涯发展与规划［M］. 上海：华东师范大学出版社，2008.

图书在版编目（CIP）数据

大学生就业指导与实务：第 2 版 / 朱军，冯晓燕，方殷杰主编 . -- 北京：中国人民大学出版社，2025. 7.
ISBN 978-7-300-34174-3

Ⅰ. G647.38

中国国家版本馆 CIP 数据核字第 20256T1C36 号

大学生就业指导与实务（第 2 版）

主　编　朱　军　冯晓燕　方殷杰

副主编　翁晨晨　梅雨晴　王　慧

Daxuesheng Jiuye Zhidao yu Shiwu (Di-er Ban)

出版发行	中国人民大学出版社		
社　址	北京中关村大街31号	**邮政编码**	100080
电　话	010-62511242（总编室）		010-62511770（质管部）
	010-82501766（邮购部）		010-62514148（门市部）
	010-62511173（发行公司）		010-62515275（盗版举报）
网　址	http://www.crup.com.cn		
经　销	新华书店		
印　厂	唐山玺诚印务有限公司		
开　本	720 mm × 1000 mm　1/16	**版　次**	2025年7月第1版
印　张	16 插页1	**印　次**	2025年7月第1次印刷
字　数	299 000	**定　价**	49.80元

版权所有　侵权必究　　印装差错　负责调换